www.ingramcontent.com/pod-product-compliance
Lightning Source LLC
Chambersburg PA
CBHW030036100526
44590CB00011B/230
9781912411870

النهر الجاري

في جمع الزهد والسنن الجامعة للترغيب بغاية الاختصار

النهر الجاري

في جمع الزهد والسفن الجامعة للتقريب بغاية الاختصار

سفينة الصلاة	الستين مسألة
الرسالة الجامعة	المختصر اللطيف
سفينة النجاة	متن الغاية والتقريب

جمعه

محب الدين أبو مالك آدم الشافعي المنهاجي

لوح برس
للطباعة والنشر والتوزيع
LOOH PRESS
١٤٤٦ هـ / ٢٠٢٥ م
1446/2025

LOOH PRESS LTD.

Copyright © Shaykh Muḥibb al-Dīn Abū Mālik Ādam al-Shāfiʿī al-Minhajī 1446/2025.
First Edition, First Print Ramaḍān/March, 1446/2025.

جميع الحقوق محفوظة باتفاق وعقد ©.
الطبعة الأولى، لوح برس: رَمَضَان، 1446 هـ / 2025 م.
جميع الحقوق محفوظة. لا يسمح بإعادة إصدار هذا الكتاب أو أي جزء منه أو تخزينه في نطاق استعادة المعلومات أو نقله بأي شكل من الأشكال دون إذن خطي سابق من الناشر/المؤلف.

All rights reserved.
No part of this publication may be reproduced, stored in any retrieval system, or transmitted in any form or by any means, including photocopying, recording, or other electronic or mechanical methods, without the prior written permission of the publisher, except in the case of brief quotations embodied in critical reviews and certain other noncommercial uses permitted by copyright law. For permission and requests, write to the publisher, at the address below.

PUBLISHED BY:
Looh Press Ltd.
Leicester, England. UK
Muqdisho, Soomaaliya
W: www.LoohPress.com
E: LoohPress@gmail.com
T: +44 79466 86693
T: +252 61 0743445 / +252 61 8707573

A catalogue record for this book is available from the British Library.
British Library Cataloguing-in-Publication Data

سجل فهرسة لهذا الكتاب متاح من المكتبة البريطانية.
بيانات الفهرسة أثناء النشر من المكتبة البريطانية.

ISBN .... 978-1-912411-87-0 .... الرقم المعياري الدولي

COVER .... Paperback Cover .... نوع التجليد

SIZE .... 6.14 x 9.21 / 234 x 156 mm .... قياس القطع

PAGES .... 212 .... عدد الصفحات

بسم الله الرحمن الرحيم

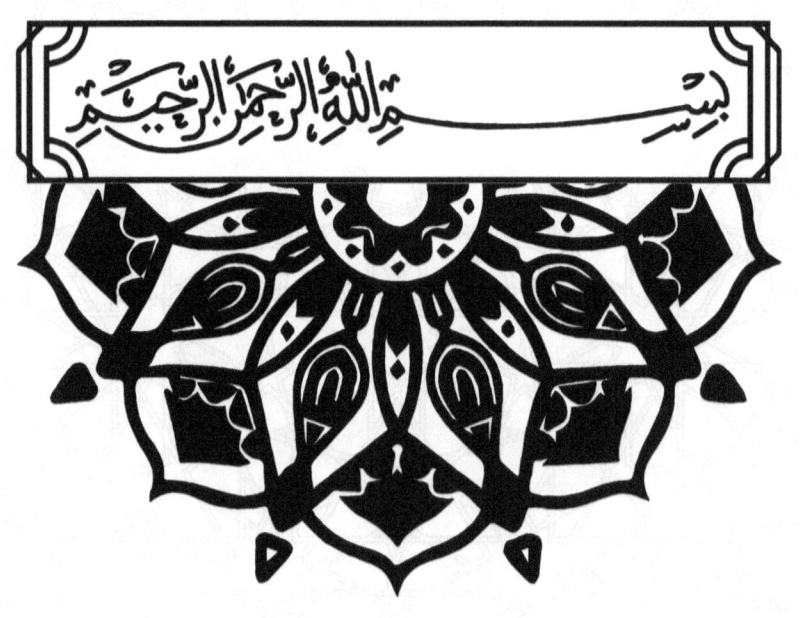

فِهْرِسُ الْكِتَابِ

مُقَدِّمَاتٌ وَمُتُونٌ شَافِعِيَّةٌ	١
نِيَّةُ طَالِبِ الْعِلْمِ	٢
مُقَدِّمَاتٌ شَافِعِيَّةٌ	٣
الْمَدْخَلُ إِلَى مَذْهَبِ أَصْحَابِنَا	٤
فَصْلٌ فِي مُقَدِّمَاتِ مُتُونِ أَصْحَابِنَا	٥
فَصْلٌ فِي الْبَسْمَلَةِ	٧
رِسَالَةٌ فِي مَعَانِي	٧
الْبَحْثُ الْأَوَّلُ: فِي الِابْتِدَاءِ	٩
الْمَبْحَثُ الْأَوَّلُ: فِي حُكْمِ الْبَدْءِ بِالْبَسْمَلَةِ وَالْحَمْدَلَةِ	٩
الْمَبْحَثُ الثَّانِي: فِي أَنْوَاعِ الِابْتِدَاءِ	١٢
الْمَبْحَثُ الثَّالِثُ: فِي الْفَرْقِ بَيْنَ الِاقْتِدَاءِ وَالْعَمَلِ	١٢
الْمَبْحَثُ الرَّابِعُ: فِي الْقَصْدِ بِهَذَا الِابْتِدَاءِ	١٣
الْبَحْثُ الثَّانِي: فِي الْبَسْمَلَةِ	١٤
الْمَقْصِدُ الْأَوَّلُ: فِي الْبَاءِ	١٦
الْمَبْحَثُ الْأَوَّلُ: فِي مُتَعَلِّقِهَا	١٦
الْمَبْحَثُ الثَّانِي: فِي مَعْنَاهَا	١٦
الْمَبْحَثُ الثَّالِثُ: فِي حِكْمَةِ كَسْرِهَا	١٦
الْمَبْحَثُ الرَّابِعُ: فِي سَبَبِ تَطْوِيلِهَا فِي الْخَطِّ مِقْدَارَ نِصْفِ أَلِفٍ	١٦
الْمَقْصِدُ الثَّانِي: فِي اسْمٍ	١٧
الْمَبْحَثُ الْأَوَّلُ: فِي مَعْنَاهُ	١٨
الْمَبْحَثُ الثَّانِي: فِي بَيَانِ أَنَّ الِابْتِدَاءَ بِالْبَسْمَلَةِ	١٨
الْمَبْحَثُ الثَّالِثُ: فِي اشْتِقَاقِهِ	١٩
الْمَبْحَثُ الرَّابِعُ: فِي لُغَاتِهِ	٢٠
الْمَبْحَثُ الْخَامِسُ: فِي مُوجِبِ حَذْفِ أَلِفِهِ خَطًّا	٢٠
الْمَقْصِدُ الثَّالِثُ: فِي لَفْظِ اللَّهِ	٢١
الْمَبْحَثُ الْأَوَّلُ: فِي عَلَمِيَّتِهِ وَمُسَمَّاهُ	٢١

المَبْحَثُ الثَّانِي: فِي أَصْلِهِ	٢٢
المَبْحَثُ الثَّالِثُ: فِي أَنَّهُ هَلْ هُوَ عَرَبِيٌّ أَوْ مُعَرَّبٌ؟	٢٣
المَبْحَثُ الرَّابِعُ: فِي الخِلَافِ فِي أَنَّهُ الاسْمُ الأَعْظَمُ أَوْ غَيْرُهُ	٢٤
المَقْصِدُ الرَّابِعُ: فِي الرَّحْمَنِ الرَّحِيمِ	٢٥
المَبْحَثُ الأَوَّلُ: فِي لَفْظِهِمَا نَوْعًا وَاشْتِقَاقًا	٢٥
المَبْحَثُ الثَّانِي: فِي عِلَّةِ تَقْدِيمِ اللَّهِ عَلَيْهِمَا	٢٧
البَحْثُ الثَّالِثُ: فِي الحَمْدَلَةِ	٢٨
المَبْحَثُ الأَوَّلُ: فِي تَعْرِيفِهِ	٢٩
المَبْحَثُ الثَّانِي فِي الفَرْقِ بَيْنَهُ وَبَيْنَ الشُّكْرِ وَالمَدْحِ	٣٢
المَبْحَثُ الثَّالِثُ: فِي مَعْنَاهُ	٣٢
المَبْحَثُ الرَّابِعُ: فِي لَامِهِ	٣٣
المَبْحَثُ الخَامِسُ: فِي تَقْدِيمِهِ عَلَى اسْمِ الذَّاتِ وَقَرْنِهِ بِهِ	٣٣
فَصْلٌ فِي اعْتِقَادِ أَصْحَابِنَا	٣٤
فَصْلٌ فِي الشَّهَادَتَيْنِ	٣٧
فَصْلٌ فِي بُلُوغِ المُكَلَّفِ	٣٧
كِتَابُ الطَّهَارَةِ	٥٣
بَابُ المِيَاهِ	٤١
فَرْعٌ فِي مَصَادِرِ المَاءِ	٤١
فَرْعٌ فِي المَاءِ المُطْلَقِ	٤١
فَرْعٌ فِي أَحْكَامِ القُلَّتَيْنِ	٤٢
فَرْعٌ فِي انْقِسَامِ المِيَاهِ مِنْ حَيْثُ التَّطَهُّرُ بِهَا	٤٣
بَابُ الآنِيَةِ	٤٣
بَابُ الاسْتِنْجَاءِ	٤٤
فَرْعٌ فِيمَا يَجُوزُ حَمْلُهُ إِلَى الخَلَاءِ وَمَا لَا يَجُوزُ	٤٤
فَرْعٌ فِي صِفَةِ قَاضِي الحَاجَةِ	٤٤
فَرْعٌ فِي كَيْفِيَّةِ الاسْتِنْجَاءِ	٤٥
فَرْعٌ فِيمَا يَقُومُ مَقَامَ الحَجَرِ	٤٥
فَرْعٌ فِي شَرْطِ الاقْتِصَارِ عَلَى المَسْحِ	٤٦

فَرْعٌ فِيمَا يَقُولُهُ بَعْدَ خُرُوجِهِ	46
بَابُ الوُضُوءِ	47
فَصْلٌ فِي شُرُوطِ صِحَّةِ الوُضُوءِ	47
فَصْلٌ فِي فُرُوضِ الوُضُوءِ	47
فَرْضُ نِيَّةِ القَلْبِ	48
فَرْعٌ فِي مَعْنَى النِّيَّةِ وَوَقْتِهَا وَمَحَلِّهَا	48
فَرْضُ غَسْلِ كُلِّ الوَجْهِ	48
فَرْضُ غَسْلِ اليَدَيْنِ مَعَ المِرْفَقَيْنِ	49
فَرْضُ مَسْحِ شَيْءٍ مِنَ الرَّأْسِ فِي حَدِّ الرَّأْسِ	49
فَرْضُ غَسْلِ الرِّجْلَيْنِ مَعَ الكَعْبَيْنِ	50
فَرْضُ التَّرْتِيبِ	50
فُرُوضُ الوُضُوءِ لِدَائِمِ الحَدَثِ	51
فَصْلٌ فِي سُنَنِ الوُضُوءِ	51
فَصْلٌ فِي مَكْرُوهَاتِ الوُضُوءِ	52
فَصْلٌ فِي مَسْحِ الخُفِّ	53
شُرُوطُ جَوَازِ المَسْحِ عَلَى الخُفَّيْنِ	53
مُدَّةُ المَسْحِ عَلَى الخُفَّيْنِ	53
بِدَايَةُ وَقْتِ المَسْحِ	53
اخْتِلَاطُ السَّفَرِ بِالإِقَامَةِ وَالعَكْسُ	53
مَا يَبْطُلُ بِهِ المَسْحُ	54
فَصْلٌ فِي نَوَاقِضِ (مُبْطِلَاتِ) الوُضُوءِ	54
خُرُوجُ شَيْءٍ مِنَ القُبُلِ وَالدُّبُرِ	54
زَوَالُ العَقْلِ وَنَوْمُ المُمَكَّنِ	55
التِقَاءُ بَشَرَتَيِ الرَّجُلِ وَالمَرْأَةِ	55
مَسُّ حَلْقَةِ الدُّبُرِ	56
فَصْلٌ فِيمَا يَحْرُمُ بِالحَدَثِ	56
الصَّلَاةُ وَالطَّوَافُ	57
مَسُّ المُصْحَفِ وَحَمْلُهُ	57

حَمْلُ المُمَيِّزِ لِلْمُصْحَفِ وَمَسُّهُ لِلدِّرَاسَةِ	٥٧
خُطْبَةُ الجُمْعَةِ	٥٧
بَابُ الغُسْلِ	٥٨
فَصْلٌ فِي مُوجِبَاتِ الغُسْلِ	٥٨
فَصْلٌ فِي فُرُوضِ الغُسْلِ	٥٨
نِيَّةُ الغُسْلِ	٥٩
تَعْمِيمُ البَدَنِ بِالمَاءِ	٦٠
فَصْلٌ فِي سُنَنِ الغُسْلِ	٦١
فَصْلٌ فِي الأَغْسَالِ المَسْنُونَةِ	٦١
فَصْلٌ فِي مَا يَحْرُمُ بِالجَنَابَةِ	٦١
بَابُ النَّجَاسَاتِ	٦٢
بَابُ التَّيَمُّمِ	٦٤
فَصْلٌ فِيمَا يُبِيحُ التَّيَمُّمَ	٦٤
فَصْلٌ فِي شُرُوطِ التَّيَمُّمِ	٦٥
فَصْلٌ فِي فُرُوضِ التَّيَمُّمِ	٦٧
فَصْلٌ فِي سُنَنِ التَّيَمُّمِ	٦٧
فَصْلٌ فِي مُبْطِلَاتِ التَّيَمُّمِ	٦٨
فَصْلٌ فِيمَا يُبَاحُ لِلْمُتَيَمِّمِ	٦٨
بَابُ الحَيْضِ	٦٨
فَصْلٌ فِيمَا يَحْرُمُ بِالحَيْضِ وَالنِّفَاسِ	٦٩
كِتَابُ الصَّلَاةِ	٨٥
فَصْلٌ فِي مُوجِبَاتِ الصَّلَاةِ	٧٣
فَرْعٌ فِي الأَوْقَاتِ الَّتِي يَحْرُمُ فِيهَا الصَّلَاةُ	٧٤
فَصْلٌ فِي مَوَاقِيتِ الصَّلَاةِ	٧٤
فَصْلٌ فِي صِفَةِ الصَّلَاةِ	٧٦
فَرْعٌ فِي أَنْوَاعِ أَفْعَالِ الصَّلَاةِ	٧٦
أَرْكَانُ الصَّلَاةِ	٧٨
فَصْلٌ فِي سُنَنِ الصَّلَاةِ	٨٩

فَصْلٌ في شُروطِ صِحَّةِ الصَّلاةِ	٩٣
فَصْلٌ في مُبطِلاتِ الصَّلاةِ	٩٦
فَصْلٌ في الصَّلَواتِ المَسنُونَةِ	٩٩
فَصْلٌ: وصَلَاةُ الاستِسقَاءِ	١٠٠
فَصْلٌ: وصَلَاةُ الخَوْفِ عَلى ثَلاثَةِ أَضْرُبٍ	١٠٠
فَصْلٌ في سُجُودِ السَّهْوِ	١٠١
فَصْلٌ في صَلاةِ الجَمَاعَةِ	١٠٢
فَصْلٌ في صَلاةِ الجُمعَةِ	١٠٥
فَصْلٌ في صَلاةِ المُسَافِرِ	١٠٧
فَصْلٌ: شُروطُ جَمع التَّأخِيرِ اثْنَانِ	١٠٧
فَصْلٌ: شُروطُ القَصْرِ سَبعَةٌ	١٠٧
فَصْلٌ في أحكَامِ الجَنَائِزِ	١٠٨
فَصْلٌ في أوَّلِ مَا يَجِبُ للمَيِّتِ	١٠٨
فَصْلٌ في تَغْسِيلِ المَيِّتِ	١٠٩
فَصْلٌ في تَكفِينِ المَيِّتِ	١٠٩
فَصْلٌ في الصَّلاةِ عَلى المَيِّتِ	١٠٩
فَصْلٌ في دَفنِ المَيِّتِ	١١٠
كِتَابُ الزَّكَاةِ	١٢٧
فَصْلٌ في زَكَاةِ المَوَاشِي	١١٦
فَصْلٌ: وأَوَّلُ نِصَابِ الإبلِ	١١٦
فَصْلٌ: وأَوَّلُ نِصَابِ البَقَرِ	١١٧
فَصْلٌ: وأَوَّلُ نِصَابِ الغَنَمِ	١١٧
فَصْلٌ في زَكَاةِ الزُّروعِ والثِّمَارِ	١١٧
فَصْلٌ في زَكَاةِ النَّقدَينِ	١١٨
فَصْلٌ: ونِصَابُ الذَّهَبِ	١١٨
فَصْلٌ في زَكَاةِ التِّجَارَةِ	١١٨
فَصْلٌ: ونِصَابُ الذَّهَبِ	١١٨
فَصْلٌ في زَكَاةِ المَعَادِنِ	١١٩

فَصْلٌ فِي زَكَاةِ الفِطْرِ	١٢٠
كِتَابُ الصِّيَامِ	١٣٧
فَصْلٌ فِيمَنْ يَجِبُ عَلَيْهِ الصَّوْمُ	١٢٥
فَصْلٌ فِي شُرُوطِ صِحَّةِ الصَّوْمِ	١٢٦
فَصْلٌ فِي أَرْكَانِ الصَّوْمِ	١٢٧
فَصْلٌ فِي وُجُوبِ الصَّوْمِ	١٢٧
فَصْلٌ فِي مُفْطِرَاتِ الصَّائِمِ	١٢٧
فَصْلٌ: الَّذِي لَا يُفْطِرُ مِمَّا يَصِلُ إِلَى الجَوْفِ سَبْعَةُ أَفْرَادٍ	١٢٨
فَصْلٌ فِيمَا يَحْرُمُ بِالصِّيَامِ	١٢٨
فَصْلٌ فِي قَضَاءِ صَوْمِ رَمَضَانَ	١٢٩
فَصْلٌ فِي أَحْكَامِ الاعْتِكَافِ	١٢٩
كِتَابُ الحَجِّ	١٤٥
فَصْلٌ فِي فُرُوضِ الحَجِّ	١٣٤
فُرُوضُ الحَجِّ خَمْسَةٌ	١٣٤
وَوَاجِبَاتُهُ سِتَّةٌ	١٣٤
فَصْلٌ فِي أَحْكَامِ الطَّوَافِ	١٣٥
فَصْلٌ فِي أَحْكَامِ السَّعْيِ	١٣٥
فَصْلٌ فِي مُحَرَّمَاتِ الإِحْرَامِ	١٣٥
فَصْلٌ: وَيَحْرُمُ عَلَى المُحْرِمِ عَشَرَةُ أَشْيَاءَ	١٣٦
فَصْلٌ: وَالدِّمَاءُ الوَاجِبَةُ فِي الإِحْرَامِ خَمْسَةُ أَشْيَاءَ	١٣٧
كِتَابُ البُيُوعِ	١٥٣
فَصْلٌ فِي أَحْكَامِ الخِيَارِ	١٤١
بَابُ الرِّبَا	١٤٢
بَابُ الخِيَارِ	١٤٢
بَابُ السَّلَمِ	١٤٣
بَابُ الرَّهْنِ	١٤٣
بَابُ الحَجْرِ	١٤٣
بَابُ الصُّلْحِ	١٤٤

بَابُ الحِـوَالَةِ	144
بَابُ الضَّمَانِ	145
بَابُ الكَفَالَةِ	145
بَابُ الشَّرِكَةِ	145
بَابُ الإِقْرَارِ	146
بَابُ الإِعَارَةِ	146
بَابُ الغَصْبِ	146
بَابُ الشُّفْعَةِ	147
بَابُ القِرَاضِ	147
بَابُ المُسَاقَاةِ	147
بَابُ الإِجَارَةِ	148
بَابُ الجَعَالَةِ	148
بَابُ إِحْيَاءِ المَوَاتِ	149
بَابُ الوَقْفِ	149
بَابُ الهِبَةِ	149
بَابُ اللُّقَطَةِ	150
بَابُ اللَّقِيطِ	150
بَابُ الوَدِيعَةِ	151
كِتَابُ الفَرَائِضِ وَالوَصَايَا	167
كِتَابُ النِّكَاحِ	171
فَصْلٌ: وَالمُحَرَّمَاتُ بِالنَّصِّ أَرْبَعَ عَشْرَةَ	160
فَصْلٌ: وَيُسْتَحَبُّ تَسْمِيَةُ المَهْرِ فِي النِّكَاحِ	160
فَصْلٌ: وَالوَلِيمَةُ عَلَى العُرْسِ مُسْتَحَبَّةٌ	160
فَصْلٌ: وَالتَّسْوِيَةُ فِي القَسْمِ بَيْنَ الزَّوْجَاتِ وَاجِبَةٌ	160
فَصْلٌ: وَالخُلْعُ جَائِزٌ عَلَى عِوَضٍ مَعْلُومٍ	161
فَصْلٌ: وَالطَّلَاقُ ضَرْبَانِ	161
فَصْلٌ: وَيَمْلِكُ الحُرُّ ثَلَاثَ تَطْلِيقَاتٍ	161
فَصْلٌ: وَإِذَا طَلَّقَ امْرَأَتَهُ وَاحِدَةً أَوِ اثْنَتَيْنِ فَلَهُ مُرَاجَعَتُهَا	161

فَصْلٌ: وَإِذَا حَلَفَ أَنْ لَا يَطَأَ زَوْجَتَهُ مُطْلَقًا أَوْ مُدَّةً تَزِيدُ	١٦٢
فَصْلٌ: وَالظِّهَارُ أَنْ يَقُولَ الرَّجُلُ لِزَوْجَتِهِ: أَنْتِ عَلَيَّ كَظَهْرِ أُمِّي	١٦٢
فَصْلٌ: وَإِذَا رَمَى الرَّجُلُ زَوْجَتَهُ بِالزِّنَا فَعَلَيْهِ حَدُّ الْقَذْفِ إِلَّا	١٦٢
فَصْلٌ: وَالْمُعْتَدَّةُ عَلَى ضَرْبَيْنِ: مُتَوَفَّى عَنْهَا وَغَيْرُ مُتَوَفَّى عَنْهَا	١٦٣
فَصْلٌ: وَيَجِبُ لِلْمُعْتَدَّةِ الرَّجْعِيَّةِ السُّكْنَى وَالنَّفَقَةُ	١٦٣
فَصْلٌ: وَمَنِ اسْتَحْدَثَ مِلْكَ أَمَةٍ حَرُمَ عَلَيْهِ الِاسْتِمْتَاعُ بِهَا	١٦٣
فَصْلٌ: وَإِذَا أَرْضَعَتِ الْمَرْأَةُ بِلَبَنِهَا وَلَدًا صَارَ الرَّضِيعُ وَلَدَهَا بِشَرْطَيْنِ	١٦٣
فَصْلٌ: وَنَفَقَةُ الْعَمُودَيْنِ مِنَ الْأَهْلِ وَاجِبَةٌ لِلْوَالِدَيْنِ وَالْمَوْلُودِينَ	١٦٤
فَصْلٌ: وَإِذَا فَارَقَ الرَّجُلُ زَوْجَتَهُ وَلَهُ مِنْهَا وَلَدٌ فَهِيَ أَحَقُّ	١٦٤
كِتَابُ الْجِهَادِ	١٧٩
كِتَابُ الصَّيْدِ وَالذَّبَائِحِ	١٨٣
كِتَابُ السَّبْقِ وَالرَّمْيِ	١٨٧
كِتَابُ الْأَيْمَانِ وَالنُّذُورِ	١٨٩
كِتَابُ الْأَقْضِيَةِ وَالشَّهَادَاتِ	١٩١
كِتَابُ الْعِتْقِ	١٩٥
كِتَابُ الْجِنَايَاتِ	١٩٩
فَصْلٌ: وَالدِّيَةُ عَلَى ضَرْبَيْنِ: مُغَلَّظَةٌ وَمُخَفَّفَةٌ	١٨٧
كِتَابُ الْحُدُودِ	٢٠٣
فَصْلٌ: وَإِذَا قَذَفَ غَيْرَهُ بِالزِّنَا فَعَلَيْهِ حَدُّ الْقَذْفِ بِثَمَانِيَةِ شَرَائِطَ	١٩١
فَصْلٌ: وَمَنْ شَرِبَ خَمْرًا أَوْ شَرَابًا مُسْكِرًا يُحَدُّ أَرْبَعِينَ	١٩١
فَصْلٌ: وَتُقْطَعُ يَدُ السَّارِقِ بِثَلَاثَةِ شَرَائِطَ: أَنْ يَكُونَ بَالِغًا، عَاقِلاً	١٩١
فَصْلٌ: وَقُطَّاعُ الطَّرِيقِ عَلَى أَرْبَعَةِ أَقْسَامٍ: إِنْ قَتَلُوا وَلَمْ يَأْخُذُوا الْمَالَ قُتِلُوا	١٩٢
فَصْلٌ: وَيُقَاتَلُ أَهْلُ الْبَغْيِ بِثَلَاثَةِ شَرَائِطَ: أَنْ يَكُونُوا فِي مَنَعَةٍ	١٩٢
فَصْلٌ: وَمَنِ ارْتَدَّ عَنِ الْإِسْلَامِ اسْتُتِيبَ ثَلَاثًا	١٩٢
فَصْلٌ: وَتَارِكُ الصَّلَاةِ عَلَى ضَرْبَيْنِ،	١٩٢
كِتَابُ التَّصَوُّفِ	٢٠٧
الْخَاتِمَةُ	١٩٧

مُقَدِّمَاتٌ وَمُتُونٌ شَافِعِيَّةٌ

﴿ (سَفِينَةُ الصَّلَاةِ) س ص، فَـ(السِّتِّينُ) ز س، فَـ(الرِّسَالَةُ الجَامِعَةُ) ر ج، فَـ(المُخْتَصَرُ الصَّغِيرُ) م ص، فَـ(سَفِينَةُ النَّجَاةِ) س ن، فَـ(الغَايَةُ وَالتَّقْرِيبُ) غ ت

﴿ صَاحِب (س ص): الإِمَامُ الفَقِيهُ عَبْدُ اللهِ بْنُ عُمَرَ الحَضْرَمِيُّ الشَّافِعِيُّ ت١٢٦٥هـ.

﴿ صَاحِب (ز س): الزَّاهِدُ الفَقِيهُ أَحْمَدُ بْنُ مُحَمَّدٍ شِهَابُ الدِّينِ المِصْرِيُّ الشَّافِعِيُّ ت٨١٩هـ.

﴿ صَاحِب (ر ج): الحَبِيبُ الفَقِيهُ أَحْمَدُ بْنُ زَيْنٍ الحَبَشِيُّ الشَّافِعِيُّ، وُلِدَ سَنَةَ ١٠٦٩هـ - ت١١٤٤هـ.

﴿ صَاحِب (م ص): الإِمَامُ الفَقِيهُ المُحَقِّقُ عَبْدُ اللهِ بْنُ عَبْدِ الرَّحْمَنِ بِافَضْل الحَضْرَمِيُّ الشَّافِعِيُّ، وُلِدَ سَنَة ٨٥٠هـ - ت٩١٨هـ.

﴿ صَاحِب (س ن): الإِمَامُ الفَقِيهُ سَالِمُ بْنُ سَمِيرٍ الحَضْرَمِيُّ الشَّافِعِيُّ ت١٢٧١هـ.

﴿ صَاحِب (غ ت): الإِمَامُ الفَقِيهُ أَحْمَدُ بْنُ الحُسَيْنِ أَبُو شُجَاعٍ الأَصْفَهَانِيُّ الشَّافِعِيُّ.

نِيَّةُ طَالِبِ الْعِلْمِ

نَوَيْتُ التَّعْلِيمَ وَالتَّعَلُّمَ، وَالتَّذَكُّرَ وَالتَّذْكِيرَ، وَالتَّأَدُّبَ وَالتَّأْدِيبَ، وَالنَّفْعَ وَالِانْتِفَاعَ، وَالْإِفَادَةَ وَالِاسْتِفَادَةَ، وَالْحَثَّ عَلَى التَّمَسُّكِ بِكِتَابِ اللهِ، وَسُنَّةِ رَسُولِهِ ﷺ، وَالدَّعْوَةِ إِلَى الْهُدَى وَالدَّلَالَةِ عَلَى الْخَيْرِ ...

ابْتِغَاءَ وَجْهِ اللهِ تَعَالَى، وَرِضَاهُ وَقُرْبِهِ وَثَوَابِهِ سُبْحَانَهُ وَتَعَالَى.

الْإِمَامُ الْعَلَّامَةُ عَبْدُ اللهِ بْنُ عَلَوِيٍّ الْحَدَّادُ الشَّافِعِيُّ رَحِمَهُ اللهُ

مُقَدِّمَاتٌ شَافِعِيَّةٌ

نَسَبُ سَيِّدِنَا رَسُولِ اللهِ ﷺ: هُوَ مُحَمَّدُ بْنُ عَبْدِ اللهِ بْنِ عَبْدِ المُطَّلِبِ بْنِ هَاشِمِ بْنِ عَبْدِ مَنَافِ بْنِ قُصَيٍّ بْنِ كِلَابِ بْنِ مُرَّةَ بْنِ كَعْبِ بْنِ لُؤَيٍّ بْنِ غَالِبِ بْنِ فِهْرِ بْنِ مَالِكِ بْنِ النَضْرِ بْنِ كِنَانَةَ بْنِ خُزَيْمَةَ بْنِ مُدْرِكَة بْنِ إِلْيَاسِ بْنِ مُضَرَ بْنِ نِزَارِ بْنِ مَعَدِّ بْنِ عدْنَانِ. وَلَا خِلَافَ أَنَّ (عَدْنَانَ) وَلَدُ إِسْمَاعِيلَ عَلَيْهِ السَّلَامُ.

نَسَبُ سَيِّدِنَا الشَّافِعِيِّ رَضِيَ اللَّهُ عَنْهُ: مُحَمَّدُ بْنُ إِدْرِيسَ بْنِ العَبَّاسِ بْنِ عُثْمَانَ بْنِ شَافِعِ بْنِ السَّائِبِ بْنِ عُبَيدِ بْنِ عَبْدِ يَزِيدَ بْنِ هَاشِمِ بْنِ المُطَّلِبِ بْنِ عَبْدِ مَنَافِ بْنِ قُصَيٍّ بْنِ كِلَابِ بْنِ مُرَّةَ بْنِ كَعْبِ بْنِ لُؤَيٍّ بْنِ غَالِبِ بْنِ فِهْرِ بْنِ مَالِكِ بْنِ النَّضْرِ بْنِ كِنَانَةِ بْنِ خُزَيْمَةَ بْنِ مُدْرِكَةَ بْنِ إِلْيَاسَ بْنِ مُضَرَ بْنِ نِزَارِ بْنِ مَعَدِّ بْنِ عَدْنَانَ الشَّافِعِيُّ المُطَّلِبيُّ القُرَشِيُّ.

المَدْخَلُ إلى مذهبِ أصحابِنا

فصلٌ في مقدِّماتِ متونِ أصحابِنا

قَالَ صَاحِبُ (س ص): «الحَمْدُ للهِ رَبِّ العَالَمِينَ، وَالصَّلاةُ وَالسَّلامُ عَلَى سَيِّدِنَا مُحَمد، وَعَلَى آلِهِ وَأَصْحَابِهِ أَجْمَعِين».

قَالَ صَاحِبُ (ز س): «هَذَا بَيَانُ مَا لَا بُدَّ مِنْهُ مِنَ الفُرُوضِ الوَاجِبَةِ عَلَى مَذْهَبِ الإِمَامِ الشَّافِعِيِّ رَحِمَهُ اللهُ: «طَلَبُ العِلْمِ فَرِيضَةٌ عَلَى كُلِّ مُسْلِمٍ وَمُسْلِمَةٍ»، وَقَالَ ابْنُ عَبَّاسٍ رَضِيَ اللهُ عَنْهُمَا: «يَكْفِيكَ مِنْ عِلْمِ الدِّينِ أَنْ تَعْرِفَ مَا لَا يَسَعُكَ جَهْلُهُ»، وَقَالَ العُلَمَاءُ رَحِمَهُمُ اللهُ تَعَالَى: «مَنْ صَلَّى جَاهِلًا بِكَيْفِيَّةِ الوُضُوءِ وَالصَّلاةِ لَمْ تَصِحَّ صَلَاتُهُ وَإِنْ صَادَفَ الصِّحَّةَ فِيهِمَا»، وَقَالَ ﷺ: «مَنْ يُرِدِ اللهُ بِهِ خَيْرًا يُفَقِّهْهُ فِي الدِّينِ»، وَقَالَ ﷺ: «مَا عُبِدَ اللهُ بِشَيْءٍ أَفْضَلَ مِنْ فِقْهٍ فِي دِينٍ».

قَالَ صَاحِبُ (رج): «الحَمْدُ لِلَّهِ رَبِّ العَالَمِينَ، حَمْدًا يُوَافِي نِعَمَهُ، وَيُكَافِئُ مَزِيدَهُ، وَصَلَّى اللهُ عَلَى سَيِّدِنَا مُحَمَّدٍ، وَعَلَى آلِهِ وَصَحْبِهِ وَسَلَّمَ، قَالَ رَسُولُ اللهِ ﷺ: «طَلَبُ العِلْمِ فَرِيضَةٌ عَلَى كُلِّ مُسْلِمٍ وَمُسْلِمَةٍ»، وَقَالَ ﷺ: «مَنْ سَلَكَ طَرِيقًا يَلْتَمِسُ فِيهَا عِلْمًا سَلَكَ اللهُ بِهِ طَرِيقًا إِلَى الجَنَّةِ»، وَبَعْدُ: فَهَذِهِ مَسَائِلُ مُخْتَصَرَةٌ مِنْ بَعْضِ كُتُبِ حُجَّةِ الإِسْلَامِ (الغَزَالِيِّ) غَالِبًا، مَنْ عَرَفَهَا وَعَمِلَ بِهَا نَرْجُو لَهُ مِنَ اللهِ أَنْ يَكُونَ مِنْ أَهْلِ العِلْمِ ظَاهِرًا وَبَاطِنًا، وَبِاللَّهِ التَّوْفِيقُ».

قَالَ صَاحِبُ (م ص): «الحمدُ للهِ رَبِّ العَالَمِينَ، وَأَشْهَدُ أَلَّا إِلَهَ إِلَّا اللهُ وَحْدَهُ لَا شَرِيكَ لَهُ، وَأَشْهَدُ أَنَّ مُحَمَّدًا عَبْدُهُ وَرَسُولُهُ، صَلَّى اللهُ عَلَيْهِ وَعَلَى آلِهِ وَصَحْبِهِ وَسَلَّمَ، وَبَعْدُ: فَهَذَا مُخْتَصَرٌ فِي مَا لَا بُدَّ لِكُلِّ مُسْلِمٍ مِنْ مَعْرِفَتِهِ أَوْ مَعْرِفَةِ مِثْلِهِ مِنْ فُرُوضِ الطَّهَارَةِ وَالصَّلَاةِ وَغَيْرِهِمَا؛ فَيَجِبُ تَعَلُّمُهُ وَتَعْلِيمُهُ مِمَّنْ يَحْتَاجُ إِلَيْهِ مِنَ الرِّجَالِ وَالنِّسَاءِ وَالصِّغَارِ وَالكِبَارِ وَالأَحْرَارِ وَالعَبِيدِ».

قَالَ صَاحِب (س ن): «الحَمْدُ للهِ رَبِّ العَالَمِينَ، وَبِهِ نَسْتَعِينُ عَلَى أُمُورِ الدُّنْيَا وَالدِّينِ، وَصَلَّى اللهُ وَسَلَّمَ عَلَى سَيِّدِنَا مُحَمَّدٍ خَاتَمِ النَّبِيِّينَ، وَآلِهِ وَصَحْبِهِ أَجْمَعِينَ، وَلَا حَوْلَ وَلَا قُوَّةَ إِلَّا بِاللهِ العَلِيِّ العَظِيمِ».

قَالَ صَاحِب (غ ت): «الحَمْدُ للهِ رَبِّ العَالَمِينَ، وَصَلَّى اللهُ عَلَى سَيِّدِنَا مُحَمَّدٍ النَّبِيِّ وَآلِهِ الطَّاهِرِينَ وَصَحَابَتِهِ أَجْمَعِينَ. قَالَ القَاضِي أَبُو شُجَاعٍ أَحْمَدُ بْنُ الحُسَيْنِ بْنِ أَحْمَدَ الأَصْفَهَانِيُّ رَحِمَهُ ٱللَّهُ: سَأَلَنِي بَعْضُ الأَصْدِقَاءِ- حَفِظَهُمُ اللهُ تَعَالَى- أَنْ أَعْمَلَ مُخْتَصَرًا فِي الفِقْهِ عَلَى مَذْهَبِ الإِمَامِ الشَّافِعِيِّ -رَحْمَةُ اللهِ تَعَالَى عَلَيْهِ وَرِضْوَانُهُ- فِي غَايَةِ الاخْتِصَارِ وَنِهَايَةِ الإِيجَازِ لِيَقْرُبَ عَلَى المُتَعَلِّمِ دَرْسُهُ، وَيَسْهُلَ عَلَى المُبْتَدِئِ حِفْظُهُ، وَأَنْ أُكْثِرَ فِيهِ مِنَ التَّقْسِيمَاتِ وَحَصْرِ الخِصَالِ، فَأَجَبْتُهُ إِلَى ذَلِكَ طَالِبًا لِلثَّوَابِ، رَاغِبًا إِلَى اللهِ تَعَالَى فِي التَّوْفِيقِ لِلصَّوَابِ؛ إِنَّهُ عَلَى مَا يَشَاءُ قَدِيرٌ، وَبِعِبَادِهِ لَطِيفٌ خَبِيرٌ».

فصْلٌ فِي البَسْمَلَةِ

رِسَالَةٌ فِي مَعَانِي: ﴿بِسْمِ اللَّهِ الرَّحْمَٰنِ الرَّحِيمِ﴾ و﴿الْحَمْدُ لِلَّهِ﴾ عِنْدَ أَصْحَابِنَا رَضِيَ اللهُ عَنْهُمْ أَجْمَعِينَ

قَالَ (ب ج) فِي حَاشِيَتِهِ عَلَى (خط): وَاعْلَمْ أَنَّ الكَلَامَ عَلَى البَسْمَلَةِ يَنْحَصِرُ فِي أَرْبَعَةِ مَقَاصِدَ:

۞ [المَقْصِدُ] الأَوَّلُ: فِي البَاءِ؛ وَفِيهِ أَرْبَعَةُ مَبَاحِثَ:

الأَوَّلُ: فِي مُتَعَلِّقِهَا.

الثَّانِي: فِي مَعْنَاهَا.

الثَّالِثُ: فِي حِكْمَةِ كَسْرِهَا.

الرَّابِعُ: فِي سَبَبِ تَطْوِيلِهَا فِي الخَطِّ مِقْدَارَ نِصْفِ أَلِفٍ.

۞ المَقْصِدُ الثَّانِي: فِي اسْمٍ؛ وَفِيهِ خَمْسَةُ مَبَاحِثَ:

الأَوَّلُ: فِي مَعْنَاهُ.

الثَّانِي: فِي بَيَانِ أَنَّ الِابْتِدَاءَ بِالبَسْمَلَةِ مَعَ اشْتِمَالِهَا عَلَى لَفْظِ اسْمٍ ابْتِدَاءٌ بِذِكْرِ اللهِ.

الثَّالِثُ: فِي اشْتِقَاقِهِ.

الرَّابِعُ: فِي لُغَاتِهِ.

الْخَامِسُ: فِي مُوجِبِ حَذْفِ أَلِفِهِ خَطًّا.

◈ الْمَقْصِدُ الثَّالِثُ: فِي لَفْظِ اللهِ؛ وَفِيهِ أَرْبَعَةُ مَبَاحِثَ:
الْأَوَّلُ: فِي عَلَمِيَّتِهِ وَمُسَمَّاهُ.
الثَّانِي: فِي أَصْلِهِ.
الثَّالِثُ: فِي أَنَّهُ هَلْ هُوَ عَرَبِيٌّ أَوْ مُعَرَّبٌ.
الرَّابِعُ: فِي الْخِلَافِ فِي أَنَّهُ الِاسْمُ الْأَعْظَمُ أَوْ غَيْرُهُ.

◈ الْمَقْصِدُ الرَّابِعُ: فِي الرَّحْمَنِ الرَّحِيمِ؛ وَفِيهِ مَبْحَثَانِ:
الْأَوَّلُ: فِي لَفْظِهِمَا نَوْعًا وَاشْتِقَاقًا.
الثَّانِي: فِي عِلَّةِ تَقْدِيمِ اللهِ عَلَيْهِمَا، وَتَقْدِيمِ الرَّحْمَنِ مِنْهُمَا عَلَى الرَّحِيمِ، وَيُعْرَفُ تَفْصِيلُ هَذِهِ الْمَبَاحِثِ الْخَمْسَةَ عَشَرَ مِنْ كَلَامِ الشَّارِحِ وَغَيْرِهِ.

◈ الْبَحْثُ الْأَوَّلُ: فِي الِابْتِدَاءِ.
◈ الْبَحْثُ الثَّانِي: فِي الْبَسْمَلَةِ.
◈ الْبَحْثُ الثَّالِثُ: فِي الْحَمْدَلَةِ.

البَحْثُ الأَوَّلُ: فِي الابْتِدَاءِ

المَبْحَثُ الأَوَّلُ: فِي حُكْمِ البَدْءِ بِالبَسْمَلَةِ وَالحَمْدَلَةِ

يفْتَتِحُ أَصْحَابُنَا كُتُبَهُمْ بِالبَسْمَلَةِ فَالحَمْدَلَةِ؛ كَمَا افْتَتَحَ اللهُ تَعَالَى كِتَابَهُ بِهِ، وَخَاطَبَ نَبِيَّهُ ﷺ بِالأَمْرِ فِي الحَمْدَلَةِ، فَقَالَ: ﴿وَقُلِ ٱلْحَمْدُ لِلَّهِ﴾[الإسراء:١١١].

يُسَنُّ الابْتِدَاءُ بِالبَسْمَلَةِ وَالحَمْدَلَةِ؛ طَلَبًا لِلتبَرُّكِ. قَالَ (دم): قَالَ: (الحَمْدُ للهِ) اسْتَحَبَّ العُلَمَاءُ أَنْ يُقَدِّمَ المَرْءُ بَيْنَ يَدَيْ خُطَبِهِ وَكُلِّ أَمْرٍ يَطْلُبُهُ حَمْدَ اللهِ لَفْظًا؛ وَقَدِ اسْتُحْسِنَ مِنْ أَبِي الحَسَنِ الدَّارَقُطْنِيِّ افْتِتَاحُهُ (كِتَابَ الصَّلَاةِ) مِنْ (سُنَنِهِ) (١/ ٢٢٩) بِالحَدِيثِ المَذْكُورِ؛ إِشَارَةً إِلَى تَعْيِينِ الفَاتِحَةِ فِي الصَّلَاةِ. اهـ.

قَالُوا: «اقْتِدَاءً بِالكِتَابِ العَزِيزِ» لِاسْتِفْتَاحِهِ بِهِمَا فِي الفَاتِحَةِ. وَعَمَلًا بِأَحَادِيثِ: «كُلُّ أَمْرٍ ذِي بَالٍ لَا يُبْدَأُ فِيهِ بِبِسْمِ اللهِ الرَّحْمَنِ الرَّحِيمِ ... فَهُوَ أَبْتَرُ» وَ«كلُّ أَمْرٍ ذِي بَالٍ لاَ يُبْدأُ فِيهِ بِالحَمْدُ للهِ ... فَهُوَ أَقْطَعُ» رَوَاهُ عُبَيْدُ اللهِ بْنُ مُوسَى وابْنُ المُبَارَكِ وَالوَلِيدُ بْنُ مُسْلِمٍ وَابْنُ أَبِي العِشْرِينَ وَأَبُو المُغِيرَةَ وَشُعَيْبُ بْنُ إِسْحَاقَ وَمُوسَى بْنُ أَعْيُنٍ عَنِ الأَوْزَاعِيِّ عَنْ قُرَّةَ بْنِ عَبْدِ الرَّحْمَنِ، عَنِ الزُّهْرِيِّ، عَنْ أَبِي سَلَمَةَ بْنِ عَبدِ الرَّحْمَنِ، عَنْ أَبِي هُرَيْرَةَ؛ ... بِهِ: أَخْرَجَهُ ابْنُ أَبِي شَيْبَةَ بِرقم (٢٦٦٨٣)، وَابْنُ مَاجَهْ بِرقم (١٨٩٤)، وَالبَزَّارُ بِرقم (٧٨٩٨)، وَالبَيْهَقِيُّ فِي الشُّعَبِ بِرقم (٤٣٧٢)، وَالنَّسَائِيُّ فِي السُّنَنِ الكُبْرَى بِرقم (١٠٢٥٥).

وَجَاءَتْ أَلْفَاظُهُمْ بَيْنَ: «بِحَمْدِ اللهِ»، و«بِالْحَمْدُ للهِ»، و«بِالْحَمْدِ»، وَقَالَ ابْنُ الْمُبَارَكِ وَمُوسَى بْنُ أَعْيَنَ: «بِذِكْرِ اللهِ». وَقَالَ أَكْثَرُهُمْ: «أَقْطَعُ»، وَقِيلَ: «أَجْذَمُ»، وَشَكَّ ابْنُ الْمُبَارَكِ بَيْنَ: «أَبْتَرُ» و«أَقْطَعُ».

وَعَنْ أَحْمَدَ بْنِ مُحَمَّدِ بْنِ عِمْرَانَ، عَنْ مُحَمَّدِ بْنِ صَالِحٍ الْبَصْرِيِّ، عَنْ عُبَيْدِ بْنِ عَبْدِ الْوَاحِدِ بْنِ شَرِيكٍ، عَنْ يَعْقُوبَ بْنِ كَعْبٍ، عَنْ مُبَشِّرِ بْنِ إِسْمَاعِيلَ، وَعَلَّقَهُ الدَّارَقُطْنِيُّ فِي الْعِلَلِ (٨/٢٩) عَنْ مُحَمَّدِ بْنِ كَثِيرٍ، ثَلَاثَتُهُمْ -خَارِجَةُ وَمُبَشِّرٌ وَابْنُ كَثِيرٍ- عَنِ الْأَوْزَاعِيِّ: عَنْهُ، عَنِ الزُّهْرِيِّ، عَنْ أَبِي سَلَمَةَ بْنِ عَبْدِ الرَّحْمَنِ، عَنْ أَبِي هُرَيْرَةَ رَضِيَ اللهُ عَنْهُ بِهِ: أَخْرَجَهُ الْخَلِيلِيُّ فِي الْإِرْشَادِ -كَمَا فِي مُنْتَخَبِهِ (٣/٩٦٦)، وَمِنْ طَرِيقِهِ السُّبْكِيُّ فِي الطَّبَقَاتِ (١/١١-١٢) - مِنْ طَرِيقِ عِيسَى بْنِ مُوسَى غُنْجَارَ، عَنْ خَارِجَةَ بْنِ مُصْعَبٍ، وَالْخَطِيبُ فِي الْجَامِعِ لِأَخْلَاقِ الرَّاوِي وَآدَابِ السَّامِعِ (٢/٦٩) -وَمِنْ طَرِيقِهِ الرَّهَاوِيُّ فِي الْأَرْبَعِينَ؛ أَخْرَجَهُ مِنْ طَرِيقِهِ السُّبْكِيُّ فِي الطَّبَقَاتِ (١/١٢).

وَلَفْظُ خَارِجَةَ: «كُلُّ كَلَامٍ لَا يُبْدَأُ فِيهِ بِحَمْدِ اللهِ؛ فَهُوَ أَقْطَعُ»، وَلَفْظُ مُبَشِّرٍ: «كُلُّ أَمْرٍ ذِي بَالٍ لَا يُبْدَأُ فِيهِ بِبِسْمِ اللهِ الرَّحْمَنِ الرَّحِيمِ؛ أَقْطَعُ»، وَلَمْ يَذْكُرِ الدَّارَقُطْنِيُّ لَفْظَ ابْنِ كَثِيرٍ.

عَبْدُ اللهِ بْنُ الْحُسَيْنِ بْنِ جَابِرٍ، عَنْ مُحَمَّدِ بْنِ كَثِيرٍ الْمَصِّيصِيِّ عَنِ الْأَوْزَاعِيِّ: عَنْهُ، عَنْ يَحْيَى، عَنْ أَبِي سَلَمَةَ، عَنْ أَبِي هُرَيْرَةَ رَضِيَ اللهُ عَنْهُ بِهِ: نَقَلَهُ السُّبْكِيُّ فِي طَبَقَاتِ الشَّافِعِيَّةِ (١/١٤-١٥).

عَنْ وَكِيعٍ، عَنِ الْأَوْزَاعِيِّ، عَنْ قُرَّةَ، سِتَّتُهُمْ -شُعَيْبٌ وَسَعِيدٌ وَعَقِيلٌ وَأَبُو الْمَلِيحِ وَيُونُسُ وَقُرَّةُ- عَنِ الزُّهْرِيِّ، بِهِ، عَنِ النَّبِيِّ ﷺ مُرْسَلًا بِهِ: أَخْرَجَهُ إِسْحَاقُ بْنُ رَاهَوَيْهِ فِي مُسْنَدِهِ -كَمَا فِي تَخْرِيجِ أَحَادِيثِ الْكَشَّافِ لِلزَّيْلَعِيِّ (١/٢٣-٢٤) وَالْأَجْوِبَةِ الْمَرْضِيَّةِ لِلسَّخَاوِيِّ (١/١٩٩)- مِنْ طَرِيقِ شُعَيْبِ بْنِ أَبِي حَمْزَةَ، وَالنَّسَائِيُّ فِي الْكُبْرَى (١٠٢٥٦) مِنْ طَرِيقِ سَعِيدِ بْنِ عَبْدِ الْعَزِيزِ، وَفِيهَا (١٠٢٥٧) مِنْ طَرِيقِ عَقِيلٍ، وَفِيهَا (١٠٢٥٨) مِنْ طَرِيقِ الْحَسَنِ بْنِ عُمَرَ أَبِي الْمَلِيحِ، وَعَلَّقَهُ أَبُو دَاوُدَ (عَقِبَ ٤٨٤٠) عَنْ يُونُسَ بْنِ يَزِيدَ، وَعَلَّقَهُ

الدَّارَقُطْنِيُّ في العِلَلِ (٨/ ٢٩).

وَرَوَاهُ إِسْمَاعِيلُ بْنُ أَبِي زِيَادٍ، عَنْ يُونُسَ، عَنِ الزُّهْرِيِّ، عَنْ أَبِي سَلَمَةَ، عَنْ أَبِي هُرَيْرَةَ رَضِيَ اللهُ عَنْهُ بِهِ: أَخْرَجَهُ الخَلِيلِيُّ في الإِرْشَادِ -كَمَا في مُنْتَخَبِهِ (١/ ٤٤٩)؛ وَمِنْ طَرِيقِهِ السُّبْكِيُّ في الطَّبَقَاتِ (١/ ١٥).

صَدَقَةُ، عَنْ مُحَمَّدِ بْنِ سَعِيدٍ -يُقَالُ لَهُ: الوَصِيفُ- الزُّهْرِيُّ، عَنِ ابْنِ كَعْبِ بْنِ مَالِكٍ، عَنْ أَبِيهِ، عَنِ النَّبِيِّ ﷺ بِهِ: أَخْرَجَهُ الطَّبَرَانِيُّ في الكَبِيرِ (١٩/ ٧٢) -وَمِنْ طَرِيقِهِ السُّبْكِيُّ في الطَّبَقَاتِ (١/ ١٤) - مِنْ طَرِيقِ عَبْدِ اللهِ بْنِ يَزِيدَ، عَنْ صَدَقَةَ بْنِ عَبْدِ اللهِ، عَنْ مُحَمَّدِ بْنِ الوَلِيدِ الزُّبَيْدِيِّ، والدَّارَقُطْنِيُّ في الأَفْرَادِ -كَمَا في أَطْرَافِهِ (١/ ١٢١) - وَعَلَّقَهُ في العِلَلِ (٨/ ٣٠)، مِنْ طَرِيقِ أَبِي سَلَمَةَ، عَنْ أَبِي هُرَيْرَةَ رَضِيَ اللهُ عَنْهُ عَنِ النَّبِيِّ ﷺ.

وَرَوَاهُ مَعْمَرٌ، عَنْ رَجُلٍ مِنَ الأَنْصَارِ، عَنِ النَّبِيِّ ﷺ مُرْسَلًا: أَخْرَجَهُ عَبْدُ الرَّزَّاقِ في المُصَنَّفِ (١٠٤٥٥، ٢٠٢٠٨) عَنْهُ، بِهِ.

والمُرَادُ بِأَجْذَمَ وأَقْطَعَ وأَبْتَرَ: أَيْ: مَقْطُوعُ البَرَكَةِ.

وَبَدَأَ بِهِ اقْتِدَاءً بِالقُرْآنِ؛ فَإِنَّهُ مُبْتَدَأٌ بِهِ، وَلِقَوْلِهِ تَعَالَى لِنَبِيِّهِ مُحَمَّدٍ ﷺ: ﴿قُلِ ٱلۡحَمۡدُ لِلَّهِ وَسَلَٰمٌ﴾ [النمل: ٥٩].

☜ **تَنْبِيهٌ (دم):** فَإِنْ قِيلَ: مَا بَالُ البُخَارِيِّ والمُزَنِيِّ لَمْ يَفْعَلَا ذَلِكَ؟

☜ **فَالجَوَابُ:** أَنَّهُمَا اكْتَفَيَا بِالبَسْمَلَةِ؛ لِأَنَّهَا مِنْ أَبْلَغِ الثَّنَاءِ وَحَمْدِ العَطَاءِ.

☜ **فَائِدَةٌ:** اخْتَلَفُوا في اشْتِرَاطِ تَمَامِ البَسْمَلَةِ؛ وَظَاهِرُ كَلَامِ السُّهَيْلِيِّ أَنَّهُ يُشْتَرَطُ!

المَبْحَثُ الثَّانِي: فِي أَنْوَاعِ الابْتِدَاءِ

الابْتِدَاءُ قَدْ يَكُونُ حَقِيقِيًّا أَوْ إِضَافِيًّا أَوْ عُرْفِيًّا. وَكُلُّ حَقِيقِيٍّ إِضَافِيٌّ وَلَا عَكْسَ، كَمَا قَالَ (خط) فِي (الإِقْنَاعِ).

فَيَجْمَعُ بَيْنَ أَمْرَيْنِ؛ فَمَنْ جَمَعَ بَيْنَ البَسْمَلَةِ وَالحَمْدَلَةِ قَصَدَ الاقْتِدَاءَ وَالعَمَلَ كَمَا سَبَقَ، مَعَ رَدِّ ادِّعَاءِ التَّعَارُضِ. فَالحَقِيقِيُّ حَصَلَ بِالبَسْمَلَةِ وَكَذَا الإِضَافِيُّ، والإِضَافِيُّ فَقَطْ بِالحَمْدَلَةِ.

وَإِمَّا أَنْ يَكُونَ الابْتِدَاءُ عِنْدَهُمْ لَا يُعَدُّ مِنَ الحَقِيقَةِ؛ بَلْ بِالعُرْفِ؛ بِمَعْنَى أَنَّ البِدَايَةَ مِنَ أَوَّلِ التَّأْلِيفِ إِلَى الشُّرُوعِ فِي المَقْصُودِ؛ كَمَا عَهْدُ الكُتُبِ المُصَنَّفَة بِدَايَتُهَا خُطْبَتَهَا، أَوْ إِلَى فَصْلِ الخِطَابِ؛ فَفِيهَا سَعَةٌ.

المَبْحَثُ الثَّالِثُ: فِي الفَرْقِ بَيْنَ الاقْتِدَاءِ وَالعَمَلِ

الاقْتِدَاءُ

والعَمَلُ: هُوَ الإِتْيَانُ بِالمَطْلُوبِ.

المَبحَثُ الرَّابِعُ: فِي القَصدِ بِهَذَا الابْتِدَاءِ

مُرَادُهُمْ: بِسْمِ اللهِ الرَّحْمَنِ الرَّحِيمِ الحَمْدُ للهِ .... أُؤَلِّفُ أَوْ أَبْتَدِئُ بِهِ كِتَابِي أَو أَكْتُبُ، البَاءُ مُتَعَلِّقَةٌ بِمَحذُوفٍ فِيهَا هُوَ اسْمُ فَاعِلٍ؛ وَهُوَ مَحْذُوفٌ أَوْ هُوَ فِعْلٌ.

إِذْ كُلُّ فَاعِلٍ يَبْدَأُ فِي فِعْلِهِ بِـ: «بِسْمِ اللهِ الرَّحْمَنِ الرَّحِيمِ ...» أَوْ «بِسْمِ اللهِ ...» أَوْ «بِسْمِ اللهِ وَالحَمْدُ للهِ ...» أَوْ غَيْرِ ذَلِكَ، يُضْمِرُ مَا جَعَلَ التَّسْمِيَةَ وَالحَمْدَلَةَ مَبْدَأً لَهُ.

كَقَوْلِ المُسَافِرِ فِي أَوَّلِ سَفَرِهِ يَقُولُ: «بِسْمِ اللهِ» مُرَادُهُ: «بِسْمِ اللهِ أَبْدَأُ سَفَرِي» أَوْ «بِسْمِ اللهِ أَرْتَحِلُ» وَهَكَذَا.

فَكَأَنَّ المَقْصُودَ: أَبْدَأُ مُتبَرِّكًا أَوْ مُسْتَعِينًا بِاللهِ. (الجَمَل) و(ب ج).

البَحْثُ الثَّانِي: فِي البَسْمَلَةِ

اعْلَمْ أَنَّهُمُ اخْتَلَفُوا فِي أَصْلِ البَسْمَلَةِ مِنْ حَيْثُ اللُّغَةُ عَلَى آرَاءٍ:

الرَّأْيُ الأَوَّلُ -وَهُوَ الصَّحِيحُ-: أَنَّ البَسْمَلَةَ بِهَذَا التَّرْتِيبِ وَالأَلْفَاظِ عَرَبِيٌّ. وَهُوَ مِنْ خَصَائِصِ سَيِّدِنَا وَنَبِيِّنَا مُحَمَّدٍ ﷺ وَأُمَّتِهِ. وَأَجَابُوا عَمَّا فِي سُورَةِ النَّمْلِ بِأَنْ وَرَدَ عَلَى جِهَةِ التَّرْجَمَةِ؛ وَلَمْ يَكُنْ بِالعَرَبِيَّةِ حِينَ وُقُوعِهَا.

الرَّأْيُ الثَّانِي: أَنَّ البَسْمَلَةَ بِهَذِهِ الصُّورَةِ مُتَرْجَمَةٌ.

قَالَ (ب ج): كُلُّ الكُتُبِ حِينَ نُزُولِهَا كَانَتْ بِاللَّفْظِ العَرَبِيِّ، لَكِنْ يُعَبِّرُ عَنْهَا كُلُّ نَبِيٍّ بِلُغَةِ قَوْمِهِ؛ لِقَوْلِهِ تَعَالَى: ﴿ وَمَآ أَرْسَلْنَا مِن رَّسُولٍ إِلَّا بِلِسَانِ قَوْمِهِۦ لِيُبَيِّنَ لَهُمْ ﴾ [إبراهيم: ٤].

المَقْصِدُ الأوَّلُ: فِي البَاءِ

قَالَ (ح ف): «البَاءُ فِي بِسْمِ اللهِ بِرُّهُ لِأَوْلِيَائِهِ، وَالسِّينُ سُرُورٌ لِأَصْفِيَائِهِ، وَالمِيمُ مَحَبَّتُهُ لِأَهْلِ طَاعَتِهِ». وَقَالَ بَعْضُهُمْ: «البَاءُ بُكَاءُ التَّائِبِينَ، وَالسِّينُ سَهْوُ الغَافِلِينَ، وَالمِيمُ مَغْفِرَتُهُ لِلْمُذْنِبِينَ» انتهى (ب ج).

وَفِيهِ أَرْبَعَةُ مَبَاحِثَ:

المَبْحَثُ الأوَّلُ: فِي مُتَعَلَّقِهَا

وَتُسْتَعْمَلُ البَاءُ فِي اللُّغَةِ لِلْإِلْصَاقِ، لِلْاسْتِعَانَةِ، لِلسَّبَبِيَّةِ وَالتَّعْلِيلِ، التَّعْدِيَةِ، القَسَمِ، العِوَضِ، البَدَلِ، الظَّرْفِيَّةِ، المُصَاحَبَةِ، بَاءٌ لِلتَّبْعِيضِ، بِمَعْنَى «عَنْ»، لِلْاسْتِعْلَاءِ، التَّوْكِيدِ. وَقَدْ تَكُونُ زَائِدَةً لَا تَتَعَلَّقُ بِشَيْءٍ.

وَاخْتَلَفَ أَصْحَابُنَا فِي بَاءِ البَسْمَلَةِ عَلَى آرَاءٍ:

- الرَّأْيُ الأوَّلُ: لِلْمُصَاحَبَةِ.
- الرَّأْيُ الثَّانِي: لِلْمُلَابَسَةِ.
- الرَّأْيُ الثَّالِثُ: لِلْاسْتِعَانَةِ.

المَبْحَثُ الثَّانِي: فِي مَعْنَاهَا

المَبْحَثُ الثَّالِثُ: فِي حِكْمَةِ كَسْرِهَا

المَبْحَثُ الرَّابِعُ: فِي سَبَبِ تَطْوِيلِهَا فِي الخَطِّ مِقْدَارَ نِصْفِ أَلِفٍ

الْمَقْصِدُ الثَّانِي: فِي اسْمٍ

فَائِدَةٌ عَنْ (الجمل): وَأَقْسَامُ الاِسْمِ تِسْعَةٌ:

۞ **أَوَّلُهَا**: الاسْمُ الْوَاقِعُ عَلَى الشَّيْءِ بِحَسَبِ ذَاتِهِ، كَسَائِرِ الْأَعْلَامِ.

۞ **ثَانِيهَا**: الْوَاقِعُ عَلَى الشَّيْءِ بِحَسَبِ جُزْءٍ مِنْ أَجْزَاءِ ذَاتِهِ، كَالْجَوْهَرِ لِلْجِدَارِ وَالْجِسْمِ لَهُ.

۞ **ثَالِثُهَا**: الْوَاقِعُ عَلَى الشَّيْءِ بِحَسَبِ صِفَةٍ حَقِيقِيَّةٍ قَائِمَةٍ بِذَاتِهِ، كَالْأَسْوَدِ وَالْأَبْيَضِ وَالْحَارِّ وَالْبَارِدِ.

۞ **رَابِعُهَا**: الْوَاقِعُ عَلَى الشَّيْءِ بِحَسَبِ صِفَةٍ إِضَافِيَّةٍ فَقَطْ، كَالْمَعْلُومِ وَالْمَفْهُومِ وَالْمَذْكُورِ وَالْمَالِكِ وَالْمَمْلُوكِ وَيَمِينًا وَشِمَالًا.

۞ **خَامِسُهَا**: الْوَاقِعُ عَلَى الشَّيْءِ بِحَسَبِ صِفَةٍ سَلْبِيَّةٍ، كَأَعْمَى وَفَقِيرٍ وَسَلِيمٍ عَنْ الْآفَاتِ.

۞ **سَادِسُهَا**: الْوَاقِعُ عَلَى الشَّيْءِ بِحَسَبِ صِفَةٍ حَقِيقِيَّةٍ مَعَ صِفَةٍ إِضَافِيَّةٍ، كَعَالِمٍ وَقَادِرٍ، بِنَاءً عَلَى أَنَّ الْعِلْمَ وَالْقُدْرَةَ صِفَةٌ حَقِيقِيَّةٌ لَهَا، إِضَافَةً إِلَى الْمَعْلُومَاتِ وَالْمَقْدُورَاتِ.

❈ **سَابِعُهَا**: الوَاقِعُ عَلَى الشَّيْءِ بِحَسَبِ صِفَةٍ حَقِيقِيَّةٍ مَعَ صِفَةٍ سَلْبِيَّةٍ، كَقَادِرٍ لَا يَعْجِزُ وَعَالِمٍ لَا يَجْهَلُ.

❈ **ثَامِنُهَا**: الوَاقِعُ عَلَى الشَّيْءِ بِحَسَبِ صِفَةٍ إِضَافِيَّةٍ مَعَ صِفَةٍ سَلْبِيَّةٍ كَلَفْظَةِ أَوَّلٍ، فَإِنَّهُ عِبَارَةٌ عَنْ كَوْنِهِ سَابِقًا غَيْرَهُ، وَهُوَ صِفَةٌ سَلْبِيَّةٌ، وَكَالْقَيُّومِ فَإِنَّ مَعْنَاهُ قَائِمًا بِنَفْسِهِ، أَيْ: لَا يَحْتَاجُ إِلَى غَيْرِهِ، وَهُوَ سَلْبٌ وَمُقَوِّمٌ لِغَيْرِهِ، وَهُوَ إِضَافَةٌ.

❈ **تَاسِعُهَا**: الوَاقِعُ عَلَى الشَّيْءِ بِحَسَبِ مَجْمُوعِ صِفَةٍ حَقِيقِيَّةٍ وَإِضَافِيَّةٍ وَسَلْبِيَّةٍ، كَالْإِلَهِ، فَإِنَّهُ يَدُلُّ عَلَى كَوْنِهِ مَوْجُودًا أَزَلِيًّا وَاجِبَ الوُجُودِ لِذَاتِهِ، وَعَلَى الصِّفَاتِ السَّلْبِيَّةِ الدَّالَّةِ عَلَى التَّنْزِيهِ، وَعَلَى الصِّفَاتِ الإِضَافِيَّةِ الدَّالَّةِ عَلَى الإِيجَادِ وَالتَّكْوِينِ.

❈ **فَائِدَةٌ (الجمل)**: الاسْمُ إِنْ أُرِيدَ بِهِ اللَّفْظُ فَغَيْرُ المُسَمَّى؛ لِأَنَّهُ يَتَأَلَّفُ مِنْ أَصْوَاتٍ مُنْقَطِعَةٍ، وَتَخْتَلِفُ بِاخْتِلَافِ الأُمَمِ وَالأَعْصَارِ خِلَافًا لِلْمُسَمَّى. وَإِنْ أُرِيدَ بِهِ ذَاتُ الشَّيْءِ فَهُوَ المُسَمَّى، لَكِنَّهُ لَمْ يَشْتَهِرْ بِهَذَا المَعْنَى. اهـ بِتَصَرُّفٍ.

وَفِيهِ خَمْسَةُ مَبَاحِثَ:

المَبْحَثُ الأَوَّلُ: فِي مَعْنَاهُ.

المَبْحَثُ الثَّانِي: فِي بَيَانِ أَنَّ الابْتِدَاءَ بِالبَسْمَلَةِ مَعَ اشْتِمَالِهَا عَلَى لَفْظِ اسْمِ ابْتِدَاءٌ بِذِكْرِ اللهِ.

المبحث الثالث: في اشتقاقه

وَالاسْمُ عِنْدَ البَصْرِيِّينَ مِنَ الأَسْمَاءِ الَّتِي حُذِفَتْ آخِرُهَا لِكَثْرَةِ الاسْتِعْمَالِ وَبُنِيَتْ أَوَائِلُهَا عَلَى السُّكُونِ، ثُمَّ أُدْخِلَتْ عَلَيْهَا عِنْدَ الابْتِدَاءِ بِهَا هَمْزَةُ الوَصْلِ. وَبُنِيَتْ أَوَائِلُهَا عَلَى السُّكُونِ كَـ«دم»؛ وَهُوَ عِنْدَهُمْ مُشْتَقٌّ مِنَ «السُّمُوِّ»؛ أَيِ: العُلُوِّ.

وَعِنْدَ الكُوفِيِّينَ أَصْلُهُ: «وَسْمٌ» مِنَ الأَسْمَاءِ الَّتِي حُذِفَتْ أَوَّلُهَا؛ فَحُذِفَتِ الوَاوُ، وَعُوِّضَ عَنْهَا هَمْزَةُ الوَصْلِ؛ لِيَقِلَّ إِعْلَالُهُ، فَهُوَ عِنْدَهُمْ مُشْتَقٌّ مِنَ «الوَسْمِ»؛ أَيِ: العَلَامَةِ. (الجَمَلُ).

وَاعْتُرِضَ: بِأَنَّ هَمْزَةَ الوَصْلِ لَا تَدْخُلُ عَلَى مَا حُذِفَ صَدْرُهُ.

فَالخِلَافُ فِي اشْتِقَاقِهِ الأَصْغَرِ عَلَى رَأْيَيْنِ:

الرَّأْيُ الأَوَّلُ -وَهُوَ الصَّحِيحُ-: أَنَّهُ مُشْتَقٌّ مِنَ السُّمُوِّ؛ مِنَ العُلُوِّ. قَالَهُ البَصْرِيُّونَ، وَصَرَّحَ بِهِ جُمْهُورُ أَصْحَابِنَا.

الرَّأْيُ الثَّانِي: أَنَّهُ مُشْتَقٌّ مِنَ السِّمَةِ؛ مِنَ العَلَامَةِ. قَالَهُ الكُوفِيُّونَ.

> تَنْبِيهٌ: الاشْتِقَاقُ الأَكْبَرُ: هُوَ كَوْنُ اللَّفْظِ الأَوَّلِ مُشْتَقًّا مِنَ اللَّفْظِ الثَّانِي.
>
> وَالاشْتِقَاقُ الأَصْغَرُ: هُوَ خُرُوجُ لَفْظٍ مِنْ لَفْظٍ لِمُنَاسَبَةٍ بَيْنَهُمَا فِي الحُرُوفِ الأَصْلِيَّةِ وَالمَعْنَى.

المَبْحَثُ الرَّابِعُ: فِي لُغَاتِهِ

قَالَ (خط) فِي (الإِقْنَاعِ): وَفِيهِ عَشْرُ لُغَاتٍ نَظَمَهَا بَعْضُهُمْ فِي بَيْتٍ، فَقَالَ:

سَم وَسَمَا وَاسْمٌ بِتَثْلِيثِ أَوَّلِ ... لَهُنَّ سَمَاء عَاشِر تَمَّتِ انْجَلِي

أَيْ: سَم سُم سِم، سَمَا سُما سِمَا، اسِم اسَم اسُم.

قَوْلُهُ: «وَاسْمٌ بِتَثْلِيثِ أَوَّلِ» لَيْسَ عَلَى إِطْلَاقِهِ، وَلَكِنْ مَحِلُّهُ فِي اسْمٍ عِنْدَ الابْتِدَاءِ بِهِ، أَمَّا عِنْدَ الوَصْلِ فَتُحْذَفُ هَمْزَتُهُ؛ أَيْ: فَلَا يَكُونُ فِيهِ تَثْلِيثٌ!

قَوْلُهُ: «لَهُنَّ سَمَاء» اخْتَلَفُوا فِي ضَبْطِهِ، وَقَالَ (عوض): الفَتْحُ أَفْصَحُ.

وَاعْتُرِضَ بِقَوْلِهِمْ: ثَمَانِيَةَ عَشَرَ لُغَةً: مُتَمَثِّلَة فِي قَوْلِهِمْ:

سِمٌ سِمَةٌ واسْمٌ سَمَاةٌ كَذَا سَمَا ... سَمَاءٌ بتثليث لأَوَّلِ كُلِّهَا

أَيْ: سَم سُم سِم، سَمة سُمة سِمة، اسَم اسُم اسِم، سَمَاة سُماة سِماة، سَمَا سُما سِما، سَماء سُماء سِماء

وَقَالَ (ب ج) فِي (حَاشِيَةِ الإِقْنَاعِ) ١/ ٢٣: قَوْلُهُ: (وَفِيهِ عَشْرُ لُغَاتٍ) وَأَوْصَلَهَا بَعْضُهُمْ إِلَى ثَمَانِيَةَ عَشَرَ فَقَالَ:

سَمًى سَمَاةٌ سَمٌ اسْمٌ وَزِدْ ... سِمَةٌ كَذَا سَمَاءٌ بِتَثْلِيثٍ لِأَوَّلِهَا

أي: سَمَى سُمَى سِمَى، سَمَاة سُمَاة سِمَاة، سَمَ سُم سِم، اسَم اسُم اسِم، سَمَة سُمَة سِمَة، سَمَاء سُمَاء سِمَاء.

المَبْحَثُ الخَامِسُ: فِي مُوجِبِ حَذْفِ أَلِفِهِ خَطًّا

المَقصِدُ الثَّالِثُ: في لَفظِ اللهِ

وَفِيهِ أَرْبَعَةُ مَبَاحِثَ:

المَبحَثُ الأَوَّلُ: في عَلَمِيَّتِهِ ومُسَمَّاهُ

لَفْظُ «اللهِ» اسْمٌ عَلَمٌ عَلَى الذَّاتِ الوَاجِبِ الوُجُودِ المُسْتَحِقِّ لِجَمِيعِ المَحَامِدِ، لَمْ يَتَسَمَّ بِهِ سِوَاهُ.

تَسَمَّى بِهِ قَبْلَ أَنْ يُسَمَّى، وَأَنْزَلَهُ عَلَى آدَمَ فِي جُمْلَةِ الأَسْمَاءِ، قَالَ تَعَالَى: ﴿هَلْ تَعْلَمُ لَهُۥ سَمِيّٗا﴾ [مريم: ٦٥]، أَيْ: هَلْ تَعْلَمُ أَحَدًا سُمِّيَ اللهَ غَيْرَ اللهِ؟!

وَ«الإِلَهُ» فِي أَصْلِهِ وَاقِعٌ عَلَى كُلِّ مَعْبُودٍ بِحَقٍّ كَانَ أَوْ بَاطِلٍ، ثُمَّ غَلَبَ عَلَى المَعْبُودِ بِحَقٍّ.

فَاسْمُ (اللهِ): عَلَمٌ عَلَى المَعْبُودِ بِحَقٍّ، الجَامِعِ لِصِفَاتِ الإِلَهِيَّةِ، وَهُوَ البَارِي جَلَّ وَعَلَا.

وَأَشْهَرُ الأَقْوَالِ: أَنَّهُ مُشْتَقٌّ، وَالأَلِفُ وَاللَّامُ مِنْ بِنْيَةِ الاسْمِ لَا لِلتَّعْرِيفِ وَلَا لِغَيْرِهِ؛ لِأَنَّ حَرْفَ النِّدَاءِ يَدْخُلُ عَلَيْهِ.

المَبْحَثُ الثَّانِي: فِي أَصْلِهِ

قَالَ (خط) فِي (الإِقْنَاعِ): وَأَصْلُهُ: إِلَهٌ كَإِمَام ثُمَّ أَدْخَلُوا عَلَيْهِ الْأَلِفَ وَاللَّامَ. ثُمَّ حُذِفَتِ الْهَمزَةُ الثَّانِيَةُ طَلَبًا لِلْخِفَّةِ، وَنُقِلَتْ حَرَكَتُهَا إِلَى اللَّامِ، فَصَارَ اللَّاه بِلَامَيْنِ مُتَحَرِّكَيْنِ، ثُمَّ سُكِّنَتِ الأُولَى وَأُدْغِمَتْ فِي الثَّانِيَة لِلتَّسْهِيلِ.

أَيْ: («الإِلَاه» ثُمَّ «اللَّاه» ثم «الإِلَه» ثُمَّ «الله») أَوْ («إِلَاه» ثُمَّ «الإِلَاه» ثُمَّ «الإِلَه» ثُمَّ «الله»).

المبحث الثالث
في أنَّه هل هو عربيٌّ أو معرَّبٌ؟

اخْتَلَفُوا في أَصْلِ لَفْظِ الجَلَالَةِ عَلَى آراءٍ:

- الرَّأيُ الأوَّلُ: هُوَ عَرَبيٌّ.

وَاعْتُرِضَ بِقَوْلِهِمْ: «سُمِّيَ بِهِ قَبْلَ أَنْ يُسَمَّى»!

وَأُجِيبَ: أَنَّهُ سُمِّيَ بِهِ قَبْلَهُمْ، وَهُمْ أَوَّلُ مَنِ اسْتَعْمَلُوهُ.

- الرَّأْيُ الثَّاني: أَنَّهُ مُعَرَّبٌ؛ أَيْ: مِنْ وَضْعِ العَجَمِ، بِنَاءً عَلَى مَنْ قَالَ: «أَنَّ الوَاضِعَ بَشَرٌ»، وَعَلَيْهِ قَالُوا: العَجَمُ هُنَا العِبْرَانِيُّ، وَقِيلَ: السُّرْيَانِيُّ، وَقَالَ (البُلْقِينِيُّ): «لَا يُلْتَفَتُ لِهَذَا القَوْلِ». (ب ج) عَلَى (خط).

وَفِي تَرْكِيبِهِ لَهُمْ آراءٌ:

- الرَّأيُ الأوَّلُ: أَنَّهُ مَنْقُولٌ مِنِ اسْمِ جِنْسٍ نَكِرَةٍ؛ أَيْ: إِلَه.
- الرَّأيُ الثَّاني: أَنَّهُ عَلَمٌ وَضْعِيٌّ شَخْصِيٌّ جُزْئِيٌّ مُرْتَجَلٌ جَامِدٌ لَا مُشْتَقٌّ، وَهَذَا قَوْلُ (الشَّافِعِيِّ) وَ(الإمامِ) وَ(الحُجَّةِ) وَ(الخَطَّابِيِّ) وَ(الخَلِيلِ بْنِ أَحْمَدَ)، وَإِنْ كَانَ لَا يُقَالُ فِي حَقِّهِ تَعَالَى: شَخْصِيٌّ، وَلَا جُزْئِيٌّ.

تنبيهٌ: قَالَ بَعْضُ المُحَقِّقِينَ: وَمَا يُقَالُ مِنَ الخِلَافِ فِي أَنَّهُ مُشْتَقٌّ أَوْ غَيْرُ مُشْتَقٍّ إِنَّمَا هُوَ فِي لَفْظِ إِلَهٍ لَا لَفْظِ اللهِ. اهـ (ب ج).

المَبْحَثُ الرَّابِعُ

فِي الخِلَافِ فِي أَنَّهُ الاسْمُ الأَعْظَمُ أَوْ غَيْرُه

اخْتَلَفُوا فِي الاسْمِ الأَعْظَمِ عَلَى آرَاءٍ:

مِنْهَا: «اللهُ» وَهُوَ قَوْلُ أَكْثَرِ المُحَقِّقِينَ؛ لِوُرُودِهِ فِي القُرْآنِ أَلْفَيْنِ وَثَلَاثمِئَة وَسِتِّينَ مَرَّةً، قَالَ (البُنْدنيجِيُّ): وَأَكْثَرُ أَهْلِ العِلْمِ عَلَى أَنَّ الاسْمَ الأَعْظَمَ هُوَ «اللهُ». قَالَ (دم): وَهُوَ أَعْظَمُ الأَسْمَاءِ وَأَجْمَعُهَا وَأَكْثَرُهَا اسْتِعْمَالًا، وَلِذَلِكَ لَمْ يُثَنَّ وَلَمْ يُجْمَعْ.

وَمِنْهَا: «الحَيُّ القَيُّومُ»، وَاسْتَحْسَنَهُ (النَّوَوِيُّ) تَبَعًا لِجَمَاعَةٍ؛ لِوُرُودِهِ فِي ثَلَاثَةِ مَوَاضِعَ: البَقَرَةُ، وآلُ عِمْرَانَ، وَطَه.

وَمِنْهَا: «اللهُ لَا إِلَهَ إِلَّا هُوَ، الأَحَدُ الصَّمَدُ، الَّذِي لَمْ يَلِدْ وَلَمْ يُولَدْ، وَلَمْ يَكُنْ لَهُ كُفُوًا أَحَدٌ»، وَهُوَ مَرْوِيٌّ أَخْرَجَهُ أَبُو دَاوُدَ وَالتِّرْمِذِيُّ وَابْنُ مَاجَهْ وَابْنُ حِبَّانَ وَالحَاكِمُ مِنْ حَدِيثِ بُرَيْدَةَ، وَصَحَّحَهُ (الحَافِظُ).

الْمَقْصِدُ الرَّابِعُ: فِي الرَّحْمَنِ الرَّحِيمِ

وَفِيهِ مَبْحَثَانِ:

الْمَبْحَثُ الأَوَّلُ: فِي لَفْظِهِمَا نَوعًا وَاشْتِقَاقًا

صِفَتَانِ مُشَبَّهَتَانِ بُنِيَتَا لِلْمُبَالَغَةِ مِنْ لَفْظِ «رَحِمَ» كَـ «غَضْبَان» مِن «غَضِبَ» أَوْ «سَقِيم» من «سَقِمَ».

مَعَ كَوْنِهَا متُعَدِّيًا بِجَعْلِهِ لَازِمًا وَنَقْلِهِ إِلَى «فَعُلَ».

فَـ(ـالرَّحْمَن) صِفَةُ مُبَالَغَةٍ مِنَ «الرَّحمَةِ» بُنِيَتْ عَلَى فَعْلَان؛ لِأَنَّ رَحْمَتَهُ وَسِعَتْ كُلَّ شَيْءٍ.

وَأَمَّا (الرَّحِيم) فَيُقَالَ لِمَنْ كَثُرَ مِنْهُ «الرَّحْمَةُ».

مِنْ مَصْدَرِ «رَحِمَ».

قَالَ (شَيْخُ الإِسْلَامِ): وَالرَّحْمَةُ رِقَّةُ الْقَلْبِ، وَهِيَ كَيْفِيَّةٌ نَفْسَانِيَّةٌ تَسْتَحِيلُ فِي حَقِّهِ تَعَالَى، فَتُحْمَلُ عَلَى غَايَتِهَا، وَهِيَ الْإِنْعَامُ. (شَرْح الرَّوْض).

صِفَةٌ تَمَّ تَصْوِيغُهَا بِلَا تَفْضِيلٍ لِإِفَادَةِ نِسْبَةِ حَدَثٍ إِلَى مَوْصُوفِهَا دُونَ إِفَادَةِ الحُدُوثِ، وَهِيَ بِذَلِكَ مُشَبَّهَةٌ بِاسْمِ الفَاعِلِ، وَالمُبَالَغَةُ هُنَا لَيْسَتْ مُرَادَةً أَنَّهَا

بِصِيغَةِ المُبَالَغَةِ؛ لِأَنَّ صِيَغَ المُبَالَغَةِ خَمْسَةٌ، وَلَيْسَ هِيَ مِنْهَا، وَلَكِنَّ المُبَالَغَةَ هُنَا كِنَايَةٌ عَنْ كَثْرَةِ المُتَعَلِّقَاتِ، فَمَدْلُولُهَا زَائِدٌ عَلَى مَدْلُولِ اسْمِ الفَاعِلِ. وَالزَّائِدُ هُنَا المَدْلُولُ لَا المَعْنَى. وَالمَعْنَى مُسْتَحِيلٌ هُنَا فِي حَقِّهِ تَعَالَى.

وَالرَّحْمَنُ أَبْلَغُ مِنَ الرَّحِيمِ أَنَّهُ مَعَانِيهِ أَكْثَرَ، وَلَيْسَ المُرَادُ عَلَى أَنَّهُ مِنْ أَفْعَلَ التَّفْضِيلِ ....؛ لِأَنَّ زِيَادَةَ البِنَاءِ تَدُلُّ غَالِبًا، بِشَرْطِ نَقْلِ الوَزْنِ إِلَى وَزْنٍ أَعْلَى مِنْهُ، بَلْ وَضَعُوا بَلَاغِيًّا شُرُوطًا أُخْرَى؛ وَهِيَ أَنْ تَكُونَ فِي غَيْرِ الصِّفَاتِ الجِبِلِّيَّةِ، وَأَنْ يَتَّحِدَ اللَّفْظَانِ فِي النَّوْعِ، وَأَنْ يَتَّحِدَا فِي الاشْتِقَاقِ عَلَى زِيَادَةِ المَعْنَى؛ كَمَا فِي قَطَعَ بِالتَّخْفِيفِ وَقَطَّعَ بِالتَّشْدِيدِ. وَاسْتِدْلَالُ بَعْضِهِمْ بِمَا وَرَدَ مِنْ أَحَادِيثَ كَـ: «يَا رَحْمَنَ الدُّنْيَا وَالآخِرَةِ وَرَحِيمَ الآخِرَةِ»، فَمُشْكِلٌ بِوُرُودِ أَحَادِيثَ دَالَّةٍ عَلَى اسْتِوَائِهِمَا فِي ذَلِكَ! ثُمَّ الأَبْلَغِيَّةُ تُؤْخَذُ بِاعْتِبَارَاتٍ كَالكَمِّيَّةِ أَوِ الكَيْفِيَّةِ غَالِبًا.

المَبْحَثُ الثَّانِي: فِي عِلَّةِ تَقْدِيمِ اللهِ عَلَيْهِمَا وَتَقْدِيمِ الرَّحْمَنِ مِنْهُمَا عَلَى الرَّحِيمِ

وَقُدِّمَ اللهُ عَلَيْهِمَا ... لِأَنَّهُ اسْم ذَاتٍ، وَهُمَا اسْمَا صِفَةٍ.

وَقُدِّمَ الرَّحْمَنُ على الرَّحِيم ... لِأَنَّهُ خَاصٌّ.

وَقَدْ يُشْكِلُ عَلَى هَذَا: أَنَّ القَاعِدَةَ فِي التَّرَقِّي هُوَ بـ: تَقْدِيمِ العَامِّ عَلَى الخَاصِّ؛ إِذْ لَا يُقَالُ لِغَيْرِ اللهِ: الرَّحْمَنُ؛ بِخِلَافِ الرَّحِيم ... وَالْخَاصُّ مُقَدَّمٌ عَلَى الْعَامِّ.

وَيُشْتَرَطُ لِذَلِكَ: أَنْ يَكُونَ مَدْلُولُهُ خَاصًّا، وَلَيْسَ كَذَلِكَ هُنَا، بَلْ مَا هُنَا أَنَّ أَحَدَهُمَا خَاصٌّ بِمَوْصُوفٍ؛ أَي: الرَّحْمَنُ، وَالآخَرُ عَامٌّ يُطْلَقُ عَلَيْهِ وَعَلَى غَيْرِهِ؛ أَيْ: الرَّحِيم، ثُمَّ كَانَ المُرَادُ مِنْهُمَا وَاحِدًا، فَلَا يُقَالُ هُنَا: تَقْدِيمُ الخَاصِّ عَلَى العَامِّ؛ فَالأَنْسَبُ أَنْ يُقَالَ: إِنَّهُ قَدَّمَ الرَّحْمَنَ لِأَنَّهُ أَبْلَغُ.

وَقَالَ الفَارِسِيُّ: إِنَّمَا جِيءَ بِالرَّحِيمِ بعْدَ اسْتِغْرَاقِ الرَّحْمَنِ مَعْنَى الرَّحْمَةِ؛ لِتَخْصِيصِ المُؤْمِنِينَ بِهِ فِي قَوْلِهِ: ﴿وَكَانَ بِٱلْمُؤْمِنِينَ رَحِيمًا﴾[الأحزاب:٤٣]، كَمَا قَالَ: ﴿ٱقْرَأْ بِٱسْمِ رَبِّكَ ٱلَّذِى خَلَقَ ۝١ خَلَقَ ٱلْإِنسَـٰنَ مِنْ عَلَقٍ﴾[العلق:١-٢]، فَخَصَّ بِهِ بَعْدَ أَنْ عَمَّ؛ لِمَا فِي الإِنْسَانِ مِنْ أَنْوَاعِ الحِكْمَةِ.

وَعَلَّلَ (الأَجْهُورِيُّ) أَنَّ الرَّحْمَنَ لَمَّا كَانَ خَاصًّا صَارَ كَالعَلَمِ، فَنَاسَبَ العَلَمِيَّةَ هُنَا!

البَحْثُ الثَّالِثُ: فِي الحَمْدَلَةِ

المَبْحَثُ الأَوَّلُ: فِي تَعْرِيفِهِ

اَلْحَمْدُ -لغةً-: الثَّنَاءُ بِاللِّسَانِ على الْجَمِيلِ الِاخْتِيَارِيِّ عَلَى جِهَةِ التَّبْجِيلِ أي التَّعْظِيمِ، سَوَاءٌ تَعَلَّقَ بِالْفَضَائِلِ وَهِيَ النِّعَمُ الْقَاصِرَةُ أَمْ بِالْفَوَاضِلِ، وَهِيَ النِّعَمُ الْمُتَعَدِّيَةُ. فَدَخَلَ فِي الثَّنَاءِ: الْحَمْدُ وَغَيْرُهُ. (خط) في (الإقْنَاعِ) بِتَصَرُّفٍ.

قَوْلُهُ: «عَلَى» لِلتَّعْلِيلِ، وَهُوَ مَحْمُودٌ عَلَيْهِ؛ فَلِذَا قَيَّدَهُ بِـ«الاخْتِيَارِيِّ»، وَ«الجَمِيلُ» صِفَةٌ كَمَا يُدْرِكُهُ العَقْلُ. (الشَّيْخ عَوَض).

وَخَرَجَ بِـ«اللِّسَانِ» الثَّنَاءُ بِغَيْرِهِ كَالْحَمْدِ النَّفْسِيِّ.

وَبِـ«الجَمِيلِ» الثَّنَاءُ بِاللِّسَانِ عَلَى غَيْرِ جَمِيلٍ.

وَبِـ«الاخْتِيَارِي» المَدْحُ؛ فَإِنَّهُ يَعُمُّ الِاخْتِيَارِيَّ وَغَيْرَهُ، تَقُولُ: «مَدَحْتُ اللُّؤْلُؤَةَ عَلَى حُسْنِهَا» دُونَ حَمِدْتُهَا.

وَبِـ«عَلَى جِهَةِ التَّبْجِيلِ» مَا كَانَ عَلَى جِهَةِ الاسْتِهْزَاءِ وَالسُّخْرِيَةِ نَحْوَ ﴿ذُقْ إِنَّكَ أَنتَ ٱلْعَزِيزُ ٱلْكَرِيمُ﴾ [الدخان: ٤٩]. (خط) في (الإقْنَاعِ) اهـ.

الحَمْدُ -عُرْفًا-: فِعْلٌ يُنْبِئُ عَنْ تَعْظِيمِ -أي: اعْتِقَادِ عَظَمَتِهِ- المُنْعِمِ مِنْ حَيْثُ إِنَّهُ مُنْعِمٌ عَلَى الحَامِدِ أَوْ غَيْرِهِ، سَوَاءٌ كَانَ ذِكْرًا بِاللِّسَانِ أَمِ اعْتِقَادًا وَمَحَبَّةً

بِالجَنَانِ أَوْ عَمَلًا وَخِدْمَةً بِالأَرْكَانِ؛ كَمَا قِيلَ:

أَفَادَتْكُمُ النَّعْمَاءُ مِنِّي ثَلَاثَةً ** يَدِي وَلِسَانِي وَالضَّمِيرُ المُحَجَّبَا

الشُّكْرُ -لُغَةً-: هُوَ الحَمْدُ عُرْفًا.

الشُّكْرُ -عُرْفًا-: صَرْفُ العَبْدِ -أَيْ: اسْتِعْمَالُهُ جَمِيعَ مَا أَنْعَمَ اللهُ بِهِ عَلَيْهِ مِنَ السَّمْعِ وَغَيْرِهِ إِلَى مَا خُلِقَ لِأَجْلِهِ؛ فَهُوَ أَعَمُّ لِتَعَلُّقِهِ بِالجَوَارِحِ، بِخِلَافِ الحَمْدِ عُرْفًا لِتَقْيِيدِهِ بِالاعْتِقَادِ.

المَدْحُ -لُغَةً-: الثَّنَاءُ بِاللِّسَانِ عَلَى الجَمِيلِ مُطْلَقًا -أَيْ: اخْتِيَارِي- عَلَى جِهَةِ التَّعْظِيمِ.

المَدْحُ -عُرْفًا-: مَا يَدُلُّ فِعْلًا أَوْ قَوْلًا أَوِ اعْتِقَادًا عَلَى اخْتِصَاصِ -أَيْ: اتِّصَافِ- المَمْدُوحِ بِنَوْعٍ مِنَ الفَضَائِلِ.

❈ ❈ ❈

وَاخْتَلَفُوا فِي حَقِيقَةِ الثَّنَاءِ عَلَى آرَاءٍ:

الرَّأْيُ الأَوَّلُ: أَنَّهُ حَقِيقَةٌ فِي الخَيْرِ وَالشَّرِّ. قَالَهُ (ابْنُ عَبْدِ السَّلَامِ). وَعَلَيْهِ فَلَا فَائِدَةَ فِي تَقْيِيدِهِ بِـ(الجَمِيلِ).

الرَّأْيُ الثَّانِي: أَنَّهُ حَقِيقَةٌ فِي الخَيْرِ فَقَطْ. وَهُوَ قَوْلُ الجُمْهُورِ.

فَائِدَةُ الخِلَافِ: تَحْقِيقُ المَاهِيَّةِ، أَوْ دَفْعُ تَوَهُّمِ إِرَادَةِ الجَمْعِ بَيْنَ الحَقِيقَةِ وَالمَجَازِ عِنْدَ مَنْ يُجَوِّزُهُ.

❈ ❈ ❈

وَجُمْلَةُ (الحَمْدُلله): خَبَرِيَّةٌ لَفْظًا، إِنْشَائِيَّةٌ مَعْنًى؛ لِحُصُولِ الحَمْدِ بِالتَّكَلُّمِ بِهَا مَعَ الإِذْعَانِ [أَيْ: بِالرِّضَى وَالتَّسْلِيمِ] لِمَدْلُولِهَا، وَيَجُوزُ أَنْ تَكُونَ مَوْضُوعَةً شَرْعًا لِلْإِنْشَاءِ.

❈ ❈ ❈

وَالحَمْدُ: الثَّنَاءُ بِالكَامِلِ بِذِكرِ الصِّفَاتِ الجَمِيلَةِ، وَالأَفْعَالِ الحَمِيدَةِ، سَوَاءٌ كَانَ فِي مُقَابَلَةِ نِعْمَةٍ أَمْ لَا.

وَالشُّكْرُ هُوَ الثَّنَاءُ عَلَيْهِ بِإِنْعَامِهِ.

هِيَ مِنْ صِيَغِ الحَمْدِ، وَهُوَ الوَصْفُ بِالجَمِيلِ؛ إِذِ القَصْدُ بِهَا الثَّنَاءُ عَلَى اللهِ بِمَضْمُونِهَا مِنْ أَنَّهُ مَالِكٌ لِجَمِيعِ الحَمْدِ مِنَ الخَلْقِ، أَوْ مُسْتَحِقٌّ لِأَنْ يَحْمَدُوهُ، لَا الإِخْبَارُ بِذَلِكَ.

وَلِهَذَا يَحْسُنُ أَنْ تَقُولَ: حَمِدْتُ فُلَانًا عَلَى عِلْمِهِ وَسَخَائِهِ، وَلَا تَقُولُ: شَكَرْتُهُ عَلَى عِلْمِهِ، فَكُلُّ شُكْرٍ حَمْدٌ، وَلَيْسَ كُلُّ حَمْدٍ شُكْرًا.

المَبحَثُ الثَّاني
في الفَرقِ بينَهُ وبينَ الشُّكرِ والمَدحِ

وَقَالَ (الزَّمَخْشَرِيُّ): الحَمْدُ وَالمَدْحُ أَخَوَانِ، وَهُوَ قَوْلُ (الطَّبَرِيِّ) وَ(ثَعْلَب)، وَالتَّحْقِيقُ: أَنَّهُ أَعْلَمُ مِنَ الحَمْدِ.

وَفَرَّقَ السُّهَيْلِيُّ بَيْنَهُ وَبَيْنَ المَدْحِ، بِأَنَّ الحَمْدَ يُشْتَرَطُ فِيهِ أَنْ يَكُونَ صَادِرًا عَنْ عِلْمٍ لَا ظَنٍّ فِيهِ، وَأَنْ تَكُونَ تِلْكَ الصِّفَاتُ المَحْمُودَةُ صِفَاتِ كَمَالٍ بِخِلَافِ المَدْحِ، وَالمَدْحُ قَدْ يَكُونُ عَنْ ظَنٍّ وَبِصِفَةٍ مُسْتَحْسَنَةٍ وَإِنْ كَانَ فِيهَا نَقْصٌ مَا. (ابن المُلَقِّن)

والشُّكرُ: مَا كَانَ فِي مُقَابَلَةِ نِعْمَةٍ، وَبَيْنَهُ وَبَيْنَ الحَمْدِ خُصُوصٌ وَعُمُومٌ مِنْ وَجْهٍ. (دم).

فَمُتَعَلَّقُ الشُّكْرِ العُرْفِيِّ أَخَصُّ، لِتَعَلُّقِهِ بِالعِبَادَةِ، وَالحَمْدُ العُرْفِيُّ تَعَلُّقُهُ أَعَمُّ؛ لِأَنَّهُ لَا يَكُونُ إِلَّا فِي مُقَابَلَةِ نِعْمَةٍ، وَالحَمْدُ اللُّغَوِيُّ أَخَصُّ؛ لِأَنَّهُ فِي اللِّسَانِ، وَمُتَعَلَّقُهُ أَعَمُّ لِأَنَّهُ النِّعْمَةُ.

المَبحَثُ الثَّالثُ: في مَعْنَاهُ

المَبْحَثُ الرَّابِعُ: فِي لامِهِ

وَاخْتَلَفُوا فِي مَا يُفِيدُهُ «ال» فِي الحَمْدِ عَلَىٰ آرَاءٍ:

الرَّأْيُ الأَوَّلُ: الاسْتِغْرَاقُ؛ وَهُوَ الظَّاهِرُ. قَالَهُ الجُمْهُورُ.

الرَّأْيُ الثَّانِي: الجِنْسُ؛ لِأَنَّ لَامَ «لله» للاخْتِصَاصِ؛ فَلا يَرِدُ لِغَيْرِهِ. قَالَهُ (الزَّمَخْشَرِيُّ) تـ٥٥٨هـ.

الرَّأْيُ الثَّالِثُ: لِلْعَهْدِ: وَهُوَ إِمَّا ذِكْرِيٌّ أَوْ ذِهْنِيٌّ (عِلْمِيٌّ). قَالَهُ (ابْنُ عَبْدِ السَّلَامِ) وَأَجَازَهُ (الوَاحِدِيُّ). وَعَلَيْهِ: فَيَكُونُ المَعْنَى: أَنَّ الْحَمْدَ الَّذِي حَمِدَ اللهُ بِهِ فِي نَفْسِهِ وَحَمِدَهُ بِهِ أَنْبِيَاؤُهُ وَأَوْلِيَاؤُهُ مُخْتَصٌّ بِهِ.

وَالْعِبْرَةُ بِحَمْدِ من ذكر؛ وَأولى الثَّلَاثَةِ عند (خط) الْجِنْسُ.

❁ ❁ ❁

المَبْحَثُ الخَامِسُ: فِي تَقْدِيمِهِ عَلَى اسْمِ الذَّاتِ وَقَرْنِهِ بِهِ

قُرِنَ اسْمُ الذَّاتِ مَعَ عُمُومِ «أل» الحَمْدِ لِيُفِيدَ العُمُومَ وَالشُّمُولَ.

فَصْلٌ فِي اعْتِقَادِ أَصْحَابِنَا

قَالَ صَاحِبُ (س ص): «أَوَّلُ مَا يَجِبُ عَلَى كُلِّ مُسْلِمٍ: اعْتِقَادُ مَعْنَى الشَّهَادَتَيْنِ، وَتَصْمِيمُ قَلْبِهِ عَلَيْهِ».

قَالَ صَاحِبُ (ز س): «وَقَوَاعِدُ الإِيمَانِ بِهِ سُبْحَانَهُ وَتَعَالَى ثَمَانِيَةٌ، يَجِبُ عَلَى العَبْدِ أَنْ يَعْلَمَهَا بِقَلْبِهِ:

١- أَنَّهُ تَعَالَى حَيٌّ.   ٢- قَادِرٌ.   ٣- مُتَكَلِّمٌ.   ٤- سَمِيعٌ.

٥- بَصِيرٌ.   ٦- عَالِمٌ.   ٧- مُرِيدٌ.   ٨- بَاقٍ.

وَقَوَاعِدُ الإِسْلَامِ خَمْسٌ:

١- شَهَادَةُ أَنْ لَا إِلَهَ إِلَّا اللهُ وَأَنَّ مُحَمَّدًا رَسُولُ اللهِ.

٢- وَإِقَامُ الصَّلَاةِ.   ٣- وَإِيتَاءُ الزَّكَاةِ.

٤- وَصَوْمُ رَمَضَانَ.   ٥- وَحَجُّ البَيْتِ مَنِ اسْتَطَاعَ إِلَيْهِ سَبِيلًا».

قَالَ صَاحِبُ (ر ج): «أَرْكَانُ الإِسْلَامِ خَمْسَةٌ: شَهَادَةُ أَنْ لَا إِلَهَ إِلَّا اللهُ وَأَنَّ مُحَمَّدًا رَسُولُ اللهِ، وَإِقَامُ الصَّلَاةِ وَإِيتَاءُ الزَّكَاةِ، وَصَوْمُ رَمَضَانَ، وَحَجُّ البَيْتِ مَنِ اسْتَطَاعَ إِلَيْهِ سَبِيلًا، مَعَ الإِخْلَاصِ وَالتَّصْدِيقِ، فَمَنْ لَمْ يَكُنْ مُخْلِصًا فَهُوَ مُنَافِقٌ، وَمَنْ لَمْ يَكُنْ مُصَدِّقًا بِقَلْبِهِ فَهُوَ كَافِرٌ».

وَأَصْلُ الإِيْمَانِ أَنْ تَعْتَقِدَ أَنَّ اللهَ تَعَالَى مَوْجُودٌ، وَأَنَّهُ تَعَالَى وَاحِدٌ لَا شَرِيكَ لَهُ، وَلَا مِثْلَ لَهُ وَلَا شِبْهَ لَهُ، ﴿لَيْسَ كَمِثْلِهِۦ شَىْءٌۖ وَهُوَ ٱلسَّمِيعُ ٱلْبَصِيرُ﴾ [الشورى:١١]، خَلَقَ السَّمَاوَاتِ وَالأَرْضَ، وَخَلَقَ المَوْتَ وَالْحَيَاةَ، وَالْطَاعَةَ وَالمَعْصِيَةَ، وَالصِّحَّةَ وَالسَّقَمَ وَجَمِيعَ الْكَوْنِ وَمَا فِيهِ، وَخَلَقَ الْخَلْقَ وَأَعْمَالَهُمْ، وَقَدَّرَ أَرْزَاقَهُمْ وَآجَالَهُمْ، لَا تَزِيدُ وَلَا تَنْقُصُ. وَلَا يَحْدُثُ حَادِثٌ إِلَّا بِقَضَائِهِ وَقَدَرِهِ وَإِرَادَتِهِ، وَأَنَّهُ تَعَالَى حَيٌّ، عَالِمٌ، مُرِيدٌ، قَادِرٌ، مُتَكَلِّمٌ، سَمِيعٌ، بَصِيرٌ يَعْلَمُ خَائِنَةَ الأَعْيُنِ وَمَا تُخْفِي الصُّدُورُ، وَيَعْلَمُ السِّرَّ وَأَخْفَى، خَالِقُ كُلِّ شَيْءٍ، وَهُوَ الْوَاحِدُ الْقَهَّارُ. وَأَنَّهُ تَعَالَى بَعَثَ سَيِّدَنَا مُحَمَّدًا عَبْدَهُ وَرَسُولَهُ إِلَى جَمِيعِ الْخَلْقِ، لِهِدَايَتِهِمْ، وَلِتَكْمِيلِ مَعَاشِهِمْ وَمَعَادِهِمْ، وَأَيَّدَهُ بِالْمُعْجِزَاتِ الظَّاهِرَةِ. وَأَنَّهُ عَلَيْهِ الصَّلَاةُ وَالسَّلَامُ صَادِقٌ فِي جَمِيعِ مَا أَخْبَرَ بِهِ عَنِ اللهِ تَعَالَى مِنَ الصِّرَاطِ وَالمِيزَانِ وَالْحَوْضِ وَغَيْرِ ذٰلِكَ مِنْ أُمُورِ الآخِرَةِ وَالْبَرْزَخِ، وَمِنْ سُؤَالِ المَلَكَيْنِ وَعَذَابِ الْقَبْرِ وَنَعِيمِهِ. وَأَنَّ الْقُرْآنَ وَجَمِيعَ كُتُبِ اللهِ المُنَزَّلَةِ حَقٌّ، وَالمَلَائِكَةَ حَقٌّ، وَالْجَنَّةَ حَقٌّ، وَالنَّارَ حَقٌّ، وَجَمِيعَ مَا جَاءَ بِهِ سَيِّدُنَا مُحَمَّدٌ حَقٌّ».

قَالَ صَاحِبُ (س ن): «أَرْكَانُ الإِسْلَامِ خَمْسَةٌ: شَهَادَةُ أَنْ لَا إِلَهَ إِلَّا اللهُ وَأَنَّ مُحَمَّدًا رَسُولُ اللهِ، وَإِقَامُ الصَّلَاةِ وَإِيتَاءُ الزَّكَاةِ، وَصَوْمُ رَمَضَانَ، وَحَجُّ الْبَيْتِ مَنِ اسْتَطَاعَ إِلَيْهِ سَبِيلًا.

أَرْكَانُ الإِيمَانِ سِتَّةٌ: أَنْ تُؤْمِنَ بِاللهِ، وَمَلَائِكَتِهِ، وَكُتُبِهِ، وَبِالْيَوْمِ الآخِرِ، وَبِالقَدَرِ خَيْرِهِ وَشَرِّهِ مِنَ اللهِ تَعَالَى».

فصلٌ في الشَّهادَتَينِ

قالَ صاحِبُ (س ص): وَمَعْنى «أَشْهَدُ أَنْ لا إِلَهَ إِلَّا اللهُ»: أَعْلَمُ وَأَعْتَقِدُ بِقَلْبِي وَأُبَيِّنُ لِغَيْرِي؛ أَنْ لا مَعْبُودَ بِحَقٍّ في الوُجُودِ إِلَّا اللهُ، وَأَنَّهُ غَنِيٌّ عَمَّا سِواهُ، مُفْتَقِرٌ إِلَيْهِ كُلُّ ما عَداهُ؛ مُتَّصِفٌ بِكُلِّ كَمالٍ، مُنَزَّهٌ عَنْ كُلِّ نَقْصٍ وَما خَطَرَ بِالبالِ، لَمْ يَتَّخِذْ صاحِبَةً وَلا وَلَدًا؛ وَلا يُماثِلُ في ذاتِهِ وَصِفاتِهِ وَأَفْعالِهِ أَحَدًا. وَمَعْنى «أَشْهَدُ أَنَّ مُحَمَّدًا رَسُولُ اللهِ»: أَعْلَمُ وَأَعْتَقِدُ بِقَلْبِي وَأُبَيِّنُ لِغَيْرِي أَنَّ سَيِّدَنا مُحَمَّدَ بْنَ عَبْدِ اللهِ، عَبْدُ اللهِ وَرَسُولُهُ، إِلى كافَّةِ الخَلْقِ، صادِقٌ فيما أَخْبَرَ بِهِ، يَجِبُ عَلى كافَّةِ الخَلْقِ تَصْديقُهُ وَمُتابَعَتُهُ، وَيَحْرُمُ عَلَيْهِمْ تَكْذيبُهُ وَمُخالَفَتُهُ. فَمَنْ كَذَّبَهُ؛ فَهُوَ ظالِمٌ كافِرٌ. وَمَنْ خالَفَهُ؛ فَهُوَ عاصٍ خاسِرٌ. وَفَّقَنا اللهُ لِكَمالِ مُتابَعَتِهِ، وَرَزَقَنا كَمالَ التَّمَسُّكِ بِسُنَّتِهِ، وَجَعَلَنا مِمَّنْ يُحْيِي أَحْكامَ شَريعَتِهِ، وَتَوَفَّنا عَلى مِلَّتِهِ، وَحَشَرَنا في زُمْرَتِهِ، وَوالِدينا وَأَوْلادَنا وَإِخْوانَنا وَأَحْبابَنا وَجَميعَ المُسْلِمينَ ... آمين».

قالَ صاحِبُ (س ن): «وَمَعْنى لا إِلَهَ إِلَّا اللهُ: لا مَعْبُودَ بِحَقٍّ في الوُجُودِ إِلَّا اللهُ».

فصلٌ في عَلاماتِ البُلُوغِ

قالَ صاحِبُ (س ن): «عَلاماتُ البُلُوغِ ثَلاثٌ: تَمامُ خَمْسَ عَشْرَةَ سَنَةً في الذَّكَرِ وَالأُنْثى، وَالاحْتِلامُ في الذَّكَرِ وَالأُنْثى لِتِسْعِ سِنينَ، وَالحَيْضُ في الأُنْثى لِتِسْعِ سِنينَ».

كِتَابُ الطَّهَارَةِ

بَابُ المِيَاهِ

فَرْعٌ في مَصَادِرِ المَاءِ

قَالَ صَاحِبٌ (غ ت): (المِيَاهُ الَّتي يَجُوزُ التَّطْهِيرُ بِهَا سَبْعُ مِيَاهٍ: مَاءُ السَّمَاءِ، وَمَاءُ البَحْرِ، وَمَاءُ النَّهْرِ، وَمَاءُ البِئْرِ، وَمَاءُ العَيْنِ، وَمَاءُ الثَّلْجِ، وَمَاءُ البَرَدِ».

قَالَ صَاحِبٌ (م ص): «وَ[المَاءُ المُطْلَقُ] هُوَ: مَا نَزَلَ مِنَ السَّمَاءِ أَوْ نَبَعَ مِنَ الأَرْضِ».

فَرْعٌ في المَاءِ المُطْلَقِ

قَالَ صَاحِبٌ (م ص): «فَلَا يَصِحُّ رَفْعُ الحَدَثِ وَلَا إِزَالَةُ النَّجِسِ إِلَّا بِالمَاءِ المُطْلَقِ».

قَالَ صَاحِبٌ (م ص): «فَإِذَا تَغَيَّرَ طَعْمُ المَاءِ أَوْ لَوْنُهُ أَوْ رِيحُهُ تَغَيُّرًا فَاحِشًا بِمُخَالَطَةِ شَيْءٍ طَاهِرٍ يَسْتَغْنِي المَاءُ عَنْهُ كَالزَّعْفَرَانِ وَالأُشْنَانِ وَالجِصِّ وَالنُّورَةِ وَالكُحْلِ لَمْ تَجُزِ الطَّهَارَةُ بِهِ. وَلَا يَضُرُّ التَّغَيُّرُ بِالمُكْثِ وَالتُّرَابِ وَالطُّحْلُبِ وَمَا في مَقَرِّهِ وَمَمَرِّهِ. وَلَا يَضُرُّ التَّغَيُّرُ بِالمُجَاوَرَةِ، كَالعُودِ وَالدُّهْنِ المُطَيَّبِ، وَلَا تَصِحُّ الطَّهَارَةُ بِمَا تُطُهِّرَ بِهِ مِنْ حَدَثٍ ونَجِسٍ».

فَرْعٌ في أحْكَامِ القُلَّتَيْنِ

قَالَ صَاحِبُ (س ن): «المَاءُ قَلِيلٌ وَكَثِيرٌ، القَلِيلُ: مَا دُونَ القُلَّتَيْنِ. وَالكَثِيرُ: قُلَّتَانِ فَأَكْثَرُ. القَلِيلُ: يَتَنَجَّسُ بِوُقُوعِ النَّجَاسَةِ فِيهِ وَإِنْ لَمْ يَتَغَيَّرْ. وَالمَاءُ الكَثِيرُ: لَا يَتَنَجَّسُ إلَّا إِذَا تَغَيَّرَ طَعْمُهُ أَوْ لَوْنُهُ أَوْ رِيحُهُ».

قَالَ صَاحِبُ (غ ت): وَالقُلَّتَانِ: خَمْسُ مِائَةِ رَطْلٍ بَغْدَادِيٍّ تَقْرِيبًا في الأَصَحِّ.

قَالَ صَاحِبُ (هـ ص): «وَيَنْجُسُ المَاءُ القَلِيلُ وغيرُهُ مِنَ المَائِعَاتِ بِوُقُوعِ النَّجَاسَةِ فِيهِ، سَوَاءٌ غَيَّرَتْهُ أَوْ لَمْ تُغَيِّرْهُ».

قَالَ صَاحِبُ (س ص): «وَمَتَى لَاقَتِ النَّجَاسَاتُ المَذْكُورَةُ المَاءَ؛ فَإِنْ كَانَ قُلَّتَيْنِ ... لَمْ يَنْجُسْ [بالمُلَاقَاةِ]، إلَّا إِنْ غَيَّرَتْ طَعْمَهُ أَوْ لَوْنَهُ أَوْ رِيحَهُ، وَيَطْهُرُ بِزَوَالِ التَّغَيُّرِ. وَإِنْ كَانَ أَقَلَّ مِنْهُمَا [أَيْ: القُلَّتَيْنِ] يَنْجُسُ بِالمُلَاقَاةِ وَإِنْ لَمْ يَتَغَيَّرْ، وَيَطْهُرُ بِبُلُوغِهِ قُلَّتَيْنِ، وَمَتَى لَاقَتِ النَّجَاسَاتُ المَذْكُورَةُ مَائِعًا غَيْرَ المَاءِ تَنَجَّسَ بِمُلَاقَاتِهَا، قَلِيلًا أَوْ كَثِيرًا، تَغَيَّرَ أَوْ لَمْ يَتَغَيَّرْ، وَلَا يَطْهُرُ قَطُّ».

قَالَ صَاحِبُ (هـ ص): «وَإِذَا كَانَ المَاءُ قُلَّتَيْنِ فَوَقَعَتْ فِيهِ نَجَاسَةٌ فَلَا يَنْجُسُ إلَّا إِذَا تَغَيَّرَ طَعْمُهُ أَوْ لَوْنُهُ أَوْ رِيحُهُ تَغَيُّرًا كَثِيرًا أَوْ يَسِيرًا. وَإِذَا زَالَ التَّغَيُّرُ بِنَفْسِهِ أَوْ بِمَاءٍ [وَلَوْ نَجِسٍ] طَهُرَ. وَلَا يَطْهُرُ إِذَا زَالَ التَّغَيُّرُ بِمِسْكٍ أَوْ زَعْفَرَانٍ أَوْ جِصٍّ أَوْ تُرَابٍ».

❋ ❋ ❋

قَالَ صَاحِبُ (س ص): «وَيَجِبُ صَبُّ المَاءِ عَلَى المُتَنَجِّسِ إِذَا كَانَ المَاءُ دُونَ القُلَّتَيْنِ؛ فَإِنْ أُدْخِلَ المُتَنَجِّسُ فِيهِ لَمْ يَطْهُرْ وَتَنَجَّسَ المَاءُ وَمُلَاقِيهِ».

فرعٌ في انقسامِ المياهِ مِنْ حيثُ التَّطَهُّرُ بها

قَالَ صَاحِبُ (غ ت): «ثُمَّ المِيَاهُ عَلَى أَرْبَعَةِ أَقْسَامٍ: طَاهِرٌ مُطَهِّرٌ غَيْرُ مَكْرُوهٍ، وَهُوَ المَاءُ المُطْلَقُ، وَطَاهِرٌ مُطَهِّرٌ مَكْرُوهٌ، وَهُوَ المَاءُ المُشَمَّسُ، وَطَاهِرٌ غَيْرُ مُطَهِّرٍ وَهُوَ المَاءُ المُسْتَعْمَلُ وَالمُتَغَيِّرُ بِمَا خَالَطَهُ مِنَ الطَّاهِرَاتِ، وَمَاءٌ نَجِسٌ وَهُوَ الَّذِي حَلَّتْ فِيهِ نَجَاسَةٌ وَهُوَ دُونَ القُلَّتَيْنِ أَوْ كَانَ قُلَّتَيْنِ فَتَغَيَّرَ».

قَالَ صَاحِبُ (م ص): «تَنْبِيهٌ: لَوْ أَدْخَلَ المُتَوَضِّئُ يَدَهُ بَعْدَ غَسْلِ وَجْهِهِ جَمِيعِهِ مَرَّةً أَوِ الجُنُبُ بَعْدَ النِّيَّةِ فِي مَاءٍ دُونَ القُلَّتَيْنِ فَاغْتَرَفَ وَنَوَى الاغْتِرَافَ لَمْ يَضُرَّ، وَإِنْ لَمْ يَنْوِ الاغْتِرَافَ صَارَ البَاقِي مُسْتَعْمَلًا».

قَالَ صَاحِبُ (م ص): «وَيُعْفَى عَنِ اليَسِيرِ مِنَ الشَّعْرِ النَّجِسِ، وَعَنِ المَيْتَةِ الَّتِي لَا نَفْسَ لَهَا سَائِلَةٌ، وَالنَّجَاسَةِ الَّتِي لَا يُدْرِكُهَا الطَّرْفُ، وَمَنْفَذِ الطَّيْرِ وَالفَأْرِ، وَاليَسِيرِ مِنْ غُبَارِ السِّرْجِينِ، وَسُؤْرِ الهِرَّةِ الَّتِي أَكَلَتْ نَجَاسَةً ثُمَّ غَابَتْ زَمَانًا وَاحْتُمِلَ وُلُوغُهَا فِي قُلَّتَيْنِ مِنَ المَاءِ».

بابُ الآنيةِ

قَالَ صَاحِبُ (غ ت): «وَلَا يَجُوزُ اسْتِعْمَالُ أَوَانِي الذَّهَبِ وَالفِضَّةِ، وَيَجُوزُ اسْتِعْمَالُ غَيْرِهِمَا مِنَ الأَوَانِي».

باب الاستنجاء

قَالَ صَاحِبُ (ز س): «وَيَقُولُ عِنْدَ دُخُولِ الخَلَاءِ: بِسْمِ اللهِ، اللَّهُمَّ إِنِّي أَعُوذُ بِكَ مِنَ الخُبْثِ وَالخَبَائِثِ».

قَالَ صَاحِبُ (م ص): «يُقَدِّمُ دَاخِلَ الخَلَاءِ يَسَارَهُ، وَيَقُولُ إِذَا دَخَلَ: «بِسْمِ اللهِ، اللَّهُمَّ إِنِّي أَعُوذُ بِكَ مِنَ الخُبْثِ وَالخَبَائِثِ».».

فَرْعٌ فِيمَا يَجُوزُ حَمْلُهُ إِلَى الخَلَاءِ وَمَا لَا يَجُوزُ

قَالَ صَاحِبُ (م ص): «وَلَا يَحْمِلُ ذِكْرَ اللهِ وَاسْمَ رَسُولِهِ وَنَحْوَهُ وَالقُرْآنَ».

فَرْعٌ فِي صِفَةِ قَاضِي الحَاجَةِ

قَالَ صَاحِبُ (م ص): «وَيُغَطِّي رَأْسَهُ، وَيَبْعُدُ، وَيَسْتَتِرُ».

فَرْعٌ

قَالَ صَاحِبُ (م ص): «وَلَا يَبُولُ فِي مَاءٍ رَاكِدٍ، وَقَلِيلٍ جَارٍ، وَجُحْرٍ، وَمَهَبِّ رِيحٍ، وَظِلٍّ مَقْصُودٍ، وَطَرِيقٍ، وَتَحْتَ شَجَرَةٍ مُثْمِرَةٍ، وَلَا يَتَكَلَّمُ، وَيَسْتَبْرِئُ مِنَ البَوْلِ».

قَالَ صَاحِبُ (غ ت): «وَيَجْتَنِبُ اسْتِقْبَالَ القِبْلَةِ وَاسْتِدْبَارَهَا فِي الصَّحْرَاءِ، وَيَجْتَنِبُ البَوْلَ وَالغَائِطَ فِي المَاءِ الرَّاكِدِ وَتَحْتَ الشَّجَرَةِ المُثْمِرَةِ وَفِي الطَّرِيقِ وَالظِّلِّ وَالثَّقْبِ، وَلَا يَتَكَلَّمُ عَلَى البَوْلِ وَالغَائِطِ، وَلَا يَسْتَقْبِلُ الشَّمْسَ وَالقَمَرَ وَلَا يَسْتَدْبِرُهُمَا».

فَرْعٌ فِي كَيْفِيَّةِ الاسْتِنْجَاءِ

قَالَ صَاحِبُ (س ص): «وَيَجِبُ عَلَيْهِ الاسْتِبْرَاءُ مِنَ البَوْلِ حَتَّى يَغْلِبَ عَلَى ظَنِّهِ أَنَّهُ لَا يَعُودُ وَلَا يَخْرُجُ. ثُمَّ يَسْتَنْجِي وَيُرْخِي دُبُرَهُ حَتَّى يَغْسِلَ مَا فِي طَبَقَاتِهِ مِنَ النَّجَاسَةِ، وَيَدْلُكُهُ حَتَّى يَغْلِبَ عَلَى ظَنِّهِ زَوَالُ طَعْمِ النَّجَاسَةِ وَلَوْنِهَا وَرِيحِهَا».

قَالَ صَاحِبُ (ز س): «وَالاسْتِنْجَاءُ وَاجِبٌ مِنْ كُلِّ خَارِجٍ مِنَ السَّبِيلَيْنِ مُلَوِّثٍ بِمَاءٍ أَوْ حَجَرٍ أَوْ مَا يَقُومُ مَقَامَهُ».

قَالَ صَاحِبُ (هـ ص): «وَيَسْتَبْرِئُ مِنَ البَوْلِ».

قَالَ صَاحِبُ (غ ت): «وَالاسْتِنْجَاءُ وَاجِبٌ مِنَ البَوْلِ وَالغَائِطِ، وَالأَفْضَلُ أَنْ يَسْتَنْجِيَ بِالأَحْجَارِ، ثُمَّ يُتْبِعُهَا بِالمَاءِ، وَيَجُوزُ أَنْ يَقْتَصِرَ عَلَى المَاءِ أَوْ عَلَى ثَلَاثَةِ أَحْجَارٍ، يُنَقِّي بِهِنَّ المَحَلَّ، فَإِذَا أَرَادَ الاقْتِصَارَ عَلَى أَحَدِهِمَا فَالمَاءُ أَفْضَلُ، وَيَجْتَنِبُ اسْتِقْبَالَ القِبْلَةِ وَاسْتِدْبَارَهَا فِي الصَّحْرَاءِ، وَيَجْتَنِبُ البَوْلَ وَالغَائِطَ فِي المَاءِ الرَّاكِدِ وَتَحْتَ الشَّجَرَةِ المُثْمِرَةِ وَفِي الطَّرِيقِ وَالظِّلِّ وَالثَّقْبِ، وَلَا يَتَكَلَّمُ عَلَى البَوْلِ وَالغَائِطِ، وَلَا يَسْتَقْبِلُ الشَّمْسَ وَالقَمَرَ وَلَا يَسْتَدْبِرُهُمَا».

فَرْعٌ فِيمَا يَقُومُ مَقَامَ الحَجَرِ

قَالَ صَاحِبُ (ز س): «بِمَاءٍ أَوْ حَجَرٍ أَوْ مَا يَقُومُ مَقَامَهُ؛ وَهُوَ كُلُّ جَامِدٍ، طَاهِرٍ، قَالِعٍ، غَيْرِ مَطْعُومٍ، وَلَا مُحْتَرَمٍ، وَلَا مُبْتَلٍّ».

قَالَ صَاحِبُ (غ ت): «وَالأَفْضَلُ أَنْ يَسْتَنْجِيَ بِالأَحْجَارِ ثُمَّ يُتْبِعُهَا بِالمَاءِ، وَيَجُوزُ أَنْ يَقْتَصِرَ عَلَى المَاءِ أَوْ عَلَى ثَلَاثَةِ أَحْجَارٍ يُنَقِّي بِهِنَّ المَحَلَّ، فَإِذَا أَرَادَ الاقْتِصَارَ عَلَى أَحَدِهِمَا فَالمَاءُ أَفْضَلُ».

فَرْعٌ في شَرْطِ الاقْتِصارِ عَلى المَسْحِ

قَالَ صَاحِبُ (س ن): «شُرُوطُ إجْزَاءِ الحَجَرِ ثَمَانِيَةٌ: أَنْ يَكُونَ بِثَلَاثَةِ أَحْجَارٍ، وَأَنْ يُنَقِّيَ المَحَلَّ، وَأَنْ لَا يَجِفَّ النَّجِسُ، وَلَا يَنْتَقِلَ، وَلَا يَطْرَأَ عَلَيْهِ آخَرُ، وَلَا يُجَاوِزَ صَفْحَتَهُ وَحَشَفَتَهُ، وَلَا يُصِيبَهُ مَاءٌ، وَأَنْ تَكُونَ الأَحْجَارُ طَاهِرَةً».

فَرْعٌ فِيمَا يَقُولُهُ بَعْدَ خُرُوجِهِ

قَالَ صَاحِبُ (ز س): وَإِذَا خَرَجَ قَالَ: «غُفْرَانَكَ، الحَمْدُ للهِ الَّذِي أَذْهَبَ عَنِّي الأَذَى وَعَافَانِي».

قَالَ صَاحِبُ (م ص): وَإِذَا خَرَجَ: «غُفْرَانَكَ، الحَمْدُ للهِ الَّذِي أَذْهَبَ عَنِّي الأَذَى وَعَافَانِي».

بَابُ الوُضُوءِ

فَصْلٌ فِي شُرُوطِ صِحَّةِ الوُضُوءِ

قَالَ صَاحِب (م ص): «وَشُرُوطُ الطَّهَارَةِ عَنِ الحَدَثِ الأَصْغَرِ وَالأَكْبَرِ: الإِسْلَامُ. وَالتَّمْيِيزُ. وَالمَاءُ الطَّاهِرُ المُطَهِّرُ».

قَالَ صَاحِب (س ن): «شُرُوطُ الوُضُوءِ عَشَرَةٌ: الإِسْلَامُ، وَالتَّمْيِيزُ، وَالنَّقَاءُ عَنِ الحَيْضِ، وَالنِّفَاسُ، وَعَمَّا يَمْنَعُ وُصُولَ المَاءِ إِلَى البَشَرَةِ، وَأَنْ لَا يَكُونَ عَلَى العُضْوِ مَا يُغَيِّرُ المَاءَ الطَّهُورَ. وَدُخُولُ الوَقْتِ، وَالمُوَالَاةُ لِدَائِمِ الحَدَثِ».

فَصْلٌ فِي فُرُوضِ الوُضُوءِ

قَالَ صَاحِب (س ص): «الثَّانِي [مِنْ شُرُوطِ الصَّلَاةِ]: طَهَارَةٌ بِالوُضُوءِ وَالغُسْلِ؛ وَأَمَّا الوُضُوءُ؛ فَفُرُوضُهُ سِتَّةٌ:..».

قَالَ صَاحِب (ز س): «وَفُرُوضُ الوُضُوءِ سِتَّةٌ:..» قَالَ صَاحِب (م ص): «فُرُوضُ الوُضُوءِ سِتَّةُ أَشْيَاء:..»

قَالَ صَاحِب (ر ج): «فُرُوضُ الْوُضُوءِ سِتَّةٌ:..» قَالَ صَاحِب (س ن): «فُرُوضُ الوُضُوءِ سِتَّةٌ:..».

قَالَ صَاحِب (غ ت): «وَفُرُوضُ الوُضُوءِ سِتَّةُ أَشْيَاء:..» .

فَرْضُ نِيَّةِ القَلْبِ

قَالَ صَاحِب (رج): «النِّيَّةُ»، قَالَ صَاحِب (س ن): «النِّيَّةُ» قَالَ صَاحِب (غ ت): «النِّيَّةُ».

قَالَ صَاحِب (زس): «النِّيَّةُ بِالقَلْبِ، وَتَجِبُ مُقَارَنَتُهَا بِغَسْلِ أَوَّلِ جُزْءٍ مِنَ الوَجْهِ».

قَالَ صَاحِب (س ص): «نِيَّةُ» الطَّهَارَةِ لِلصَّلَاةِ أَوْ «رَفْعِ الحَدَثِ»، أَوْ نَحْوِهِمَا بِالقَلْبِ مَعَ أَوَّلِ غَسْلِ الوَجْهِ».

قَالَ صَاحِب (م ص): «النِّيَّةُ؛ إِمَّا نِيَّةُ: «رَفْعِ الحَدَثِ» أَو «الطَّهَارَةِ لِلصَّلَاةِ» و«الوُضُوءِ»، وَتكُونُ هَذِهِ عِنْدَ غَسْلِ الوَجْهِ».

❁ ❁ ❁

فَرْعٌ فِي مَعْنَى النِّيَّةِ وَوَقْتِهَا وَمَحَلِّهَا

قَالَ صَاحِب (غ ت): «النِّيَّةُ عِنْدَ غَسْلِ الوَجْهِ».

قَالَ صَاحِب (س ن): «النِّيَّةُ: قَصْدُ الشَّيْءِ مُقْتَرِنًا بِفِعْلِهِ. وَمَحَلُّهَا: القَلْبُ، وَالتَّلَفُّظُ بِهَا سُنَّةٌ. وَوَقْتُهَا: عِنْدَ غَسْلِ أَوَّلِ جُزْءٍ مِنَ الوَجْهِ».

❁ ❁ ❁

فَرْضُ غَسْلِ كُلِّ الوَجْهِ

قَالَ صَاحِب (س ن): «غَسْلُ الوَجْهِ»، قَالَ صَاحِب (غ ت): «وَغَسْلُ الوَجْهِ».

قَالَ صَاحِب (س ص): «غَسْلُ الوَجْهِ مِنْ مَبْدَأِ تَسْطِيحِ الجَبْهَةِ إِلَى مُنْتَهَى الذَّقْنِ، وَمِنَ الأُذُنِ إِلَى الأُذُنِ إِلَّا بَاطِنَ لِحْيَةِ الرَّجُلِ وَعَارِضَيْهِ الكَثِيفَيْنِ».

قَالَ صَاحِبُ (ز س): «وَغَسْلُ الوَجْهِ؛ مِنْ مَنَابِتِ شَعرِ الرَّأْسِ المُعْتَادِ إِلَى مُنْتَهَى الذَّقَنِ طُولًا، وَمِنْ وَتَدِ الأُذُنِ إِلَى وَتَدِ الأُذُنِ عَرْضًا، وَيَجِبُ غَسْلُ جُزْءٍ مِنْ رَأْسِهِ وَتَحْتَ حَنَكِهِ وَذَقْنِهِ، وَغَسْلُ كُلِّ هُدْبٍ، وَحَاجِبٍ، وَشَارِبٍ، وَعَنْفَقَةٍ، وَعِذَارٍ، وَلِحْيَةٍ خَفِيفَةٍ شَعْرًا وَبَشَرًا، وَظَاهِرِ مَا اسْتَرْسَلَ مِنْ لِحْيَةٍ كَثِيفَةٍ».

قَالَ صَاحِبُ (هـ ص): «غَسْلُ الوَجْهِ جَمِيعِهِ شَعْرًا وَبَشَرًا إِلَّا بَاطِنَ اللِّحْيَةِ الكَثِيفَةِ وَالعَارِضَيْنِ الكَثِيفَيْنِ».

❋ ❋ ❋

فَرْضُ غَسْلِ اليَدَيْنِ مَعَ المِرْفَقَيْنِ

قَالَ صَاحِبُ (س ص): «غَسْلُ اليَدِ مَعَ المِرْفَقَيْنِ».

قَالَ صَاحِبُ (ز س): «وَغَسْلُ يَدَيْهِ مَعَ مِرْفَقَيْهِ».

قَالَ صَاحِبُ (هـ ص): «غَسْلُ اليَدَيْنِ مَعَ المِرْفَقَيْنِ».

قَالَ صَاحِبُ (ر ج): «غَسْلُ اليَدَيْنِ إِلَى المِرْفَقَيْنِ».

قَالَ صَاحِبُ (س ن): «غَسْلُ اليَدَيْنِ مَعَ المِرْفَقَيْنِ».

قَالَ صَاحِبُ (غ ت): «وَغَسْلُ اليَدَيْنِ مَعَ المِرْفَقَيْنِ».

❋ ❋ ❋

فَرْضُ مَسْحِ شَيْءٍ مِنَ الرَّأْسِ فِي حَدِّ الرَّأْسِ

قَالَ صَاحِبُ (غ ت): «وَمَسْحُ بَعْضِ الرَّأْسِ».

قَالَ صَاحِب (س ن): «مَسْحُ شَيْءٍ مِنَ الرَّأْسِ».

قَالَ صَاحِب (رج): «مَسْحُ شَيْءٍ مِنْ بَشَرَةِ الرَّأْسِ أَوْ شَعْرٍ فِي حَدِّهِ».

قَالَ صَاحِب (هـ ص): «مسحُ شيءٍ من بَشَرَةِ الرَّأْسِ أَوْ شَعْرِهِ وَلَوْ بَعْضَ شَعْرَةٍ».

قَالَ صَاحِب (زس): «وَمَسْحُ القَلِيلِ مِنْ بَشَرَةِ الرَّأْسِ أَوْ مِنْ شَعْرٍ لَا يَخْرُجُ عَنْ حَدِّ الرَّأْسِ لَوْ مُدَّ».

قَالَ صَاحِب (س ص): «مَسْحُ أَقَلِّ شَيْءٍ مِنْ بَشَرَةِ الرَّأْسِ أَوْ مِنْ شَعْرِهِ إِذَا لَمْ يَخْرُجِ المَمْسُوحُ مِنْهُ بِالمَدِّ عَنْ حَدِّ الرَّأْسِ».

❈ ❈ ❈

فَرْضُ غَسْلِ الرِّجْلَيْنِ مَعَ الكَعْبَيْنِ

قَالَ صَاحِب (س ص): «غَسْلُ الرِّجْلَيْنِ مَعَ الكَعْبَيْنِ».

قَالَ صَاحِب (زس): «وَغَسْلُ رِجْلَيْهِ مَعَ كَعْبَيْهِ».

قَالَ صَاحِب (رج): «غَسْلُ الرِّجْلَيْنِ مَعَ الكَعْبَيْنِ».

قَالَ صَاحِب (هـ ص): «غَسْلُ رِجْلَيْهِ مَعَ الكَعْبَيْنِ».

قَالَ صَاحِب (س ن): «غَسْلُ الرِّجْلَيْنِ مَعَ الكَعْبَيْنِ».

قَالَ صَاحِب (غ ت): «وَغَسْلُ الرِّجْلَيْنِ إِلَى الكَعْبَيْنِ».

❈ ❈ ❈

فَرْضُ التَّرْتِيبِ

قَالَ صَاحِب (زس): «وَالتَّرْتِيبُ».

قَالَ صَاحِبُ (س ن): «التَّرْتِيبُ».

قَالَ صَاحِبُ (م ص): «التَّرْتِيبُ هَكَذَا».

قَالَ صَاحِبُ (س ص): «تَرْتِيبُهُ كَمَا ذَكَرْنَاهُ».

قَالَ صَاحِبُ (غ ت): «وَالتَّرْتِيبُ عَلَى مَا ذَكَرْنَاهُ».

قَالَ صَاحِبُ (رج): «التَّرْتِيبُ عَلَى هَذِهِ الْكَيْفِيَّةِ».

قَالَ صَاحِبُ (س ن): «وَالتَّرْتِيبُ أَنْ لَا يُقَدَّمَ عُضْوٌ عَلَى عُضْوٍ».

تَنْبِيهٌ: قَالَ صَاحِبُ (س ص): «وَيَجِبُ فِي الْوَجْهِ وَالْيَدَيْنِ وَالرِّجْلَيْنِ غَسْلُ جُزْءٍ فَوْقَ حُدُودِهَا مِنْ جَمِيعِ جَوَانِبِهَا، وَأَنْ يُجْرِيَ الْمَاءَ بِطَبْعِهِ عَلَى جَمِيعِ أَجْزَائِهَا».

فُرُوضُ الْوُضُوءِ لِدَائِمِ الْحَدَثِ

قَالَ صَاحِبُ (م ص): «[وَلِدَائِمِ الْحَدَثِ]: دُخُولُ الْوَقْتِ، وَالْمُوَالَاةُ لِدَائِمِ الْحَدَثِ».

فَصْلٌ فِي سُنَنِ الْوُضُوءِ

قَالَ صَاحِبُ (غ ت): «وَالسِّوَاكُ مُسْتَحَبٌّ فِي كُلِّ حَالٍ إِلَّا بَعْدَ الزَّوَالِ لِلصَّائِمِ. وَهُوَ فِي ثَلَاثَةِ مَوَاضِعَ أَشَدُّ اسْتِحْبَابًا: عِنْدَ تَغَيُّرِ الْفَمِ مِنْ أَزْمٍ وَغَيْرِهِ، وَعِنْدَ الْقِيَامِ مِنَ النَّوْمِ، وَعِنْدَ الْقِيَامِ إِلَى الصَّلَاةِ».

قَالَ صَاحِبُ (زس): «وَمَا سِوَى ذَلِكَ سُنَنٌ: مِنْ تَسْمِيَةٍ، وَغَسْلِ كَفَّيْهِ ثَلَاثًا،

وَمَضْمَضَةٍ، وَاسْتِنْشَاقٍ، وَمَسْحِ جَمِيعِ الرَّأْسِ، وَمَسْحِ الْأُذُنَيْنِ وَغَيْرِ ذَلِكَ».

قَالَ صَاحِبُ (م ص): «وَسُنَنُهُ: السِّوَاكُ، ثُمَّ التَّسْمِيَةُ، وَغَسْلُ الْكَفَّيْنِ، ثُمَّ المَضْمَضَةُ وَالِاسْتِنْشَاقُ وَالِاسْتِنْثَارُ، وَالتَّثْلِيثُ، وَمَسْحُ جَمِيعِ الرَّأْسِ، ثُمَّ الْأُذُنَيْنِ وَالصِّمَاخَيْنِ، وَتَخْلِيلُ اللِّحْيَةِ الكَثِيفَةِ، وَتَخْلِيلُ الْأَصَابِعِ، وَتَطْوِيلُ الْغُرَّةِ وَالتَّحْجِيلِ، وَالْمُوَالَاةُ، وَتَرْكُ الِاسْتِعَانَةِ فِي الصَّبِّ، وَتَرْكُ التَّنْشِيفِ بِخِرْقَةٍ».

قَالَ صَاحِبُ (غ ت): «وَسُنَنُهُ عَشَرَةُ أَشْيَاءَ: التَّسْمِيَةُ، وَغَسْلُ الْكَفَّيْنِ قَبْلَ إِدْخَالِهِمَا الْإِنَاءَ، وَالْمَضْمَضَةُ وَالِاسْتِنْشَاقُ، وَمَسْحُ الْأُذُنَيْنِ ظَاهِرِهِمَا وَبَاطِنِهِمَا بِمَاءٍ جَدِيدٍ، وَتَخْلِيلُ اللِّحْيَةِ الْكَثَّةِ، وَتَخْلِيلُ أَصَابِعِ الْيَدَيْنِ وَالرِّجْلَيْنِ، وَتَقْدِيمُ الْيُمْنَى عَلَى الْيُسْرَى، وَالطَّهَارَةُ ثَلَاثًا ثَلَاثًا، وَالْمُوَالَاةُ».

فَصْلٌ فِي مَكْرُوهَاتِ الوُضُوءِ

قَالَ صَاحِبُ (س ن): «الِاسْتِعَانَاتُ أَرْبَعُ خِصَالٍ: مُبَاحَةٌ، وَخِلَافُ الْأَوْلَى، وَمَكْرُوهَةٌ، وَوَاجِبَةٌ؛ فَالْمُبَاحَةُ: هِيَ تَقْرِيبُ الْمَاءِ، وَخِلَافُ الْأَوْلَى: هِيَ صَبُّ الْمَاءِ عَلَى نَحْوِ الْمُتَوَضِّئِ، وَالْمَكْرُوهَةُ: هِيَ لِمَنْ يَغْسِلُ أَعْضَاءَهُ، وَالْوَاجِبَةُ: هِيَ لِلْمَرِيضِ عِنْدَ الْعَجْزِ».

فَصْلٌ فِي مَسْحِ الخُفِّ

شُرُوطُ جَوَازِ المَسْحِ عَلَى الخُفَّيْنِ

قَالَ صَاحِبُ (غ ت): «وَالمَسْحُ عَلَى الخُفَّيْنِ جَائِزٌ بِثَلَاثَةِ شَرَائِطَ: أَنْ يَبْتَدِئَ لُبْسَهُمَا بَعْدَ كَمَالِ الطَّهَارَةِ، وَأَنْ يَكُونَا سَاتِرَيْنِ لِمَحَلِّ غَسْلِ الفَرْضِ مِنَ القَدَمَيْنِ، وَأَنْ يَكُونَا مِمَّا يُمْكِنُ تَتَابُعُ المَشْيِ عَلَيْهِمَا».

مُدَّةُ المَسْحِ عَلَى الخُفَّيْنِ

قَالَ صَاحِبُ (غ ت): «وَيَمْسَحُ المُقِيمُ: يَوْمًا وَلَيْلَةً. وَالمُسَافِرُ: ثَلَاثَةُ أَيَّامٍ بِلَيَالِيهِنَّ».

بِدَايَةُ وَقْتِ المَسْحِ

قَالَ صَاحِبُ (غ ت): «وَابْتِدَاءُ المُدَّةِ: مِنْ حِينِ يُحْدِثُ بَعْدَ لُبْسِ الخُفَّيْنِ».

اخْتِلَاطُ السَّفَرِ بِالإِقَامَةِ وَالعَكْسِ

قَالَ صَاحِبُ (غ ت): «فَإِنْ مَسَحَ فِي الحَضَرِ ثُمَّ سَافَرَ، أَوْ مَسَحَ فِي السَّفَرِ ثُمَّ أَقَامَ أَتَمَّ مَسْحَ مُقِيمٍ».

ما يبطلُ بهِ المسحُ

قالَ صاحبُ (غ ت): «وَيَبْطُلُ المَسْحُ بِثَلاثَةِ أشياءٍ: بِخَلْعِهِمَا، وَانْقِضَاءِ المُدَّةِ، وَمَا يُوجِبُ الغُسْلَ».

فصلٌ في نواقضِ (مبطلاتِ) الوضوءِ
خروجُ شيءٍ من القبلِ والدبرِ

قالَ صاحبُ (زس): «وَيُبْطِلُهُ خَمْسَةُ أشياءٍ: الخَارِجُ مِنَ السَّبِيلَيْنِ».

قالَ صاحبُ (غ ت): «وَالَّذِي يَنْقُضُ الوُضُوءَ سِتَّةُ أشياءٍ: مَا خَرَجَ مِنَ السَّبِيلَيْنِ».

قالَ صاحبُ (س ص): «وَيُبْطِلُ الوُضُوءَ: كُلُّ مَا خَرَجَ مِنَ القُبُلِ وَالدُّبُرِ عَيْنًا وَرِيحًا».

قالَ صاحبُ (رج): «وَيَنْقُضُ الوُضُوءَ: الخَارِجُ مِنْ أحدِ السَّبِيلَيْنِ القُبُلِ أوِ الدُّبُرِ عَلَى مَا كَانَ».

قالَ صاحبُ (م ص): «وَيَنْقُضُ الوُضُوءَ أرْبَعَةُ أشياءٍ: الأوَّلُ: الخَارِجُ مِنَ القُبُلِ وَالدُّبُرِ إلا المَنِيَّ».

قالَ صاحبُ (س ن): «نَواقِضُ الوُضُوءِ أربَعَةُ أشياءٍ: الأوَّلُ: الخَارِجُ مِنْ أحَدِ السَّبِيلَيْنِ مِنْ قُبُلٍ أوْ دُبُرٍ، رِيحٌ أوْ غَيْرُهُ إلَّا المَنِيَّ».

❖ زَوَالُ العَقْلِ وَنَوْمُ المُمَكِّنِ ❖

قَالَ صَاحِبُ (ر ج): «وَيَنْقُضُ الوُضُوءَ: زَوَالُ العَقْلِ بِنَوْمٍ أَوْ غَيْرِهِ إِلَّا نَوْمَ مُمَكِّنٍ مَقْعَدَتَهُ مِنَ الأَرْضِ».

قَالَ صَاحِبُ (س ن): «زَوَالُ العَقْلِ بِنَوْمٍ أَوْ غَيْرِهِ إِلَّا نَوْمَ قَاعِدٍ مُمَكِّنٍ مَقْعَدَهُ مِنَ الأَرْضِ».

قَالَ صَاحِبُ (هـ ص): «زَوَالُ العَقْلِ بِنَوْمٍ أَوْ غَيْرِهِ إِلَّا نَوْمَ مُمَكِّنٍ مَقْعَدَتَهُ مِنَ الأَرْضِ».

قَالَ صَاحِبُ (س ص): «وَزَوَالُ العَقْلِ؛ إِلَّا مَنْ نَامَ قَاعِدًا مُمَكِّنًا حَلْقَةَ دُبُرِهِ وَمَا حَوْلَهَا».

قَالَ صَاحِبُ (غ ت): «وَالنَّوْمُ عَلَى غَيْرِ هَيْئَةِ المُتَمَكِّنِ، وَزَوَالُ العَقْلِ بِسُكْرٍ أَوْ مَرَضٍ».

قَالَ صَاحِبُ (ز س): «وَنَوْمُ غَيْرِ المُمَكِّنِ مَقْعَدَتَهُ مِنَ الأَرْضِ، وَالغَلَبَةُ عَلَى العَقْلِ بِسُكْرٍ أَوْ جُنُونٍ أَوْ إِغْمَاءٍ».

❖ ❖ ❖

❖ الْتِقَاءُ بَشَرَتَيِ الرَّجُلِ وَالمَرْأَةِ ❖

قَالَ صَاحِبُ (ز س): «وَلَمْسُ المَرْأَةِ الكَبِيرَةِ غَيْرِ المَحْرَمِ».

قَالَ صَاحِبُ (غ ت): «وَلَمْسُ الرَّجُلِ المَرْأَةَ الأَجْنَبِيَّةَ مِنْ غَيْرِ حَائِلٍ».

قَالَ صَاحِبُ (س ن): «الْتِقَاءُ بَشَرَتَيْ رَجُلٍ وَامْرَأَةٍ كَبِيرَيْنِ مِنْ غَيْرِ حَائِلٍ».

قَالَ صَاحِبُ (هـ ص): «الْتِقَاءُ بَشَرَتَيِ الرَّجُلِ وَالمَرْأَةِ الكَبِيرَيْنِ الأَجْنَبِيَّيْنِ».

قَالَ صَاحِبُ (ر ج): «وَيَنْقُضُ الوُضُوءَ: الْتِقَاءُ بَشَرَتَيْ رَجُلٍ وَامْرَأَةٍ كَبِيرَيْنِ أَجْنَبِيَّيْنِ بِلَا حَائِلٍ؛ إِلَّا ظُفْرًا أَوْ شَعْرًا أَوْ سِنًّا فَلَا يَنْقُضُ الوُضُوءَ».

قَالَ صَاحِبُ (س ص): «وَتَلَاقِي بَشَرَتَيْ ذَكَرٍ وَأُنْثَى بَلَغَا حَدَّ شَهْوَةٍ لَيْسَ بَيْنَهُمَا مَحْرَمِيَّةٌ بِنَسَبٍ أَوْ رَضَاعٍ أَوْ مُصَاهَرَةٍ بِلَا حَائِلٍ».

مَسُّ حَلْقَةِ الدُّبُرِ

قَالَ صَاحِبُ (هـ ص): «مَسُّ قُبُلِ الآدَمِيِّ أَوْ حَلْقَةِ دُبُرِهِ بِبَطْنِ الكَفِّ أَوْ بُطُونِ الأَصَابِعِ».

قَالَ صَاحِبُ (س ن): «مَسُّ قُبُلِ الآدَمِيِّ أَوْ حَلْقَةِ دُبُرِهِ بِبَطْنِ الرَّاحَةِ أَوْ بُطُونِ الأَصَابِعِ».

قَالَ صَاحِبُ (س ص): «وَلَمْسُهُمَا [القُبُلِ وَالدُّبُرِ] بِبُطُونِ الرَّاحَةِ أَوْ بُطُونِ الأَصَابِعِ مِنْ نَفْسِهِ أَوْ غَيْرِهِ وَلِوَلَدِهِ الصَّغِيرِ».

قَالَ صَاحِبُ (ز س): «وَمَسُّ الذَّكَرِ أَوْ حَلْقَةِ الدُّبُرِ بِبَاطِنِ الكَفِّ وَبَاطِنِ الأَصَابِعِ مِنْ نَفْسِهِ أَوْ غَيْرِهِ».

قَالَ صَاحِبُ (ر ج): «وَيَنْقُضُ الوُضُوءَ: مَسُّ قُبُلِ أَوْ دُبُرِ آدَمِيٍّ مِنْهُ أَوْ مِنْ غَيْرِهِ بِبَطْنِ الكَفِّ وَبُطُونِ الأَصَابِعِ، كَبِيرًا كَانَ أَوْ صَغِيرًا وَلَوْ وَلَدَهُ مَيِّتًا».

قَالَ صَاحِبُ (غ ت): «وَمَسُّ فَرْجِ الآدَمِيِّ بِبَاطِنِ الكَفِّ، وَمَسُّ حَلْقَةِ دُبُرِهِ عَلَى الجَدِيدِ».

❈ ❈ ❈

فَصْلٌ فِيمَا يَحْرُمُ بِالحَدَثِ

قَالَ صَاحِبُ (ز س): «وَيَحْرُمُ بِالحَدَثِ خَمْسَةُ أَشْيَاءَ...».

قَالَ صَاحِبُ (هـ ص): «وَمَنِ انْتَقَضَ وُضُوءُهُ حَرُمَ عَلَيْهِ...».

قَالَ صَاحِبُ (س ن): «مَنِ انْتَقَضَ وُضُوءُهُ حَرُمَ عَلَيْهِ أَرْبَعَةُ أَشْيَاءَ...».

❈ ❈ ❈

الصَّلاةُ وَالطَّوافُ

قَالَ صَاحِب (ز س): «الصَّلاةُ، وَالطَّوَافُ..» قَالَ صَاحِب (هـ ص): «الصلاةُ، والطوافُ.» قَالَ صَاحِب (س ن): «الصَّلاةُ وَالطَّوَافُ».

مَسُّ المُصْحَفِ وَحَمْلُهُ

قَالَ صَاحِب (س ن): «وَمَسُّ المُصْحَفِ وَحَمْلُهُ». قَالَ صَاحِب (ز س): «وَمَسُّ المُصْحَفِ وَحَمْلُهُ؛ إِلَّا أَنْ يَكُونَ تَابِعًا».

قَالَ صَاحِب (هـ ص): «وَمَسُّ المُصْحَفِ وَحَمْلُهُ وَاللَّوْحِ المَكْتُوبِ لِلدِّرَاسَةِ. وَيَجُوزُ حَمْلُهُ فِي أَمْتِعَةٍ وَدَرَاهِمَ».

حَمْلُ المُمَيِّزِ لِلمُصْحَفِ وَمَسُّهُ لِلدِّرَاسَةِ

قَالَ صَاحِب (ز س): «وَحَمْلُهُ إِلَّا أَنْ يَكُونَ تَابِعًا».

قَالَ صَاحِب (هـ ص): «وَيَجُوزُ حَمْلُهُ فِي أَمْتِعَةٍ وَدَرَاهِمَ. وَيَحِلُّ حَمْلُهُ لِلصَّبِيِّ المُمَيِّزِ وَمَسُّهُ لِلدِّرَاسَةِ».

خُطْبَةُ الجُمُعَةِ

قَالَ صَاحِب (ز س): «وَخُطْبَةُ الجُمُعَةِ».

بَابُ الغُسْلِ

فَصْلٌ فِي مُوجِبَاتِ الغُسلِ

قَالَ صَاحِب (س ص): «وَأَمَّا الغُسْلُ: فَيَجِبُ عَلَى الرَّجُلِ وَالمَرْأَةِ إِذَا خَرَجَ لِأَحَدِهِمَا مَنِيٌّ فِي يَقَظَةٍ أَوْ نَوْمٍ وَلَوْ قَطْرَةً، وَإِذَا أَوْلَجَ الحَشَفَةَ فِي دُبُرٍ أَوْ قُبُلٍ وَإِنْ لَمْ يَخْرُجْ مَنِيٌّ وَلَا وَقَعَ انْتِشَارٌ، وَيَجِبُ عَلَى المَرْأَةِ إِذَا انْقَطَعَ حَيْضُهَا أَوْ نِفَاسُهَا أَوْ وَلَدَتْ وَلَوْ عَلَقَةً».

قَالَ صَاحِب (ر ج): «وَإِنْ كَانَ عَلَيْهِ جَنَابَةٌ مِنْ مُجَامَعَةٍ، أَوْ خُرُوجِ مَنِيٍّ بِنَوْمٍ أَوْ غَيْرِهِ... لَزِمَهُ غَسْلُ جَمِيعِ بَدَنِهِ مَعَ نِيَّةِ رَفْعِ الْجَنَابَةِ».

قَالَ صَاحِب (ر ج): «وَيَجِبُ الغُسْلُ مِنْ خَمْسَةِ أَشْيَاء: مِنْ إِيلَاجِ الحَشَفَةِ فِي الفَرْجِ، وَمِنْ خُرُوجِ المَنِيِّ، وَمِنَ الحَيْضِ، وَالنِّفَاسِ، وَالوِلَادَةِ».

قَالَ صَاحِب (س ن): «مُوجِبَاتُ الغُسْلِ سِتَّةٌ: إِيلَاجُ الحَشَفَةِ فِي الفَرْجِ، وَخُرُوجُ المَنِيِّ، وَالحَيْضُ، وَالنِّفَاسُ، وَالوِلَادَةُ، وَالمَوْتُ».

قَالَ صَاحِب (غ ت): «وَالَّذِي يُوجِبُ الغُسْلَ سِتَّةُ أَشْيَاء: ثَلَاثَةٌ تَشْتَرِكُ فِيهَا الرِّجَالُ وَالنِّسَاءُ: وَهِيَ الْتِقَاءُ الخِتَانَيْنِ وَإِنْزَالُ المَنِيِّ وَالمَوْتِ، وَثَلَاثَةٌ تَخْتَصُّ بِهَا النِّسَاءُ: وَهِيَ الحَيْضُ وَالنِّفَاسُ وَالوِلَادَةُ».

فَصْلٌ فِي فُرُوضِ الغُسْلِ

قَالَ صَاحِب (س ص): «وَفُرُوضُ الغُسْلِ اثْنَانِ:..»

قَالَ صَاحِب (ز س): «وَفُرُوضُ الغُسْلِ الوَاجِبِ..»

قَالَ صَاحِب (ر ج): «وَإِنْ كَانَ عَلَيْهِ جَنَابَةٌ مِنْ مُجَامَعَةٍ، أَوْ خُرُوجِ مَنِيٍّ بِنَوْمٍ أَوْ غَيْرِهِ ... لَزِمَهُ غَسْلُ جَمِيعِ بَدَنِهِ مَعَ نِيَّةِ رَفْعِ الْجَنَابَةِ».

قَالَ صَاحِب (هـ ص): «فُرُوضُ الغُسْلِ شَيْئَانِ...:»

قَالَ صَاحِب (س ن): «فُرُوضُ الغُسْلِ اثْنَانِ...:»

قَالَ صَاحِب (غ ت): «وَفَرَائِضُ الغُسْلِ ثَلَاثَةُ أَشْيَاءَ...:»

نِيَّةُ الغُسْلِ

قَالَ صَاحِب (س ص): «الأَوَّلُ: نِيَّةُ الطَّهَارَةِ أَوْ رَفْعِ الحَدَثِ الأَكْبَرِ أَوْ نَحْوِهِمَا بِالقَلْبِ مَعَ أَوَّلِ جُزْءٍ يَغْسِلُهُ مِنْ بَدَنِهِ، فَمَا غَسَلَهُ قَبْلَهَا لَا يَصِحُّ، فَيَجِبُ إِعَادَةُ غَسْلِهِ بَعْدَهَا».

قَالَ صَاحِب (ز س): «وَفُرُوضُ الغُسْلِ الوَاجِبِ: النِّيَّةُ».

قَالَ صَاحِب (ر ج): «مَعَ نِيَّةِ رَفْعِ الجَنَابَةِ».

قَالَ صَاحِب (هـ ص): «الأَوَّلُ: النِّيَّةُ، وَهُوَ أَنْ يَنْوِيَ رَفْعَ الجَنَابَةِ أَوْ رَفْعَ الحَدَثِ أَوْ نَحْوَ ذَلِكَ عِنْدَ غَسْلِ أَوَّلِ جُزْءٍ مِنْ بَدَنِهِ».

قَالَ صَاحِب (س ن): «النِّيَّةُ».

قَالَ صَاحِب (غ ت): «النِّيَّةُ».

تَعْمِيمُ البَدَنِ بِالْمَاءِ

قَالَ صَاحِبُ (س ص): «الثَّانِي: تَعْمِيمُ بَدَنِهِ، فَمَا غَسَلَهُ قَبْلَهَا لَا يَصِحُّ، فَيَجِبُ غَسْلُ بَاطِنِ كَثِيفِ الشَّعْرِ. وَيَجِبُ غَسْلُ مَا يَرَاهُ النَّاظِرُ مِنَ الأُذُنِ، وَمَا يَظْهَرُ حَالَ التَّغَوُّطِ مِنَ الدُّبُرِ وَطَبَقَاتِهِ، وَمَا يَظْهَرُ مِنْ فَرْجِ المَرْأَةِ إِذَا جَلَسَتْ عَلَى قَدَمَيْهَا، وَبَاطِنُ قُلْفَةِ مَنْ لَمْ يُخْتَنْ وَمَا تَحْتَهَا؛ فَيَجِبُ أَنْ يَجْرِيَ المَاءُ بِطَبْعِهِ عَلَى كُلِّ ذَلِكَ».

قَالَ صَاحِبُ (ز س): «وَإِيصَالُ المَاءِ إِلَى جَمِيعِ بَدَنِهِ وَشَعْرِهِ وَبَشَرَتِهِ، حَتَّى مَا تَحْتَ قُلْفَةِ غَيْرِ المَخْتُونِ، وَبَاطِنِ أُذُنَيْهِ وَصِمَاخَيْهِ وَخَرْقٍ فِيهِمَا وَسُرَّتِهِ وَأَلْيَتَيْهِ».

قَالَ صَاحِبُ (ر ج): «لَزِمَهُ غَسْلُ جَمِيعِ بَدَنِهِ».

قَالَ صَاحِبُ (م ص): «الثَّانِي: غَسْلُ جَمِيعِ شَعْرِهِ الخَفِيفِ وَالكَثِيفِ وَجَمِيعِ بَشَرَتِهِ، حَتَّى مَا تَحْتَ قُلْفَةِ الأَقْلَفِ».

قَالَ صَاحِبُ (س ن): «وَتَعْمِيمُ البَدَنِ بِالمَاءِ».

قَالَ صَاحِبُ (غ ت): «وَإِيصَالُ المَاءِ إِلَى جَمِيعِ الشَّعْرِ وَالبَشَرَةِ».

تَنْبِيهٌ: قَالَ صَاحِبُ (ز س): «وَإِزَالَةُ النَّجَاسَةِ مِنْ عَلَى بَدَنِهِ إِنْ كَانَتْ».

قَالَ صَاحِبُ (غ ت): «وَإِزَالَةُ النَّجَاسَةِ إِنْ كَانَتْ عَلَى بَدَنِهِ»، وَهُوَ رَأْيٌ لِبَعْضِ أَصْحَابِنَا. رَدَّهُ (النَّوَوِيُّ)، فَهُوَ ضَعِيفٌ عَلَى المُعْتَمَدِ.

فَصْلٌ فِي سُنَنِ الغُسْلِ

قَالَ صَاحِب (س ص):

قَالَ صَاحِب (ز س): «وَمَا سِوَى ذَلِكَ سُنَنٌ: مِنْ تَسْمِيَةٍ، وَغَسْلِ كَفَّيْهِ ثَلَاثًا، وَمَضْمَضَةٍ، وَاسْتِنْشَاقٍ وَغَيْرِ ذَلِكَ».

قَالَ صَاحِب (ر ج): «وَسُنَنُهُ: السِّوَاكُ، وَالتَّسْمِيَةُ، وَالوُضُوءُ قَبْلَ الغُسْلِ، وتَعَهُّدُ المَعاطِفِ، وَتَخْلِيلُ الشَّعْرِ، وَالدَّلْكُ، وَالتَّثْلِيثُ».

قَالَ صَاحِب (غ ت): قَالَ صَاحِب (غ ت): «وَسُنَنُهُ خَمْسَةُ أَشْيَاء: التَّسْمِيَةُ، وَالوُضُوءُ قَبْلَهُ، وَإِمْرَارُ اليَدِ عَلَى الجَسَدِ، والمُوَالَاةُ، وَتَقْدِيمُ اليُمْنَى عَلَى اليُسْرَى».

فَصْلٌ فِي الأَغْسَالِ المَسْنُونَةِ

قَالَ صَاحِب (غ ت): «وَالاغْتِسَالَاتُ المَسْنُونَةُ سَبْعَةَ عَشَرَ غُسْلًا: غُسْلُ الجُمُعَةِ، وَالعِيدَيْنِ، وَالاسْتِسْقَاءِ، وَالخُسُوفِ، وَالكُسُوفِ، وَالغُسْلِ مِنْ غُسْلِ المَيِّتِ، والكَافِرِ إِذَا أَسْلَمَ، وَالمَجْنُونِ وَالمُغْمَى عَلَيْهِ إِذَا أَفَاقَا، وَالغُسْلِ عِنْدَ الإِحْرَامِ، وَلِدُخُولِ مَكَّةَ، وَلِلْوُقُوفِ بِعَرَفَةَ، وَلِلمَبِيتِ بِمُزْدَلِفَةَ، وَلِرَمْيِ الجِمَارِ الثَّلَاثِ، وَلِلطَّوَافِ، وَلِلسَّعْيِ، وَلِدُخُولِ مَدِينَةِ الرَّسُولِ ﷺ».

فَصْلٌ فِي مَا يَحْرُمُ بِالجَنَابَةِ

قَالَ صَاحِب (ز س): «وَيَحْرُمُ بِالجَنَابَةِ ثَمَانِيَةُ أَشْيَاء: مَا حَرُمَ بِالحَدَثِ:

- وَقِرَاءَةُ القُرْآنِ إِلَّا مَا اسْتُثْنِيَ مِنْهُ كَالتَّسْمِيَةِ وَالحَمْدُ للهِ رَبِّ العَالَمِينَ، وَإِنَّا للهِ وَإِنَّا إِلَيْهِ رَاجِعُونَ؛ يَقُولُ ذَلِكَ بِقَصْدِ التَّبَرُّكِ. - وَالمُكْثُ فِي المَسْجِدِ.

- وَالتَّرَدُّدُ فِيهِ.

قَالَ صَاحِبُ (م ص): «قَالَ صَاحِبُ (م ص): «وَيَحْرُمُ بِالحَيْضِ وَبِالجَنَابَةِ: الصَّلَاةُ، وَالطَّوَافُ، وَمَسُّ المُصْحَفِ وَحَمْلُهُ، وَاللَّبْثُ بِالمَسْجِدِ، وَقِرَاءَةُ القُرْآنِ بِقَصْدِ القِرَاءَةِ».

قَالَ صَاحِبُ (س ن): «وَيَحْرُمُ عَلَى الجُنُبِ سِتَّةُ أَشْيَاءَ: الصَّلَاةُ، وَالطَّوَافُ، وَمَسُّ المُصْحَفِ وَحَمْلُهُ، وَاللَّبْثُ فِي المَسْجِدِ، وَقِرَاءَةُ القُرْآنِ. وَيَحْرُمُ بِالحَيْضِ عَشَرَةُ أَشْيَاءَ: الصَّلَاةُ، وَالطَّوَافُ، وَمَسُّ المُصْحَفِ، وَحَمْلُهُ وَاللَّبْثُ فِي المَسْجِدِ، وَقِرَاءَةُ القُرْآنِ، وَالصَّوْمُ، وَالطَّلَاقُ، وَالمُرُورُ فِي المَسْجِدِ إِنْ خَافَتْ تَلْوِيثَهُ، وَالاسْتِمْتَاعُ بِمَا بَيْنَ السُّرَّةِ وَالرُّكْبَةِ».

بَابُ النَّجَاسَاتِ

قَالَ صَاحِبُ (س ص): «[النَّجَاسَاتُ] وَهِيَ: الخَمْرُ، وَالبَوْلُ، وَالغَائِطُ، وَالرَّوْثُ، وَالدَّمُ، وَالقَيْحُ، وَالقَيْءُ، وَالكَلْبُ، وَالخِنْزِيرُ، وَفَرْعُ أَحَدِهِمَا، وَالمَيْتَةُ، وَشَعْرُهَا، وَظِلْفُهَا وَجِلْدُهَا، إِلَّا مَيْتَةَ الآدَمِيِّ، وَالسَّمَكَ وَالجَرَادَ وَالمُذَكَّاةَ المُبَاحَ أَكْلُهَا. فَمَتَى لَاقَتْ هَذِهِ النَّجَاسَاتُ ثَوْبَ الإِنْسَانِ أَوْ بَدَنَهُ أَوْ مُصَلَّاهُ أَوْ غَيْرَهَا مِنَ الجَامِدَاتِ مَعَ رُطُوبَةٍ فِيهَا أَوْ فِي مُلَاقِيهَا؛ فَإِنْ كَانَ لَهَا طَعْمٌ أَوْ لَوْنٌ أَوْ رِيحٌ وَجَبَ غَسْلُهَا حَتَّى يَزُولَ.

ثُمَّ يَزِيدُ: فِي نَجَاسَةِ الكَلْبِ وَالخِنْزِيرِ سِتَّ غَسَلَاتٍ، وَاحِدَةٌ مِنْهَا مَمْزُوجَةٌ بِتُرَابٍ طَهُورٍ، وَإِنْ لَمْ يَكُنْ لَهَا طَعْمٌ وَلَوْنٌ وَرِيحٌ. وَإِنْ كَانَتْ مِنَ الكَلْبِ وَالخِنْزِيرِ غَسَلَهَا سَبْعَ غَسَلَاتٍ، وَاحِدَةٌ مِنْهَا مَمْزُوجَةٌ بِتُرَابٍ طَهُورٍ. وَإِنْ كَانَتْ مِنْ غَيْرِهَا غَسَلَهَا مَرَّةً».

قَالَ صَاحِب (م ص): «**وَالنَّجَاسَاتُ هِيَ**: البَوْلُ، وَالغَائِطُ، وَالرَّوْثُ، وَالقَيْحُ، والدَّمُ، والقَيْءُ والخمرُ، والنَّبِيذُ، وَالمُسْكِرُ، وَالكَلْبُ وَالخِنْزِيرُ وَفَرْعُ أحدِهما، وَالمَيْتَةُ وَشَعْرُها وَرِيشُها وَجِلْدُهَا وَجَمِيعُ أَجْزَائِها، وَالمَذْيُ والوَدْيُ وَمَنِيُّ الكَلْبِ وَالخِنْزِيرِ، وَلَبَنُ مَا لا يُؤْكَلُ لَحْمُهُ غَيرَ الآدَمِيِّ. وَمَيْتَةُ الآدَمِيِّ وَالسَّمَكِ وَالجَرَادِ طَاهِرَاتٌ. وَالجُزْءُ المُنْفَصِلُ مِنْ غَيرِ الآدَمِيِّ وَالسَّمَكِ وَالجَرَادِ نَجِسٌ إِلَّا شَعْرَ المَأْكُولِ وَرِيشَهُ وَوَبَرَهُ وَصُوفَهُ وَالمِسْكَ وَفَأْرَتَهُ وَإِنفَحَتَهُ ونافِجَتَه».

قَالَ صَاحِب (س ن): «الَّذِي يُطَهَّرُ مِنَ النَّجَاسَةِ ثَلَاثَةٌ: الخَمْرُ إِذَا تَخَلَّلَتْ بِنَفْسِهَا. وَجِلْدُ المَيْتَةِ إِذَا دُبِغَ وَمَا صَارَا حَيَوانًا. النَّجَاسَةُ ثَلَاثَةٌ: مُغَلَّظَةٌ وَمُخَفَّفَةٌ وَمُتَوَسِّطَةٌ. المُغَلَّظَةُ: نَجَاسَةُ الكَلْبِ وَالخِنْزِيرِ وَفَرْعِ أَحَدِهِمَا. وَالمُخَفَّفَةُ: بَوْلُ الصَّبِيِّ الَّذِي لَمْ يَطْعَمْ غَيْرَ اللَّبَنِ وَلَمْ يَبْلُغِ الحَوْلَيْنِ. وَالمُتَوَسِّطَةُ: سَائِرُ النَّجَاسَاتِ. المُغَلَّظَةُ: تَطْهُرُ بِسَبْعِ غَسَلَاتٍ بَعْدَ إِزَالَةِ عَيْنِهَا، إِحْدَاهُنَّ بِتُرَابٍ. وَالمُخَفَّفَةُ: تَطْهُرُ بِرَشِّ المَاءِ عَلَيْهَا مَعَ الغَلَبَةِ وَإِزَالَةِ عَيْنِهَا. وَالمُتَوَسِّطَةُ تَنْقَسِمُ إِلَى قِسْمَيْنِ: عَيْنِيَّةٌ وَحُكْمِيَّةٌ. العَيْنِيَّةُ: الَّتِي لَهَا لَوْنٌ وَرِيحٌ وَطَعْمٌ، فَلَا بُدَّ مِنْ إِزَالَةِ لَوْنِهَا وَرِيحِهَا وَطَعْمِهَا. وَالحُكْمِيَّةُ: الَّتِي لَا لَوْنَ لَهَا وَلَا رِيحَ وَلَا طَعْمَ لَهَا يَكْفِيكَ جَرْيُ المَاءِ عَلَيْهَا».

قَالَ صَاحِب (غ ت): «وَجُلُودُ المَيْتَةِ تَطْهُرُ بِالدِّبَاغِ إِلَّا جِلْدَ الكَلْبِ وَالخِنْزِيرِ وَمَا تَوَلَّدَ مِنْهُمَا أَوْ مِنْ أَحَدِهِمَا، وَعَظْمُ المَيْتَةِ وَشَعْرُهَا نَجِسٌ إِلَّا الآدَمِيَّ».

قَالَ صَاحِب (م ص): «وتَطْهُرُ الخَمْرَةُ إِذَا تَخَلَّلَتْ بِنَفْسِهَا، وَكَذَلِكَ النَّبِيذُ مِنَ التَّمْرِ، وَجِلْدُ المَيْتَةِ إِذَا دُبِغَ. وَإِذَا تَنَجَّسَ شَيْءٌ بِبَوْلِ كَلْبٍ أَوْ خِنْزِيرٍ أَوْ لُعَابِهِ أَوْ رَوْثِه أَوْ عَرَقِهِ أَو بَدَنِهِ وهو رَطْبٌ غُسِلَ سَبْعًا إِحْدَاهُنَّ بِتُرَابٍ طَاهِرٍ. وَإِذَا تَنَجَّسَ التُّرَابُ بِالكَلْبِ فَيَكْفِيهِ سَبْعُ مَرَّاتٍ بِالمَاءِ الخَالِصِ. وَمَا تَنَجَّسَ بِبَوْلِ صَبِيٍّ لَمْ يَطْعَمْ غَيْرَ

اللَّبَنِ نُضِحَ، وَهُوَ رَشُّهُ بِالْمَاءِ مَعَ الْمُغَالَبَةِ وَالْمُكَاثَرَةِ. وَسَائِرُ النَّجَاسَاتِ تَطْهُرُ بِالْغَسْلِ إِذَا زَالَ طَعْمُهَا وَلَوْنُهَا وَرِيحُهَا، وَلَا يَضُرُّ بَقَاءُ لَوْنٍ أَوْ رِيحٍ عَسُرَ زَوَالُهُ، وَلَا يَطْهُرُ الْمَائِعُ إِذَا تَنَجَّسَ».

قَالَ صَاحِبِ (غ ت): «وَكُلُّ مَائِعٍ خَرَجَ مِنَ السَّبِيلَيْنِ نَجِسٌ إِلَّا الْمَنِيَّ، وَغَسْلُ جَمِيعِ الْأَبْوَالِ وَالْأَرْوَاثِ وَاجِبٌ إِلَّا بَوْلَ الصَّبِيِّ الَّذِي لَمْ يَأْكُلِ الطَّعَامَ، فَإِنَّهُ يَطْهُرُ بِرَشِّ الْمَاءِ عَلَيْهِ، وَلَا يُعْفَى عَنْ شَيْءٍ مِنَ النَّجَاسَاتِ إِلَّا الْيَسِيرَ مِنَ الدَّمِ وَالْقَيْحِ وَمَا لَا نَفْسَ لَهُ سَائِلَةٌ إِذَا وَقَعَ فِي الْإِنَاءِ وَمَاتَ فِيهِ فَإِنَّهُ لَا يُنَجِّسُهُ، وَالْحَيَوَانُ كُلُّهُ طَاهِرٌ إِلَّا الْكَلْبَ وَالْخِنْزِيرَ وَمَا تَوَلَّدَ مِنْهُمَا أَوْ مِنْ أَحَدِهِمَا. وَالْمَيْتَةُ كُلُّهَا نَجِسَةٌ إِلَّا السَّمَكَ وَالْجَرَادَ وَالْآدَمِيَّ، وَيُغْسَلُ الْإِنَاءُ مِنْ وُلُوغِ الْكَلْبِ وَالْخِنْزِيرِ سَبْعَ مَرَّاتٍ إِحْدَاهُنَّ بِالتُّرَابِ، وَيُغْسَلُ مِنْ سَائِرِ النَّجَاسَاتِ مَرَّةً تَأْتِي عَلَيْهِ، وَالثَّلَاثُ أَفْضَلُ، وَإِذَا تَخَلَّلَتِ الْخَمْرَةُ بِنَفْسِهَا طَهُرَتْ، وَإِنْ خُلِّلَتْ بِطَرْحِ شَيْءٍ فِيهَا لَمْ تَطْهُرْ».

باب التَّيَمُّمِ

فَصْلٌ فِيمَا يُبِيحُ التَّيَمُّمَ

قَالَ صَاحِبُ (زس): «وَيُبِيحُ التَّيَمُّمَ: وُجُودُ الْعُذْرِ. وَالْعَجْزُ عَنِ اسْتِعْمَالِ الْمَاءِ».

قَالَ صَاحِبُ (هـ ص): «وَيَجِبُ التَّيَمُّمُ عَنِ الْحَدَثِ الْأَصْغَرِ وَالْأَكْبَرِ عِنْدَ الْعَجْزِ عَنِ اسْتِعْمَالِ الْمَاءِ بِسَبَبِ فَقْدِهِ فِي حَضَرٍ أَوْ سَفَرٍ وَلِلْمَرِيضِ. وَإِذَا كَانَ فِي بَدَنِهِ جِرَاحَةٌ يَضُرُّ بِهَا الْمَاءُ غَسَلَ الصَّحِيحَ وَتَيَمَّمَ عَنِ الْجَرِيحِ فِي الْوَجْهِ وَالْيَدَيْنِ، وَيَكُونُ التَّيَمُّمُ وَقْتَ غَسْلِ الْعَلِيلِ، وَيَجِبُ مَسْحُ الْجَبِيرَةِ بِالْمَاءِ إِذَا لَمْ

يُمْكِنْ إِخْرَاجُهَا».

قَالَ صَاحِبُ (س ن): «أَسْبَابُ التَّيَمُّمِ ثَلَاثَةٌ: فَقْدُ الْمَاءِ، وَالْمَرَضُ، وَالِاحْتِيَاجُ إِلَيْهِ لِعَطَشِ حَيَوَانٍ مُحْتَرَمٍ. غَيْرُ الْمُحْتَرَمِ سِتَّةٌ: تَارِكُ الصَّلَاةِ، وَالزَّانِي الْمُحْصَنُ، وَالْمُرْتَدُّ، وَالْكَافِرُ الْحَرْبِيُّ، وَالْكَلْبُ الْعَقُورُ، وَالْخِنْزِيرُ».

فصلٌ في شروطِ التيمُّمِ

قَالَ صَاحِبُ (ز س): «وَشُرُوطُهُ:

١- دُخُولُ الْوَقْتِ.

٢- وَالطَّلَبُ إِنِ احْتَاجَ إِلَيْهِ.

٣- وَالتُّرَابُ الطَّهُورُ».

قَالَ صَاحِبُ (م ص): «وَشُرُوطُ التَّيَمُّمِ: الْقَصْدُ إِلَى التُّرَابِ، وَأَنْ يَكُونَ التُّرَابُ طَاهِرًا طَهُورًا لَهُ غُبَارٌ خَالِصًا عَنِ الْخَلِيطِ. وَأَنْ يَكُونَ بِضَرْبَتَيْنِ: ضَرْبَةٍ لِلْوَجْهِ وَضَرْبَةٍ لِلْيَدَيْنِ. وَأَنْ يَكُونَ بَعْدَ دُخُولِ الْوَقْتِ. وَأَنْ يُجَدِّدَ التَّيَمُّمَ لِكُلِّ فَرْضٍ. وَأَنْ يُفَتِّشَ عَنِ الْمَاءِ قَبْلَ التَّيَمُّمِ وَبَعْدَ دُخُولِ الْوَقْتِ فِي رَحْلِهِ وَرِفْقَتِهِ وَحَوَالَيْهِ، وَيُنَادِي: مَنْ مَعَهُ مَاءٌ؟ مَنْ يَجُودُ بِالْمَاءِ؟ وَمَنْ لَمْ يَجِدْ مَاءً وَلَا تُرَابًا كَأَنْ كَانَ عَلَى قِمَّةِ جَبَلٍ صَلَّى الْفَرْضَ وَحْدَهُ وَأَعَادَ. وَيَجُوزُ التَّيَمُّمُ لِلْبَرْدِ إِذَا فَقَدَ مَا يُسَخِّنُ بِهِ الْمَاءَ، أَوْ كَانَ لَا تَنْفَعُهُ تَدْفِئَةُ أَعْضَائِهِ بَعْدَ غَسْلِهَا، أَوْ لَا يَقْدِرُ عَلَيْهَا،

وَيَقْضِي الْمُتَيَمِّمُ لِلْبَرْدِ وَالْمُتَيَمِّمُ الْعَاصِي بِسَفَرِهِ».

قَالَ صَاحِبُ (س ن): «شُرُوطُ التَّيَمُّمِ عَشَرَةٌ: أَنْ يَكُونَ بِتُرَابٍ، وَأَنْ يَكُونَ التُّرَابُ طَاهِرًا، وَأَنْ لَا يَكُونَ مُسْتَعْمَلًا، وَلَا يُخَالِطَهُ دَقِيقٌ وَنَحْوُهُ، وَأَنْ يَقْصِدَهُ، وَأَنْ يَمْسَحَ وَجْهَهُ وَيَدَيْهِ بِضَرْبَتَيْنِ، وَأَنْ يُزِيلَ النَّجَاسَةَ أَوَّلًا، وَأَنْ يَجْتَهِدَ فِي الْقِبْلَةِ قَبْلَهُ، وَأَنْ يَكُونَ التَّيَمُّمُ بَعْدَ دُخُولِ الْوَقْتِ، وَأَنْ يَتَيَمَّمَ لِكُلِّ فَرْضٍ».

قَالَ صَاحِبُ (غ ت): «وَشَرَائِطُ التَّيَمُّمِ خَمْسَةُ أَشْيَاءَ: وُجُودُ الْعُذْرِ بِسَفَرٍ أَوْ مَرَضٍ، وَدُخُولُ وَقْتِ الصَّلَاةِ، وَطَلَبُ الْمَاءِ، وَتَعَذُّرُ اسْتِعْمَالِهِ، وَإِعْوَازُهُ بَعْدَ الطَّلَبِ، وَالتُّرَابُ الطَّاهِرُ لَهُ غُبَارٌ، فَإِنْ خَالَطَهُ جِصٌّ أَوْ رَمْلٌ لَمْ يَجُزْ».

فصلٌ في فُروضِ التَّيَمُّمِ

قَالَ صَاحِبُ (ز س): «وَفُرُوضُهُ أَرْبَعَةٌ: نِيَّةُ اسْتِبَاحَةِ الصَّلَاةِ، وَمَسْحُ الوَجْهِ، وَاليَدَيْنِ مَعَ المِرْفَقَيْنِ، وَالتَّرْتِيبُ».

قَالَ صَاحِبُ (هـ ص): «فُرُوضُ التَّيَمُّمِ خَمْسَةٌ: الأَوَّلُ: نَقْلُ التُّرَابِ. الثَّانِي: النِّيَّةُ، وَهُوَ أَنْ يَنْوِيَ اسْتِبَاحَةَ الصَّلَاةِ، فَإِنْ كَانَتِ الصَّلَاةُ فَرْضًا نَوَى اسْتِبَاحَةَ فَرْضِ الصَّلَاةِ، وَيَجِبُ قَرْنُهَا بِوَضْعِ اليَدَيْنِ عَلَى التُّرَابِ، وَاسْتِدَامَتِهَا إِلَى مَسْحِ شَيْءٍ مِنَ الوَجْهِ. الثَّالِثُ: مَسْحُ الوَجْهِ. الرَّابِعُ: مَسْحُ اليَدَيْنِ مَعَ المِرْفَقَيْنِ. الخَامِسُ: التَّرْتِيبُ هَكَذَا».

قَالَ صَاحِبُ (س ن): «فُرُوضُ التَّيَمُّمِ خَمْسَةٌ: الأَوَّلُ: نَقْلُ التُّرَابِ، الثَّانِي: النِّيَّةُ، الثَّالِثُ: مَسْحُ الوَجْهِ، الرَّابِعُ: مَسْحُ اليَدَيْنِ إِلَى المِرْفَقَيْنِ، الخَامِسُ: التَّرْتِيبُ بَيْنَ المَسْحَتَيْنِ».

قَالَ صَاحِبُ (غ ت): «وَفَرَائِضُهُ أَرْبَعَةُ أَشْيَاءَ: النِّيَّةُ، وَمَسْحُ اليَدَيْنِ مَعَ المِرْفَقَيْنِ، وَالتَّرْتِيبُ».

فصلٌ في سُنَنِ التَّيَمُّمِ

قَالَ صَاحِبُ (ز س): «وَسُنَنُهُ: التَّسْمِيَةُ، وَتَقْدِيمُ اليُمْنَى عَلَى اليُسْرَى، وَتَخْفِيفُ التُّرَابِ، وَالمُوَالَاةُ، وَغَيْرُ ذَلِكَ».

قَالَ صَاحِبُ (غ ت): «وَسُنَنُهُ ثَلَاثَةُ أَشْيَاءَ: التَّسْمِيَةُ، وَتَقْدِيمُ اليُمْنَى عَلَى اليُسْرَى، وَالمُوَالَاةُ».

فَصْلٌ فِي مُبْطِلَاتِ التَّيَمُّمِ

قَالَ صَاحِب (زس): «وَيُبْطِلُهُ: مَا يُبْطِلُ الوُضُوءَ. والرِّدَّةُ».

قَالَ صَاحِب (س ن): «مُبْطِلَاتُ التَّيَمُّمِ أَرْبَعَةٌ: مَا أَبْطَلَ الوُضُوءَ، وَالرِّدَّةُ، وَتَوَهُّمُ المَاءِ إِنْ تَيَمَّمَ لِفَقْدِهِ، وَالشَّكُّ».

قَالَ صَاحِب (غ ت): «وَالَّذي يُبطِلُ التَّيَمُّمَ ثَلَاثَةُ أَشْيَاء: مَا أَبْطَلَ الوُضُوءَ، وَرُؤْيَةُ المَاءِ فِي غَيْرِ وَقْتِ الصَّلَاةِ، وَالرِّدَّةُ، وصَاحِبُ الجَبَائِرِ يَمْسَحُ عَلَيْهَا وَيَتَمَّمُ وَيُصَلِّي وَلَا إِعَادَةَ عَلَيْهِ إِنْ كَانَ وَضَعَهَا عَلَى طُهْرٍ»، وَيَتَيَمَّمُ لِكُلِّ فَرِيضَةٍ وَيُصَلِّي بِتَيَمُّمٍ وَاحِدٍ مَا شَاءَ مِنَ النَّوَافِلِ».

❁ ❁ ❁

فَصْلٌ فِيمَا يُبَاحُ لِلْمُتَيَمِّمِ

قَالَ صَاحِب (زس): «وَيَتَيَمَّمُ لِكُلِّ فَرِيضَةٍ، وَيُصَلِّي بِهِ مَا شَاءَ مِنَ النَّوَافِلِ قَبْلَ الصَّلَاةِ وَبَعْدَهَا فِي الوَقْتِ وَبَعْدَهُ».

قَالَ صَاحِب (غ ت): «وَيَتَيَمَّمُ لِكُلِّ فَرِيضَةٍ، وَيُصَلِّي بِتَيَمُّمٍ وَاحِدٍ مَا شَاءَ مِنَ النَّوَافِلِ».

❁ ❁ ❁

بَابُ الحَيْضِ

قَالَ صَاحِب (م ص): «وَأَقَلُّ الحَيْضِ: يَوْمٌ وَلَيْلَةٌ. وَأَكْثَرُهُ: خَمْسَةَ عَشَرَ يَوْماً. وَغَالِبُه: سِتٌّ أَوْ سَبعٌ».

قَالَ صَاحِب (س ن): «أَقَلُّ الحَيْضِ: يَوْمٌ وَلَيْلَةٌ، وَغَالِبُهُ سِتَّةٌ أَوْ سَبْعٌ،

وَأَكْثَرُهُ خَمْسَةَ عَشْرَةَ يَوْمًا بِلَيَالِيهَا. أَقَلُّ الطُّهْرِ بَيْنَ الحَيْضَتَيْنِ خَمْسَةَ عَشْرَةَ يَوْمًا، وَغَالِبُهُ أَرْبَعَةٌ وَعِشْرُونَ يَوْمًا أَوْ ثَلَاثَةٌ وَعِشْرُونَ يَوْمًا، وَلا حَدَّ لِأَكْثَرِه. أَقَلُّ النِّفَاسِ مَجَّةٌ، وَغَالِبُهُ أَرْبَعُونَ يَوْمًا، وَأَكْثَرُه سِتُّونَ يَوْمًا».

قَالَ صَاحِب (غ ت): «وَيَخْرُجُ مِنَ الفَرْجِ ثَلَاثَةُ دِمَاءٍ: دَمُ الحَيْضِ وَالنِّفَاسُ وَالاسْتِحَاضَةُ؛ فَالحَيْضُ: هُوَ الدَّمُ الخَارِجُ مِنْ فَرْجِ المَرْأَةِ عَلَى سَبِيلِ الصِّحَّةِ مِنْ غَيْرِ سَبَبِ الوِلَادَةِ. وَلَوْنُهُ: أَسْوَدُ مُحْتَدِمٌ لَذَّاعٌ. وَالنِّفَاسُ: هُوَ الدَّمُ الخَارِجُ عَقِبَ الوِلَادَةِ. وَالاسْتِحَاضَةُ: هُوَ الدَّمُ الخَارِجُ فِي غَيْرِ أَيَّامِ الحَيْضِ وَالنِّفَاسِ. وَأَقَلُّ الحَيْضِ: يَوْمٌ وَلَيْلَةٌ، وَأَكْثَرُهُ خَمْسَةَ عَشَرَ يَوْمًا، وَغَالِبُهُ سِتٌّ أَوْ سَبْعٌ، وَأَقَلُّ النِّفَاسِ لَحْظَةٌ، وَأَكْثَرُهُ سِتُّونَ يَوْمًا، وَغَالِبُهُ أَرْبَعُونَ يَوْمًا. وَأَقَلُّ الطُّهْرِ بَيْنَ الحَيْضَتَيْنِ: خَمْسَةَ عَشَرَ يَوْمًا. وَلَا حَدَّ لِأَكْثَرِهِ. وَأَقَلُّ زَمَنٍ تَحِيضُ فِيهِ المَرْأَةُ: تِسْعُ سِنِينَ. وَأَقَلُّ الحَمْلِ: سِتَّةُ أَشْهُرٍ. وَأَكْثَرُهُ: أَرْبَعُ سِنِينَ. وَغَالِبُهُ: تِسْعَةُ أَشْهُرٍ، وَيَحْرُمُ بِالحَيضِ وَالنِّفَاسِ ثَمَانِيَةُ أَشْيَاء: الصَّلَاةُ، وَالصَّومُ، وَقِرَاءَةُ القُرْآنِ، وَمَسُّ المُصْحَف وَحَمْلُهُ، وَدُخُولُ المَسْجِدِ، وَالطَّوَافُ، وَالوَطْءُ، وَالاسْتِمْتَاعُ بِمَا بَيْنَ السُّرَّةِ وَالرُّكْبَةِ. وَيَحْرُمُ عَلَى الجُنُبِ خَمْسَةُ أَشْيَاء: الصَّلَاةُ، وَقِرَاءَةُ القُرْآنِ، وَمَسُّ المُصْحَفِ وَحَمْلُهُ، وَالطَّوَافُ، واللُّبْثُ فِي المَسْجِدِ. وَيَحْرُمُ عَلَى المُحْدِثِ ثَلَاثَةُ أَشْيَاء: الصَّلَاةُ، وَالطَّوَافُ، وَمَسُّ المُصْحَفِ وَحَمْلُهُ».

فَصْلٌ فِيمَا يَحْرُمُ بِالحَيْضِ وَالنِّفَاس

قَالَ صَاحِب (زس): «وَيَحْرُمُ بِالحَيْضِ عَشَرَةُ أَشْيَاء: مَا يَحْرُمُ بِالجَنَابَةِ:

9- وَالصَّوْمُ.

10- وَالطَّلَاقُ.

قَالَ صَاحِبُ (هـ ص): «وَيَحْرُمُ بِالحَيْضِ وَبِالجَنَابَةِ: الصَّلَاةُ، وَالطَّوَافُ، وَمَسُّ المُصْحَفِ وَحَمْلُهُ، وَاللُّبْثُ بِالمَسْجِدِ، وَقِرَاءَةُ القُرْآنِ بِقَصْدِ القِرَاءَةِ. وَيَحْرُمُ عَلَى الحَائِضِ وَحْدَهَا: الصَّوْمُ وَعُبُورُ المَسْجِدِ إِنْ خَافَتْ تَلْوِيثَهُ بِالدَّمِ، وَالاسْتِمْتَاعُ فِي مَا بَيْنَ السُّرَّةِ وَالرُّكْبَةِ. وَالجِمَاعُ فِي الحَيْضِ مِنَ الكَبَائِرِ، وَيَجِبُ عَلَيْهَا قَضَاءُ صَوْمِ رَمَضَانَ دُونَ الصَّلَاةِ، وَإِذَا انْقَطَعَ الدَّمُ حَلَّ لَهَا الصَّوْمُ قَبْلَ الغُسْلِ، وَيَحْرُمُ بِالنِّفَاسِ مَا يَحْرُمُ بِالحَيْضِ. وَالنِّفَاسُ: هُوَ الدَّمُ الخَارِجُ بَعْدَ الوِلَادَةِ»

قَالَ صَاحِبُ (س ن): «وَيَحْرُمُ بِالحَيْضِ عَشَرَةُ أَشْيَاءَ: الصَّلَاةُ، وَالطَّوَافُ، وَمَسُّ المُصْحَفِ وَحَمْلُهُ، وَاللُّبْثُ فِي المَسْجِدِ، وَقِرَاءَةُ القُرْآنِ، وَالصَّوْمُ، وَالطَّلَاقُ، وَالمُرُورُ فِي المَسْجِدِ إِنْ خَافَتْ تَلْوِيثَهُ، وَالاسْتِمْتَاعُ بِمَا بَيْنَ السُّرَّةِ وَالرُّكْبَةِ».

كِتَابُ الصَّلَاةِ

قَالَ صَاحِبُ (س ن): «أَعْذَارُ الصَّلَاةِ اثْنَانِ: النَّوْمُ وَالنِّسْيَانُ».

فصل في موجبات الصلاة

قَالَ صَاحِبُ (ز س): «وَأَمَّا الصَّلَاةُ فَشُرُوطُ وُجُوبِهَا أَرْبَعَةٌ: الإِسْلَامُ. وَالبُلُوغُ. وَالعَقْلُ. وَالنَّقَاءُ مِنَ الحَيْضِ وَالنِّفَاسِ».

قَالَ صَاحِبُ (م ص): «الصَّلَوَاتُ المَكْتُوبَاتُ: خَمْسٌ. وَتَقْدِيمُ الصَّلَاةِ عَلَى وَقْتِهَا وَتَأْخِيرُهَا عَنْ وَقْتِهَا بِغَيْرِ عُذْرٍ مِنَ الكَبَائِرِ».

قَالَ صَاحِبُ (م ص): «تَجِبُ الصَّلَاةُ عَلَى كُلِّ مُسْلِمٍ عَاقِلٍ بَالِغٍ طَاهِرٍ. وَيَجِبُ عَلَى الوَلِيِّ أَنْ يَأْمُرَ الصَّبِيَّ بِالصَّلَاةِ لِسَبْعِ سِنِينَ، وَيَضْرِبَهُ عَلَى تَرْكِهَا لِعَشْرٍ، وَالصَّبِيَّةُ كَالصَّبِيِّ. وَإِذَا بَلَغَ الصَّبِيُّ أَوْ طَهُرَتِ الحَائِضُ أَوِ النُّفَسَاءُ أَوْ أَفَاقَ المَجْنُونُ قَبْلَ خُرُوجِ الوَقْتِ بِقَدْرِ تَكْبِيرَةٍ وَجَبَ قَضَاءُ تِلْكَ الصَّلَاةِ. وَيَجِبُ قَضَاءُ الفَرْضِ الَّذِي قَبْلَهَا إِذَا كَانَ ظُهْرًا أَوْ مَغْرِبًا. وَإِذَا دَخَلَ الوَقْتُ وَمَضَى قَدْرُ مَا يُؤَدَّى فِيهِ الفَرْضُ ثُمَّ حَاضَتِ المَرْأَةُ أَوْ نَفِسَتْ أَوْ جُنَّ قَبْلَ الصَّلَاةِ وَجَبَ قَضَاءُ تِلْكَ الصَّلَاةِ. وَيَجِبُ عَلَى الآبَاءِ وَالأُمَّهَاتِ وَسَيِّدِ العَبِيدِ تَعْلِيمُ أَوْلَادِهِمُ الصِّغَارِ وَعَبِيدِهِمْ مَا يَجِبُ عَلَيْهِمْ قَبْلَ بُلُوغِهِمْ مِنَ الطَّهَارَةِ وَالصَّلَاةِ وَالصِّيَامِ وَغَيْرِ ذَلِكَ. وَيُعَرِّفُوهُمْ تَحْرِيمَ الزِّنَى وَاللِّوَاطِ وَالسَّرِقَةِ وَشُرْبِ الخَمْرِ وَالمُسْكِرِ، وَتَحْرِيمَ الكَذِبِ: قَلِيلِهِ وَكَثِيرِهِ، وَالغِيبَةِ وَالنَّمِيمَةِ وَشِبْهِ ذَلِكَ. وَيُعَلِّمُوهُمْ أَنَّهُمْ بِالبُلُوغِ يَدْخُلُونَ فِي التَّكْلِيفِ. وَيُعَرِّفُهُمْ فِي الصَّبِيِّ عَلَامَةَ البُلُوغِ وَأَنَّهَا بِخَمْسَ عَشْرَةَ سَنَةً أَوْ بِالاحْتِلَامِ، وَبِالحَيْضِ فِي المَرْأَةِ. وَيَجِبُ عَلَيْهِمْ أَيْ: عَلَى الآبَاءِ وَالوَلِيِّ وَغَيْرِهِمَا أُجْرَةُ مَنْ يُعَلِّمُهُمْ هَذَا مِنْ مَالِهِ، فَإِنْ لَمْ يَكُنْ لَهُ مَالٌ فَعَلَى مَنْ تَجِبُ عَلَيْهِ نَفَقَتُهُ».

فَرْعٌ فِي الأَوْقَاتِ الَّتِي يَحْرُمُ فِيهَا الصَّلَاةُ

قَالَ صَاحِبُ (م ص): «وَتَحْرُمُ الصَّلَاةُ فِي خَمْسَةِ أَوْقَاتٍ: عِنْدَ طُلُوعِ الشَّمْسِ حَتَّى تَرْتَفِعَ قَدْرَ رُمْحٍ، وَعِنْدَ الاسْتِوَاءِ فِي غَيْرِ يَوْمِ الجُمُعَةِ حَتَّى تَزُولَ، وَعِنْدَ الاصْفِرَارِ حَتَّى تَغْرُبَ، وَبَعْدَ صَلَاةِ الصُّبْحِ حَتَّى تَطْلُعَ. وَبَعْدَ صَلَاةِ العَصْرِ حَتَّى تَغْرُبَ. وَلَا يَحْرُمُ فِيهَا مَا لَهُ سَبَبٌ فِي الحَالِ، كَتَحِيَّةِ المَسْجِدِ وَالكُسُوفِ دُونَ رَكْعَتَيِ الاسْتِخَارَةِ. وَيَحْرُمُ ابْتِدَاءُ الصَّلَاةِ بَعْدَ صُعُودِ الخَطِيبِ فِي الجُمُعَةِ غَيْرِ التَّحِيَّةِ».

قَالَ صَاحِبُ (س ن): «تَحْرُمُ الصَّلَاةُ الَّتِي لَيْسَ لَهَا سَبَبٌ مُتَقَدِّمٌ وَلَا مُقَارِنٌ فِي خَمْسَةِ أَوْقَاتٍ: عِنْدَ طُلُوعِ الشَّمْسِ حَتَّى تَرْتَفِعَ قَدْرَ رُمْحٍ، وَعِنْدَ الاسْتِوَاءِ فِي غَيْرِ يَوْمِ الجُمُعَةِ حَتَّى تَزُولَ، وَعِنْدَ الاصْفِرَارِ حَتَّى تَطْلُعَ الشَّمْسُ وَبَعْدَ صَلَاةِ العَصْرِ حَتَّى تَغْرُبَ».

قَالَ صَاحِبُ (غ ت): «وَخَمْسَةُ أَوْقَاتٍ لَا يُصَلَّى فِيهَا إِلَّا صَلَاةٌ لَهَا سَبَبٌ: بَعْدَ صَلَاةِ الصُّبْحِ حَتَّى تَطْلُعَ الشَّمْسُ وَعِنْدَ طُلُوعِهَا حَتَّى تَتَكَامَلَ وَتَرْتَفِعَ قَدْرَ رُمْحٍ، وَإِذَا اسْتَوَتْ حَتَّى تَزُولَ، وَبَعْدَ صَلَاةِ العَصْرِ حَتَّى تَغْرُبَ الشَّمْسُ، وَعِنْدَ الغُرُوبِ حَتَّى يَتَكَامَلَ غُرُوبُهَا».

✦ ✦ ✦

فَصْلٌ فِي مَوَاقِيتِ الصَّلَاةِ

قَالَ صَاحِبُ (م ص): «الصَّلَوَاتُ المَكْتُوبَاتُ: خَمْسٌ. وَتَقْدِيمُ الصَّلَاةِ عَلَى وَقْتِهَا وَتَأْخِيرُهَا عَنْ وَقْتِهَا بِغَيْرِ عُذْرٍ مِنَ الكَبَائِرِ».

قَالَ صَاحِبُ (س ص): «الثَّالِثُ [مِنْ شُرُوطِ الصَّلَاةِ]: دُخُولُ الوَقْتِ، وَهُوَ

زَوَالُ الشَّمْسِ لِلظُّهْرِ، وَبُلُوغُ ظِلِّ كُلِّ شَيْءٍ مِثْلَهُ زَائِدًا عَلَى ظِلِّ الاسْتِوَاءِ لِلْعَصْرِ، وَغُرُوبُ الشَّمْسِ لِلْمَغْرِبِ، وَغُرُوبُ الشَّفَقِ الأَحْمَرِ لِلْعِشَاءِ، وَطُلُوعُ الفَجْرِ الصَّادِقِ المُعْتَرِضِ جَنُوبًا وَشِمَالًا لِلْفَجْرِ، فَتَجِبُ الصَّلَاةُ فِي هَذِهِ الأَوْقَاتِ، وَتَقْدِيمُهَا عَلَيْهَا وَتَأْخِيرُهَا عَنْهَا مِنْ أَكْبَرِ المَعَاصِي وَأَفْحَشِ السَّيِّئَاتِ».

قَالَ صَاحِبُ (س ص): «الخَامِسُ [مِنْ شُرُوطِ الصَّلَاةِ]: اسْتِقْبَالُ القِبْلَةِ بِالصَّدْرِ فِي القِيَامِ وَالقُعُودِ وَبِالمَنْكِبَيْنِ وَمُعْظَمِ البَدَنِ فِي غَيْرِهِمَا، إِلَّا إِذَا اشْتَدَّ الخَوْفُ المُبَاحُ وَلَمْ يُمْكِنْهُ الاسْتِقْبَالُ، فَيُصَلِّي كَيْفَ أَمْكَنَهُ وَلَا إِعَادَةَ عَلَيْهِ».

قَالَ صَاحِبُ (هـ ص): «وَأَوَّلُ وَقْتِ الظُّهْرِ: إِذَا زَالَتِ الشَّمْسُ. وَآخِرُهُ: إِذَا صَارَ ظِلُّ كُلِّ شَيْءٍ مِثْلَهُ غَيْرَ ظِلِّ الاسْتِوَاءِ. وَأَوَّلُ وَقْتِ العَصْرِ: إِذَا صَارَ ظِلُّ كُلِّ شَيْءٍ مِثْلَهُ وَزَادَ أَدْنَى زِيَادَةٍ، وَآخِرُهُ: غُرُوبُ الشَّمْسِ، وَأَوَّلُ وَقْتِ المَغْرِبِ: غُرُوبُ قُرْصِ الشَّمْسِ، وَآخِرُهُ عَلَى المُخْتَارِ: غُرُوبُ الشَّفَقِ الأَحْمَرِ. وَأَوَّلُ وَقْتِ العِشَاءِ: غُرُوبُ الشَّفَقِ الأَحْمَرِ، وَآخِرُهُ: طُلُوعُ الفَجْرِ الصَّادِقِ المُنْتَشِرِ عَرْضًا. وَأَوَّلُ وَقْتِ الصُّبْحِ: طُلُوعُ الفَجْرِ الصَّادِقِ، وَآخِرُهُ: طُلُوعُ الشَّمْسِ، وَأَفْضَلُ الأَعْمَالِ: المُبَادَرَةُ بِالصَّلَاةِ فِي أَوَّلِ وَقْتِهَا.

وَيُسَنُّ الإِبْرَادُ بِالظُّهْرِ فِي شِدَّةِ حَرٍّ فِي قُطْرٍ حَارٍّ لِمَنْ يُصَلِّي جَمَاعَةً فِي مَسْجِدٍ بَعِيدٍ. وَمَنْ أَخَّرَ الصَّلَاةَ حَتَّى وَقَعَ بَعْضُهَا خَارِجَ الوَقْتِ بِغَيْرِ عُذْرٍ عَصَى. وَمَنْ لَمْ يَعْرِفْ وَقْتَهَا وَجَبَ عَلَيْهِ أَنْ يَجْتَهِدَ فِي مَعْرِفَةِ دُخُولِهِ بِدِرَاسَةٍ أَوْ حِرْفَةٍ، فَإِنْ فَاتَهُ فَرْضٌ بِغَيْرِ عُذْرٍ وَجَبَ عَلَيْهِ قَضَاؤُهُ عَلَى الفَوْرِ».

قَالَ صَاحِبُ (س ن): «أَوْقَاتُ الصَّلَاةِ خَمْسٌ: أَوَّلُ وَقْتِ الظُّهْرِ زَوَالُ الشَّمْسِ، وَآخِرُهُ مَصِيرُ ظِلِّ الشَّيْءِ مِثْلَهُ غَيْرَ ظِلِّ الاسْتِوَاءِ، وَأَوَّلُ وَقْتِ العَصْرِ إِذَا صَارَ ظِلُّ كُلِّ

شَيْءٍ مِثْلَهُ وَزَادَ قَلِيلًا، وَآخِرُهُ غُرُوبُ الشَّمْسِ. وَأَوَّلُ وَقْتِ المَغْرِبِ غُرُوبُ الشَّمْسِ، وَآخِرُهُ غُرُوبُ الشَّفَقِ الأَحْمَرِ، وَآخِرُهُ طُلُوعُ الفَجْرِ الصَّادِقِ، وَآخِرُهُ طُلُوعُ الشَّمْسِ. الأَشْفَاقُ ثَلَاثَةٌ: أَحْمَرُ وَأَصْفَرُ وَأَبْيَضُ. الأَحْمَرُ مَغْرِبٌ وَلِأَصْفَرُ وَالأَبْيَضُ عِشَاءٌ. وَيُنْدَبُ تَأْخِيرُ صَلَاةِ العِشَاءِ إِلَى أَنْ يَغِيبَ الشَّفَقُ الأَحْمَرُ وَالأَبْيَضُ».

قَالَ صَاحِبُ (غ ت): «الصَّلَاةُ المَفْرُوضَةُ خَمْسٌ: الظُّهْرُ؛ وَأَوَّلُ وَقْتِهَا: زَوَالُ الشَّمْسِ. وَآخِرُهُ: إِذَا صَارَ ظِلُّ كُلِّ شَيْءٍ مِثْلَهُ بَعْدَ ظِلِّ الزَّوَالِ. وَالعَصْرُ؛ وَأَوَّلُ وَقْتِهَا: الزِّيَادَةُ عَلَى ظِلِّ المِثْلِ. وَآخِرُهُ فِي الاخْتِيَارِ: إِلَى ظِلِّ المِثْلَيْنِ. وَفِي الجَوَازِ: إِلَى غُرُوبِ الشَّمْسِ. وَالمَغْرِبُ؛ وَوَقْتُهَا وَاحِدٌ: وَهُوَ غُرُوبُ الشَّمْسِ وَبِمِقْدَارِ مَا يُؤَذِّنُ وَيَتَوَضَّأُ وَيَسْتُرُ العَوْرَةَ وَيُقِيمُ الصَّلَاةَ وَيُصَلِّي خَمْسَ رَكَعَاتٍ. وَالعِشَاءُ؛ وَأَوَّلُ وَقْتِهَا: إِذَا غَابَ الشَّفَقُ الأَحْمَرُ. وَآخِرُهُ فِي الاخْتِيَارِ: إِلَى ثُلُثِ اللَّيْلِ. وَفِي الجَوَازِ: إِلَى طُلُوعِ الفَجْرِ الثَّانِي، وَالصُّبْحُ وَأَوَّلُ وَقْتِهَا: طُلُوعُ الفَجْرِ الثَّانِي. وَآخِرُهُ فِي الاخْتِيَارِ: إِلَى الأَسْفَارِ. وَفِي الجَوَازِ: إِلَى طُلُوعِ الشَّمْسِ».

❋ ❋ ❋

فَصْلٌ فِي صِفَةِ الصَّلَاةِ

قَالَ صَاحِبُ (ز س): «وَفُرُوضُ الصَّلَاةِ ثَمَانِيَةَ عَشَرَ:...».

قَالَ صَاحِبُ (هـ ص): «فُرُوضُ الصَّلَاةِ سَبْعَةَ عَشَرَ:...».

❋ ❋ ❋

فَرْعٌ فِي أَنْوَاعِ أَفْعَالِ الصَّلَاةِ

قَالَ صَاحِبُ (س ص): «وَأَرْكَانُ الصَّلَاةِ ثَلَاثَةُ أَقْسَامٍ:

الأَوَّلُ: قَلْبِيٌّ؛ وَهُوَ النِّيَّةُ فَقَطْ. وَشَرْطُهَا: أَنْ تَكُونَ مَعَ تَكْبِيرَةِ الإِحْرَامِ، وَأَنْ تَكُونَ فِي القِيَامِ.

الثَّانِي: القَوْلِيَّةُ؛ وَهِيَ خَمْسَةٌ: تَكْبِيرَةُ الإِحْرَامِ أَوَّلَ الصَّلَاةِ، وَقِرَاءَةُ الفَاتِحَةِ فِي كُلِّ رَكْعَةٍ، وَقِرَاءَةُ التَّشَهُّدِ، وَالصَّلَاةُ عَلَى النَّبِيِّ، وَسَلَامُ آخِرِ الصَّلَاةِ، ثَلَاثَتُهَا فِي القَعْدَةِ الأَخِيرَةِ.

وَشَرْطُ هَذِهِ الخَمْسَةِ: أَنْ يُسْمِعَ نَفْسَهُ إِذَا لَمْ يَكُنْ أَصَمَّ وَلَا مَانِعَ رِيحٍ وَلَغَطٍ وَنَحْوِهِمَا، وَإِلَّا رَفَعَ بِحَيْثُ لَوْ زَالَ الصَّمَمُ وَالمَانِعُ لَسَمِعَ، وَأَنْ لَا يُنْقِصَ شَيْئًا مِنْ تَشْدِيدَاتِهَا وَحُرُوفِهَا، وَأَنْ يُخْرِجَهَا مِنْ مَخَارِجِهَا، وَأَنْ لَا يُغَيِّرَ شَيْئًا مِنْ حَرَكَاتِهَا تَغْيِيرًا يُبْطِلُ مَعْنَاهَا، وَأَنْ لَا يَزِيدَ فِيهَا حَرْفًا يُبْطِلُ بِهِ مَعْنَاهَا، وَأَنْ يُوَالِيَ بَيْنَ كَلِمَاتِهَا، وَأَنْ يُرَتِّبَهَا عَلَى نَظْمِهَا المَعْرُوفِ.

الثَّالِثُ: الفِعْلِيَّةُ؛ وَهِيَ ثَلَاثَ عَشَرَ: القِيَامُ وَالرُّكُوعُ وَطُمَأْنِينَتُهُ وَالاعْتِدَالُ وَطُمَأْنِينَتُهُ وَالسُّجُودُ الأَوَّلُ وَطُمَأْنِينَتُهُ وَالجُلُوسُ بَعْدَهُ وَطُمَأْنِينَتُهُ وَوَاحِدٌ بَعْدَ آخِرِ رَكْعَةٍ وَهُوَ الجُلُوسُ الأَخِيرُ.

وَوَاحِدٌ يَنْشَأُ مِنْ فِعْلِ هَذِهِ الأَرْكَانِ فِي مَوْضِعِهَا وَهُوَ التَّرْتِيبُ. وَشَرْطُ الأَرْكَانِ الفِعْلِيَّةِ: صِحَّةُ مَا قَبْلَهَا مِنَ الأَرْكَانِ، وَأَنْ لَا يَقْصِدَ بِهِ غَيْرَهَا».

قَالَ صَاحِبُ (زس): «وَفُرُوضُ الصَّلَاةِ عَلَى ثَلَاثَةِ أَقْسَامٍ: قَلْبِيٌّ وَلِسَانِيٌّ وَبَدَنِيٌّ:

فَالأَوَّلُ: النِّيَّةُ.

وَالثَّانِي: تَكْبِيرَةُ الإِحْرَامِ، وَقِرَاءَةُ الفَاتِحَةِ، وَالتَّشَهُّدُ الآخِرُ، وَالصَّلَاةُ عَلَى النَّبِيِّ ﷺ، وَالتَّسْلِيمَةُ الأُولَى.

وَالثَّالِثُ: بَقِيَّةُ الفُرُوضِ».

قَالَ صَاحِبُ (س ن): «الأَرْكَانُ الَّتِي تَلْزَمُهُ فِيهَا الطُّمَأْنِينَةُ أَرْبَعَةٌ: الرُّكُوعُ وَالاعْتِدَالُ وَالسُّجُودُ وَالجُلُوسُ بَيْنَ السَّجْدَتَيْنِ.

الطُّمَأْنِينَةُ هِيَ: سُكُونٌ بَعْدَ حَرَكَةٍ، بِحَيْثُ يَسْتَقِرُّ كُلُّ عُضْوٍ مَحَلَّهُ بِقَدْرِ سُبْحَانَ اللهِ».

أَرْكَانُ الصَّلَاةِ

❈ النِّيَّةُ:

قَالَ صَاحِبُ (زس): «النِّيَّةُ».

قَالَ صَاحِبُ (س ص): «الأَوَّلُ: النِّيَّةُ بِالقَلْبِ؛ فَيُحْضِرُ فِي قَلْبِهِ فِعْلَ الصَّلَاةِ؛ وَيُعَبَّرُ عَنْهُ: بِـ«فَرْضٍ». وَيُحْضِرُ فِيهِ تَعْيِينَهَا؛ وَيُعَبَّرُ عَنْهُ: بِـ«الظُّهْرِ» أَوْ «العَصْرِ» أَوْ «المَغْرِبِ» أَوْ «العِشَاءِ» أَوْ «الصُّبْحِ»؛ فَإِذَا حَضَرَتْ هَذِهِ الثَّلَاثَةُ فِي قَلْبِهِ قَالَ: «اللهُ أَكْبَرُ» غَيْرَ غَافِلٍ عَنْهَا، وَيَزِيدُ اسْتِحْضَارَ مَأْمُومًا إِنْ كَانَ جَمَاعَةً.

وَشَرْطُهَا: أَنْ تَكُونَ مَعَ تَكْبِيرَةِ الإِحْرَامِ، وَأَنْ تَكُونَ فِي القِيَامِ».

قَالَ صَاحِبُ (س ن): «النِّيَّةُ ثَلَاثُ دَرَجَاتٍ:

إِنْ كَانَتِ الصَّلَاةُ فَرْضًا: وَجَبَ قَصْدُ الفِعْلِ وَالتَّعْيِينِ وَالفَرْضِيَّةِ؛ الفِعْلُ: «أُصَلِّي». وَالتَّعْيِينُ: «ظُهْرًا» أَوْ «عَصْرًا». وَالفَرْضِيَّةُ: «فَرْضًا».

وَإِنْ كَانَتْ نَافِلَةً مُؤَقَّتَةً كَـ«رَاتِبَةٍ»، أَوْ ذَاتَ سَبَبٍ ... وَجَبَ قَصْدُ الفِعْلِ وَالتَّعْيِينِ.

وَإِنْ كَانَتْ نَافِلَةً مُطْلَقَةً ... وَجَبَ قَصْدُ الفِعْلِ فَقَطْ».

قَالَ صَاحِبُ (س ص): «وَمِمَّا يَتَأَكَّدُ مَعْرِفَتُهُ أَذْكَارُ الصَّلَاةِ، وَنَحْنُ نَذْكُرُهَا هُنَا بِاخْتِصَارٍ؛ فَيَقُولُ المُصَلِّي: «أُصَلِّي فَرْضَ الظُّهْرِ أَرْبَعَ رَكَعَاتٍ أَدَاءً، مُسْتَقْبِلَ القِبْلَةِ

مَأْمُومًا لِلهِ تَعَالَى» ... «اللهُ أَكْبَرُ». وَيُبَدَّلُ (الظُّهْرَ) فِي غَيْرِهَا بِاسْمِهَا، وَذِكْرِ عَدَدِ رَكَعَاتِهَا، وَيَقُولُ: «إِمَامًا» بَدَلَ «مَأْمُومًا» إِنْ كَانَ إِمَامًا، وَيَتْرُكُهُمَا إِنْ كَانَ مُنْفَرِدًا».

قَالَ صَاحِبُ (م ص): «النِّيَّةُ، فَإِنْ كَانَتِ الصَّلَاةُ فَرِيضَةً وَجَبَ قَصْدُ فِعْلِهَا وَتَعْيِينُهَا وَنِيَّةُ الفَرْضِيَّةِ مِنَ البَالِغِ، وَإِنْ كَانَتْ نَافِلَةً مُؤَقَّتَةً كَالوِتْرِ أَوْ ذَاتَ سَبَبٍ كَ«الكُسُوفِ» وَجَبَ قَصْدُ فِعْلِهَا وَتَعْيِينُهَا، وَإِنْ كَانَتْ نَافِلَةً مُطْلَقَةً وَجَبَ قَصْدُ فِعْلِهَا فَقَطْ».

❈ القِيَامُ فِي فَرْضِ القَادِرِ

قَالَ صَاحِبُ (ز س): «وَالقِيَامُ لِلْقَادِرِ».

قَالَ صَاحِبُ (م ص): «القِيَامُ إِنْ كَانَتِ الصَّلَاةُ فَرْضًا وَقَدَرَ».

قَالَ صَاحِبُ (س ص): «القِيَامُ إِنْ قَدَرَ، وَلَوْ بِحَبْلٍ أَوْ مُعَيَّنٍ فِي صَلَاةِ الفَرْضِ».

❈ تَكْبِيرَةُ الإِحْرَامِ

قَالَ صَاحِبُ (ز س): «وَتَكْبِيرَةُ الإِحْرَامِ».

قَالَ صَاحِبُ (س ص): «تَكْبِيرَةُ الإِحْرَامِ؛ وَهِيَ: «اللهُ أَكْبَرُ».

قَالَ صَاحِبُ (م ص): «تَكْبِيرَةُ الإِحْرَامِ، وَهِيَ أَنْ يَقُولَ: «اللهُ أَكْبَرُ». وَيُجْزِئُهُ: «اللهُ الأَكْبَرُ»، وَيَجِبُ أَنْ تَكُونَ هَذِهِ النِّيَّةُ مُقَارِنَةً لِلتَّكْبِيرِ جَمِيعِهِ».

قَالَ صَاحِبُ (س ن): «شُرُوطُ تَكْبِيرَةِ الإِحْرَامِ سِتَّةَ عَشْرَةَ: أَنْ تَقَعَ حَالَةَ القِيَامِ فِي الفَرْضِ، وَأَنْ تَكُونَ بِالعَرَبِيَّةِ، وَأَنْ تَكُونَ بِلَفْظِ الجَلَالَةِ، وَبِلَفْظِ أَكْبَرَ،

وَالتَّرْتِيبُ بَيْنَ اللَّفْظَتَيْنِ، وَأَنْ لَا يَمُدَّ هَمْزَةَ الجَلَالَةِ، وَعَدَمُ مَدِّ بَاءِ أَكْبَر، وَأَنْ لَا يُشَدِّدِ البَاءَ، وَأَنْ لَا يَزِيدَ وَاوًا سَاكِنَةً أَوْ مُتَحَرِّكَةً بَيْنَ الكَلِمَتَيْنِ، وَأَنْ لَا يَزِيدَ وَاوًا قَبْلَ الجَلَالَةِ، وَأَنْ لَا يَقِفَ بَيْنَ كَلِمَتَي التَّكْبِيرِ وَقْفَةً طَوِيلَةً وَلَا قَصِيرَةً، وَأَنْ يُسْمِعَ نَفْسَهُ جَمِيعَ حُرُوفِهَا، وَدُخُولُ الوَقْتِ فِي المُؤَقَّتِ، وَإِيقَاعُهَا حَالَ الاسْتِقْبَالِ، وَأَنْ لَا يُخِلَّ بِحَرْفٍ مِنْ حُرُوفِهَا، وَتَأْخِيرُ تَكْبِيرَةِ المَأْمُومِ عَنْ تَكْبِيرَةِ الإِمَامِ».

قَالَ صَاحِب (س ص): «ثُمَّ يَقُولُ: «وَجَّهْتُ وَجْهِيَ لِلَّذِي فَطَرَ السَّمَوَاتِ وَالأَرْضَ حَنِيفًا مُسْلِمًا، وَمَا أَنَا مِنَ المُشْرِكِينَ، إِنَّ صَلَاتِي وَنُسُكِي وَمَحْيَايَ وَمَمَاتِي للهِ رَبِّ العَالَمِينَ، لَا شَرِيكَ لَهُ وَبِذَلِكَ أُمِرْتُ وَأَنَا مِنَ المُسْلِمِينَ».

❁ ❁ ❁

❁ الفَاتِحَةُ

قَالَ صَاحِب (زس): «وَقِرَاءَةُ الفَاتِحَةِ».

قَالَ صَاحِب (س ص): «قِرَاءَةُ الفَاتِحَةِ فِي القِيَامِ».

قَالَ صَاحِب (هـ ص): «قِرَاءَةُ الفَاتِحَةِ، وَيَجِبُ تَرْتِيبُهَا وَمُوَالَاتُهَا وَتَشْدِيدَاتُهَا وَإِخْرَاجُ الضَّادِ، وَتَجِبُ فِي كُلِّ رَكْعَةٍ لَا رَكْعَةِ المَسْبُوقِ».

قَالَ صَاحِب (س ن): «شُرُوطُ الفَاتِحَةِ عَشرةٌ: التَّرْتِيبُ، وَالمُوَالَاةُ، وَمُرَاعَاةُ تَشْدِيدَاتِهَا، وَأَنْ لَا يَسْكُتَ سَكْتَةً طَوِيلَةً وَلَا قَصِيرَةً يَقْصِدُ قَطْعَ القِرَاءَةِ، وَقِرَاءَةُ كُلِّ آيَاتِهَا وَمِنْهَا البَسْمَلَةُ، وَعَدَمُ اللَّحْنِ المُخِلِّ بِالمَعْنَى، وَأَنْ تَكُونَ حَالَةَ القِيَامِ فِي الفَرْضِ، وَأَنْ يُسْمِعَ نَفْسَهُ القِرَاءَةَ، وَأَنْ لَا يَتَخَلَّلَهَا ذِكْرٌ أَجْنَبِيٌّ».

قَالَ صَاحِب (س ص): «أَعُوذُ بِاللهِ مِنَ الشَّيْطَانِ الرَّجِيمِ» ... ﴿بِسْمِ اللَّهِ الرَّحْمَٰنِ

ٱلرَّحِيمِ ﴿١﴾ ٱلْحَمْدُ لِلَّهِ رَبِّ ٱلْعَٰلَمِينَ ﴿٢﴾ ٱلرَّحْمَٰنِ ٱلرَّحِيمِ ﴿٣﴾ مَٰلِكِ يَوْمِ ٱلدِّينِ ﴿٤﴾ إِيَّاكَ نَعْبُدُ وَإِيَّاكَ نَسْتَعِينُ ﴿٥﴾ ٱهْدِنَا ٱلصِّرَٰطَ ٱلْمُسْتَقِيمَ ﴿٦﴾ صِرَٰطَ ٱلَّذِينَ أَنْعَمْتَ عَلَيْهِمْ غَيْرِ ٱلْمَغْضُوبِ عَلَيْهِمْ وَلَا ٱلضَّآلِّينَ ﴿٧﴾ ... آمين. ثُمَّ يَقْرَأُ السُّورَةَ.

قَالَ صَاحِب (س ن): «تَشْدِيدَاتُ الفَاتِحَةِ أَرْبَعَ عَشْرَةَ: «بِسْمِ ٱللَّهِ» فَوْقَ اللَّامِ، «ٱلرَّحْمَٰنِ» فَوْقَ الرَّاءِ، «ٱلرَّحِيمِ» فَوْقَ الرَّاءِ، «ٱلْحَمْدُ لِلَّهِ» فَوْقَ لَامِ الجَلَالَةِ، «رَبِّ ٱلْعَٰلَمِينَ» فَوْقَ البَاءِ، «ٱلرَّحْمَٰنِ» فَوْقَ الرَّاءِ، «مَٰلِكِ يَوْمِ ٱلدِّينِ» فَوْقَ الدَّالِ، إِيَّاكَ نَعْبُدُ فَوْقَ اليَاءِ، «وَإِيَّاكَ نَسْتَعِينُ» فَوْقَ اليَاءِ، «ٱهْدِنَا ٱلصِّرَٰطَ ٱلْمُسْتَقِيمَ» فَوْقَ الصَّادِ، «صِرَٰطَ ٱلَّذِينَ» فَوْقَ اللَّامِ، «أَنْعَمْتَ عَلَيْهِمْ غَيْرِ ٱلْمَغْضُوبِ عَلَيْهِمْ وَلَا ٱلضَّآلِّينَ» فَوْقَ الضَّادِ وَاللَّامِ».

الرُّكُوعُ مَعَ الطُّمَأْنِينَةِ

قَالَ صَاحِب (س ص): «اللهُ أَكْبَرُ»

قَالَ صَاحِب (ز س): «وَالرُّكُوعُ، وَالطُّمَأْنِينَةُ فِيهِ».

قَالَ صَاحِب (م ص): «الرُّكُوعُ. الطُّمَأْنِينَةُ فِيهِ، بِحَيْثُ يَسْتَقِرُّ كُلُّ عُضْوٍ مَكَانَهُ».

قَالَ صَاحِب (س ص): «الرُّكُوعُ؛ بِأَنْ يَنْحَنِيَ مِنْ غَيْرِ إِرْخَاءِ رُكْبَتَيْهِ. السَّادِسُ: الطُّمَأْنِينَةُ فِيهِ؛ بِأَنْ تَنْفَصِلَ حَرَكَةُ رَفْعِهِ وَتُسَكَّنُ أَعْضَاؤُهُ كُلُّهَا».

قَالَ صَاحِب (س ص): «سُبْحَانَ رَبِّيَ العَظِيمِ وَبِحَمْدِهِ» ثَلَاثَ مَرَّاتٍ.

✵ الاعْتِدَالُ مَعَ الطُّمَأْنِينَة

قَالَ صَاحِبُ (س ص): «سَمِعَ اللهُ لِمَنْ حَمِدَهُ، رَبَّنَا لَكَ الحَمْدُ مِلْءَ السَّمَوَاتِ وَمِلْءَ الأَرْضِ وَمِلْءَ مَا شِئْتَ مِنْ شَيْءٍ بَعْدُ».

قَالَ صَاحِبُ (زس): «وَالاعْتِدَالُ، وَالطُّمَأْنِينَةُ فِيهِ».

قَالَ صَاحِبُ (م ص): «الاعْتِدَالُ، وَالطُّمَأْنِينَةُ فِيهِ».

قَالَ صَاحِبُ (س ص): «الاعْتِدَالُ بِأَنْ يَنْتَصِبَ قَائِمًا، وَالطُّمَأْنِينَةُ فِيهِ كَمَا ذَكَرْنَا فِي الرُّكُوعِ».

❈ ❈ ❈

✵ السُّجُودُ مَعَ الطُّمَأْنِينَة

قَالَ صَاحِبُ (س ص): «اللهُ أَكْبَرُ».

قَالَ صَاحِبُ (زس): «وَالسُّجُودُ، وَالطُّمَأْنِينَةُ فِيهِ».

قَالَ صَاحِبُ (م ص): «السُّجُودُ مَرَّتَيْنِ فِي كُلِّ رَكْعَةٍ، وَأَقَلُّهُ: وَضْعُ شَيْءٍ مِنْ جَبْهَتِهِ عَلَى الأَرْضِ، وَوَضْعُ بَاطِنِ أَصَابِعِ يَدَيْهِ وَرِجْلَيْهِ، وَوَضْعُ رُكْبَتِهِ، وَتَحَامُلٌ بِرَأْسِهِ، وَارْتِفَاعُ أَسَافِلِهِ عَلَى أَعَالِيهِ. وَالطُّمَأْنِينَةُ فِيهِ».

قَالَ صَاحِبُ (س ن): «شُرُوطُ السُّجُودِ سَبْعَةٌ: أَنْ يَسْجُدَ عَلَى سَبْعَةِ أَعْضَاءٍ، وَأَنْ تَكُونَ جَبْهَتُهُ مَكْشُوفَةً، وَالتَّحَامُلُ بِرَأْسِهِ، وَعَدَمُ الهَوِيِّ لِغَيْرِهِ، وَأَنْ لَا يَسْجُدَ عَلَى شَيْءٍ يَتَحَرَّكُ بِحَرَكَتِهِ، وَارْتِفَاعُ أَسَافِلِهِ عَلَى أَعَالِيهِ، وَالطُّمَأْنِينَةُ فِيهِ. أَعْضَاءُ السُّجُودِ سَبْعَةٌ: الجَبْهَةُ وَبُطُونُ الكَفَّيْنِ وَالرُّكْبَتَانِ وَبُطُونُ الأَصَابِعِ وَالرِّجْلَيْنِ».

قَالَ صَاحِبُ (س ص): «السُّجُودُ الأَوَّلُ: بِأَنْ يَضَعَ جَبْهَتَهُ مَكْشُوفَةً عَلَى مُصَلَّاهُ، مُتَحَامِلًا عَلَيْهَا قَلِيلًا عَلَى غَيْرِ مُتَحَرِّكٍ، رَافِعًا عَجِيزَتَهُ وَمَا حَوْلَهَا عَلَى

مَنْكِبَيْهِ وَيَدَيْهِ وَرَأْسِهِ، وَبِأَنْ يَضَعَ جُزْءًا مِنْ كُلٍّ مِنْ رُكْبَتَيْهِ وَمِنْ بَاطِنِ كُلِّ كَفٍّ وَمِنْ بَاطِنِ أَصَابِعِ كُلِّ رِجْلٍ. الطُّمَأْنِينَةُ فيهِ كَمَا ذَكَرْنَا فِي الرُّكُوعِ».

قَالَ صَاحِب (س ص): «سُبْحَانَ رَبِّيَ الأَعْلَى وَبِحَمْدِهِ» ثَلَاثَ مَرَّاتٍ ... «اللهُ أَكْبَرُ»

قَالَ صَاحِب (س ص): «السُّجودُ الثَّانِي مِثْل السُّجُود الأَوَّلِ فِيمَا مَرَّ فِيهِ، وَالطُّمَأْنِينَةُ فِيهِ».

قَالَ صَاحِب (س ص): «سُبْحَانَ رَبِّيَ الأَعْلَى وَبِحَمْدِهِ» ثَلَاث مَرَّاتٍ. «اللهُ أَكْبَرُ».

❁ ❁ ❁

❁ الجُلوسُ بَيْنَ السَّجْدَتَيْنِ مَعَ الطُّمَأْنِينَةِ

قَالَ صَاحِب (ز س): «وَالجُلُوس بَيْنَ السَّجْدَتَيْنِ. وَالطُّمْأَنِينَةُ فِيهِ».

قَالَ صَاحِب (س ص): «الجُلُوس بَيْنَ السَّجْدَتَيْن بِأَنْ يَنْتَصِبَ جَالِسًا، وَالطُّمَأْنِينَةُ فِيهِ كَمَا ذَكَرْنَا فِي الرُّكُوعِ».

قَالَ صَاحِب (س ص): «رَبِّ اغْفِرْ لِي وَارْحَمْنِي وَاجْبُرْنِي وَارْفَعْنِي وَارْزُقْنِي وَاهْدِنِي وَعَافِنِي وَاعْفُ عَنِّي» ... «اللهُ أَكْبَرُ».

قَالَ صَاحِب (م ص): «الجُلُوسُ بَيْنَ السَّجْدَتَيْن. الثَّانِي عَشَرَ: الطُّمَأْنِينَةُ فِيهِ».

قَالَ صَاحِب (س ص): «اللهُ أَكْبَرُ».

❁ ❁ ❁

❁ الجُلوسُ لِلتَشَهُدِ الأَخِيرِ

قَالَ صَاحِب (س ص): «ثُمَّ إِذَا أَتَمَّ الرَّكَعَاتِ جَلَسَ الجُلُوسَ الأَخِيرَ».

قَالَ صَاحِب (س ص): «الجُلُوسُ الأَخِيرُ مُنْتَصِبًا».

قَالَ صَاحِبُ (زس): «وَالجُلُوسُ لِلتَّشَهُّدِ الأَخِيرِ».

قَالَ صَاحِبُ (م ص): «القُعُودُ فِيهِ».

التَّشَهُّدُ الأَخِيرُ

قَالَ صَاحِبُ (زس): «وَالتَّشَهُّدُ فِيهِ».

قَالَ صَاحِبُ (س ص): «قِرَاءَةُ التَّشَهُّدِ فِيهِ».

قَالَ صَاحِبُ (م ص): «التَّشَهُّدُ الأَخِيرُ».

قَالَ صَاحِبُ (س ص): وَيَقُولُ فِيهِ: «التَّحِيَّاتُ المُبَارَكَاتُ الصَّلَوَاتُ الطَّيِّبَاتُ لله؛ السَّلَامُ عَلَيْكَ أَيُّهَا النَّبِيُّ، وَرَحْمَةُ اللهِ وَبَرَكَاتُهُ، السَّلَامُ عَلَيْنَا وَعَلَى عِبَادِ اللهِ الصَّالِحِينَ. أَشْهَدُ أَنْ لَا إِلَهَ إِلَّا اللهُ، وَأَشْهَدُ أَنَّ مُحَمَّدًا رَسُولُ اللهِ».

قَالَ صَاحِبُ (زس): «وَأَلْفَاظُ التَّشَهُّدِ خَمْسُ كَلِمَاتٍ: التَّحِيَّاتُ لله. سَلَامٌ عَلَيْكَ أَيُّهَا النَّبِيُّ وَرَحْمَةُ اللهِ وَبَرَكَاتُهُ. سَلَامٌ عَلَيْنَا، وَعَلَى عِبَادِ اللهِ الصَّالِحِينَ. أَشْهَدُ أَنْ لَا إِلَهَ إِلَّا اللهُ، وَأَشْهَدُ أَنَّ مُحَمَّدًا رَسُولُ اللهِ. اللَّهُمَّ صَلِّ عَلَى مُحَمَّدٍ ... وَهُوَ الوَاجِبُ. وَآلِهِ وَمَا بَعْدَهُ مِنَ السُّنَنِ».

قَالَ صَاحِبُ (س ص): «اللَّهُمَّ صَلِّ عَلَى مُحَمَّدٍ عَبْدِكَ وَرَسُولِكَ، النَّبِيِّ الأُمِّيِّ، وَعَلَى آلِ مُحَمَّدٍ وَأَزْوَاجِهِ وَذُرِّيَّتِهِ كَمَا صَلَّيْتَ عَلَى إِبْرَاهِيمَ، وَعَلَى آلِ إِبْرَاهِيمَ، وَبَارِكْ عَلَى مُحَمَّدٍ النَّبِيِّ الأُمِّيِّ، وَعَلَى آلِ مُحَمَّدٍ وَأَزْوَاجِهِ وَذُرِّيَّتِهِ كَمَا بَارَكْتَ عَلَى إِبْرَاهِيمَ وَعَلَى آلِ إِبْرَاهِيمَ فِي العَالَمِينَ؛ إِنَّكَ حَمِيدٌ مَجِيدٌ» ... «اللَّهُمَّ اغْفِرْ لِي مَا قَدَّمْتُ وَمَا أَخَّرْتُ، وَمَا أَسْرَرْتُ وَمَا أَعْلَنْتُ، وَمَا أَسْرَفْتُ وَمَا

أَنْتَ أَعْلَمُ بِهِ مِنِّي، أَنْتَ المُقَدِّمُ وَأَنْتَ المُؤَخِّرُ؛ لَا إِلَهَ إِلَّا أَنْتَ، رَبَّنَا آتِنَا فِي الدُّنْيَا حَسَنَةً، وَفِي الآخِرَةِ حَسَنَةً، وَقِنَا عَذَابَ النَّارِ؛ اللَّهُمَّ إِنِّي أَعُوذُ بِكَ مِنْ عَذَابِ القَبْرِ، وَمِنْ عَذَابِ النَّارِ، وَمِنْ فِتْنَةِ المَحْيَا وَالمَمَاتِ، وَمِنْ فِتْنَةِ المَسِيحِ الدَّجَّالِ» ... «السَّلَامُ عَلَيْكُمْ وَرَحْمَةُ اللهِ وَبَرَكَاتُهُ» وَصَلَّى اللهُ عَلَى سَيِّدِنَا مُحَمَّدٍ وَعَلَى آلِهِ وَصَحْبِهِ وَسَلَّمَ، وَالحَمْدُ لِلهِ رَبِّ العَالَمِينَ».

قَالَ صَاحِبُ (س ن): «تَشْدِيدَاتُ التَّشَهُّدِ إِحْدَى وَعِشْرُونَ: خَمْسٌ فِي أَكْمَلِهِ وَسِتَّةَ عَشَرَ فِي أَقَلِّهِ: «التَّحِيَّاتُ» عَلَى التَّاءِ وَاليَاءِ، «المُبَارَكَاتُ الصَّلَوَاتُ» عَلَى الصَّادِ، «الطَّيِّبَاتُ» عَلَى الطَّاءِ وَاليَاءِ، «لِلهِ» عَلَى لَامِ الجَلَالَةِ، «السَّلَامُ» عَلَى السِّينِ، «عَلَيْكَ أَيُّهَا النَّبِيُّ» عَلَى اليَاءِ وَالنُّونِ وَاليَاءِ، «وَرَحْمَةُ اللهِ» عَلَى لَامِ الجَلَالَةِ، «وَبَرَكَاتُهُ» السَّلَامُ عَلَى السِّينِ، «عَلَيْنَا وَعَلَى عِبَادِ اللهِ» عَلَى لَامِ الجَلَالَةِ، «الصَّالِحِينَ» عَلَى الصَّادِ، «أَشْهَدُ أَنْ لَا إِلَهَ» عَلَى لَامِ أَلِف، «إِلَّا اللهُ» عَلَى لَامِ أَلِف وَلَامِ الجَلَالَةِ، «وَأَشْهَدُ أَنَّ» عَلَى النُّونِ، «مُحَمَّدًا رَسُولُ اللهِ» عَلَى مِيمِ مُحَمَّدًا وَعَلَى الرَّاءِ وَعَلَى لَامِ الجَلَالَةِ».

❈ ❈ ❈

❁ الصَّلَاةُ عَلَى النَّبِيِّ ﷺ فِي التَّشَهُّدِ الأَخِيرِ

قَالَ صَاحِبُ (ز س): «اللَّهُمَّ صَلِّ عَلَى مُحَمَّدٍ. وَهُوَ الوَاجِبُ».

قَالَ صَاحِبُ (س ص): «الصَّلَاةُ عَلَى النَّبِيِّ ﷺ بَعْدَ التَّشَهُّدِ فِي القُعُودِ، وَأَقَلُّهَا: «اللَّهُمَّ صَلِّ عَلَى مُحَمَّدٍ».

قَالَ صَاحِبُ (س ن): «تَشْدِيدَاتُ أَقَلِّ الصَّلَاةِ عَلَى النَّبِيِّ أَرْبَعٌ: «اللَّهُمَّ»

عَلَى اللَّامِ وَالْمِيمِ، «صَلِّ» عَلَى اللَّامِ، «عَلَى مُحَمَّدٍ» عَلَى الْمِيمِ. أَقَلُّ السَّلَامِ: «السَّلَامُ عَلَيْكُمْ» تَشْدِيدُ السَّلَامِ عَلَى السِّينِ.

قَالَ صَاحِبُ (زس): «وَالْجُلُوسُ لِلتَّشَهُّدِ الْأَخِيرِ. وَالتَّشَهُّدُ فِيهِ. وَالصَّلَاةُ عَلَى النَّبِيِّ  فِيهِ».

قَالَ صَاحِبُ (هـ ص): «الصَّلَاةُ عَلَى النَّبِيِّ  فِي التَّشَهُّدِ الْأَخِيرِ».

❋ ❋ ❋

❋ السَّلَامُ

قَالَ صَاحِبُ (س ص): «السَّلَامُ عَلَيْكُمْ وَرَحْمَةُ اللهِ وَبَرَكَاتُهُ» وَصَلَّى اللهُ عَلَى سَيِّدِنَا مُحَمَّدٍ وَعَلَى آلِهِ وَصَحْبِهِ وَسَلَّمَ، وَالْحَمْدُ لِلهِ رَبِّ الْعَالَمِينَ».

قَالَ صَاحِبُ (س ص): «الثَّامِنَ عَشَرَ: السَّلَامُ بَعْدَهَا فِي الْقُعُودِ. وَأَقَلُّهُ: «السَّلَامُ عَلَيْكُمْ».

قَالَ صَاحِبُ (هـ ص): «السَّادِسَ عَشَرَ: السَّلَامُ، وَأَقَلُّهُ: (السَّلَامُ عَلَيْكُمْ). السَّابِعَ عَشَرَ: التَّرْتِيبُ».

قَالَ صَاحِبُ (زس): «وَالتَّسْلِيمَةُ الْأُولَى».

قَالَ صَاحِبُ (س ن): «أَقَلُّ السَّلَامِ: «السَّلَامُ عَلَيْكُمْ» تَشْدِيدُ السَّلَامِ عَلَى السِّينِ».

❋ ❋ ❋

❋ التَّرْتِيبُ

قَالَ صَاحِبُ (هـ ص): «التَّرْتِيبُ».

قَالَ صَاحِبُ (س ن): «التَّرْتِيبُ».

قَالَ صَاحِبُ (زس): «وَالتَّرْتِيبُ».

قَالَ صَاحِب (س ص): «فَهَذِهِ رَكْعَةٌ، وَيَفْعَلُ فِي بَاقِي الرَّكعاتِ جَمِيعَ مَا ذَكَرْنَاهُ؛ إِلَّا النِّيَّةَ وَتكْبِيرَةَ الإِحْرَامِ، وَهِيَ فِي الأُولَى، وَإِذَا زَادَتْ صَلَاتُهُ عَلَى رَكْعَتَيْنِ جَلَسَ لِلتَّشَهُّدِ الأَوَّلِ، فيَقُولُ: «التَّحِيَّاتُ المُبَارَكَاتُ الصَّلَوَاتُ الطَّيِّبَاتُ للهِ، السَّلَامُ عَلَيْكَ أَيُّهَا النَّبِيُّ وَرَحْمَةُ اللهِ وَبَرَكَاتُهُ، السَّلَامُ عَلَيْنَا وَعَلَى عِبَادِ اللهِ الصَّالِحِينَ، أَشْهَدُ أَنْ لَا إِلَهَ إِلَّا اللهُ، وَأَشْهَدُ أَنَّ مُحَمَّدًا رَسُولُ اللهِ، اللَّهُمَّ صَلِّ عَلَى مُحمَّدٍ» ... «اللهُ أَكْبَرُ».

ثُمَّ يَقُومُ وَيَأْتِي بِبَاقِي رَكَعَاتِ صَلَاتِهِ، لَكِنْ لا يَقْرَأُ سُورَةً بَعْدَ التَّشَهُّدِ الأَوَّلِ».

قَالَ صَاحِب (س ص): «التَّاسِعَ عَشَرَ: التَّرْتِيبُ بِأَنْ يَأْتِيَ بِالنِّيَّةِ مَعَ التَّكْبِيرَةِ، ثُمَّ الفَاتِحَةِ فِي القِيَامِ، ثُمَّ الرُّكُوعِ مَعَ طُمَأْنِينَتِهِ، ثُمَّ الاعْتِدَالِ مَعَ طُمَأْنِينَتِهِ، ثُمَّ الجُلُوسِ بَعْدَه مَعَ طُمَأْنِينَتِهِ، ثُمَّ السُّجُودِ الأَوَّلِ مَعَ طُمَأْنِينَتِهِ، ثُمَّ الجُلُوسِ بَعْدَهُ مَعَ طُمَأْنِينَتِهِ، ثُمَّ السُّجُودِ الثَّانِي مَعَ طُمَأْنِينَتِه، فَهَذَا تَرْتِيبُ أَوَّلِ رَكْعَةٍ؛ ثُمَّ يَأْتِي بِبَاقِي الرَّكَعَاتِ مِثْلَهَا، إِلَّا أَنَّهُ لَا يَأْتِي فِيهَا بِالنِّيَّةِ وَتَكْبِيرَةِ الإِحْرَامِ. فَإِذَا تَمَّتْ رَكَعَاتُ فَرْضِه جَلَسَ الجُلُوسَ الأَخِيرَ، ثُمَّ قَرَأَ التَّشَهُّدَ فِيهِ، ثُمَّ صَلَّى عَلَى النَّبِيِّ، قَالَ: «اللَّهُمَّ صَلِّ عَلَى مُحَمَّدٍ» ثُمَّ قَالَ: «السَّلَامُ عَلَيْكُمْ».

قَالَ صَاحِب (ر ج): « وَأَرْكَانُ الصَّلَاةِ: النِّيَّةُ، وتكْبِيرَةُ الإِحْرَامِ مَعَ النِّيَّةِ، وَقِرَاءَةُ الْفَاتِحَةِ بالْبَسْمَلَةِ وَالتَّشْدِيدَاتِ الأَرْبَعَ عَشْرَةَ، وَإِخْرَاجِ الضَّادِ مِنَ الظَّاءِ وَلَيْسَ فِي الْفَاتِحَةِ ظَاءٌ، ثُمَّ الرُّكُوعُ وَيَجِبُ أَنْ يَنْحَنِيَ بِحَيْثُ تَنَالُ رَاحَتَاهُ رُكْبَتَيْهِ، وَيَطْمَئِنُّ فِيهِ وُجُوبًا حَتَّى تَسْكُنَ أَعْضَاؤُهُ، ثُمَّ الاعْتِدَالُ، وَيَطْمَئِنُّ فِيهِ وُجُوبًا، ثُمَّ السُّجُودُ مَرَّتَيْنِ، وَالْجُلوسُ بَيْنَ السَّجْدَتَيْنِ، وَيَطْمَئِنُّ وُجُوبًا فِي الكُلِّ، وَيَفْعَلُ بَاقِيَ الرَّكَعَاتِ كَذَلِكَ، وَالتَّشَهُّدُ الأَوَّلُ، وَقُعُودُهُ سُنَّةٌ، وَالتَّشَهُّدُ الأَخِيرُ وَالْجُلُوسُ

فيهِ فَرْضٌ، وَالصَّلاةُ عَلَى النَّبِيِّ ﷺ بَعْدَ التَّشَهُّدِ وَقَبْلَ السَّلامِ فَرْضٌ، وَالسَّلامُ مِنَ الصَّلاةِ فَرْضٌ.

وَأَقَلُّ السَّلامِ: «السَّلامُ عَلَيْكُمْ». وَأَقَلُّ التَّشَهُّدِ الوَاجِبِ: «التَّحِيَّاتُ لِلهِ، سَلامٌ عَلَيْكَ أَيُّهَا النَّبِيُّ وَرَحْمَةُ اللهِ وَبَرَكَاتُهُ، سَلامٌ عَلَيْنَا وَعَلَى عِبَادِ اللهِ الصَّالِحِينَ، أَشْهَدُ أَنْ لَا إِلَهَ إِلَّا اللهُ وَأَنَّ مُحَمَّدًا عَبْدُهُ وَرَسُولُهُ»، وَأَقَلُّ الصَّلاةِ عَلَى النَّبِيِّ ﷺ: «اللَّهُمَّ صَلِّ عَلَى مُحَمَّدٍ».

قَالَ صَاحِبُ (غ ت): «وَأَرْكَانُ الصَّلاةِ ثَمَانِيَةَ عَشَرَ رُكْنًا: النِّيَّةُ، وَالقِيَامُ مَعَ القُدْرَةِ، وَتَكْبِيرَةُ الإِحْرَامِ، وَقِرَاءَةُ الفَاتِحَةِ و﴿بِسْمِ اللَّهِ الرَّحْمَٰنِ الرَّحِيمِ﴾ آيَةٌ مِنْهَا، وَالرُّكُوعُ، وَالطُّمَأْنِينَةُ فِيهِ، وَالرَّفْعُ وَالاعْتِدَالُ، وَالطُّمَأْنِينَةُ فِيهِ، وَالسُّجُودُ، وَالطُّمَأْنِينَةُ فِيهِ، وَالجُلُوسُ بَيْنَ السَّجْدَتَيْنِ، وَالطُّمَأْنِينَةُ فِيهِ، وَالجُلُوسُ الأَخِيرُ، وَالتَّشَهُّدُ فِيهِ، وَالصَّلاةُ عَلَى النَّبِيِّ ﷺ فِيهِ، وَالتَّسْلِيمَةُ الأُولَى، وَنِيَّةُ الخُرُوجِ مِنَ الصَّلاةِ، وَتَرْتِيبُ الأَرْكَانِ عَلَى مَا ذَكَرْنَاهُ».

قَالَ صَاحِبُ (غ ت): «وَرَكَعَاتُ الفَرَائِضِ سَبْعَةَ عَشَرَ رَكْعَةً، فِيهَا: أَرْبَعٌ وَثَلاثُونَ سَجْدَةً، وَأَرْبَعٌ وَتِسْعُونَ تَكْبِيرَةً، وَتِسْعُ تَشَهُّدَاتٍ، وَعَشْرُ تَسْلِيمَاتٍ، وَمِائَةٌ وَثَلاثٌ وَخَمْسُونَ تَسْبِيحَةً، وَجُمْلَةُ الأَرْكَانِ فِي الصَّلاةِ مِائَةٌ وَسِتَّةٌ وَعِشْرُونَ رُكْنًا فِي الصُّبْحِ ثَلاثُونَ رُكْنًا؛ وَفِي المَغْرِبِ اثْنَانِ وَأَرْبَعُونَ رُكْنًا، وَفِي الرُّبَاعِيَّةِ أَرْبَعَةٌ وَخَمْسُونَ رُكْنًا. وَمَنْ عَجَزَ عَنِ القِيَامِ فِي الفَرِيضَةِ صَلَّى جَالِسًا، وَمَنْ عَجَزَ عَنِ الجُلُوسِ صَلَّى مُضْطَجِعًا».

فَصْلٌ فِي سُنَنِ الصَّلَاةِ

قَالَ صَاحِبُ (ز س): «وَسُنَنُ الصَّلَاةِ: أَبْعَاضٌ وَهَيْئَاتٌ. فَالأَبْعَاضُ سِتَّةٌ: القُنُوتُ. وَالقِيَامُ لَهُ. وَالتَّشَهُّدُ الأَوَّلُ. وَالجُلُوسُ لَهُ. وَالصَّلَاةُ عَلَى النَّبِيِّ ﷺ فِيهِ. وَالصَّلَاةُ عَلَى آلِهِ فِي التَّشَهُّدِ الأَخِيرِ».

قَالَ صَاحِبُ (ر ج): «وَيَنْبَغِي أَنْ يَأْتِيَ بِالسُّنَنِ جَمِيعِهَا، وَهِيَ كَثِيرَةٌ جِدًّا: وَيَنْبَغِي الاعْتِنَاءُ بِالإِخْلَاصِ وَهُوَ الْعَمَلُ لِلَّهِ وَحْدَهُ، وَيَنْبَغِي الْحُضُورُ وَهُوَ أَنْ يَعْلَمَ بِمَا يَقُولُ وَيَفْعَلُ، وَالْخُشُوعُ وَهُوَ سُكُونُ الأَعْضَاءِ وَحُضُورُ الْقَلْبِ وَتَدَبُّرُ الْقِرَاءَةِ وَتَفَهُّمُهَا. فَإِنَّمَا يَتَقَبَّلُ اللهُ مِنَ الصَّلَاةِ بِقَدْرِ الْحُضُورِ. وَيَحْرُمُ الرِّيَاءُ فِي الصَّلَاةِ وَغَيْرِهَا وَهُوَ الْعَمَلُ لِأَجْلِ النَّاسِ. وَيُبْطِلُ الصَّلَاةَ الْكَلَامُ عَمْدًا وَلَوْ بِحَرْفَيْنِ وَنَاسِيًا إِنْ كَثُرَ، وَيُبْطِلُهَا الْعَمَلُ الْكَثِيرُ كَثَلَاثِ خُطُوَاتٍ، وَالأَكْلُ وَالشُّرْبُ، وَانْكِشَافُ الْعَوْرَةِ إِنْ لَمْ تُسْتَرْ حَالًا، وَوُقُوعُ النَّجَاسَةِ إِنْ لَمْ تُلْقَ حَالًا مِنْ غَيْرِ حَمْلٍ، وَيُبْطِلُهَا سَبْقُ الإِمَامِ بِرُكْنَيْنِ فِعْلِيَّيْنِ، وَكَذَا التَّخَلُّفُ بِهِمَا بِغَيْرِ عُذْرٍ. وَلَا تَصِحُّ الصَّلَاةُ خَلْفَ كَافِرٍ وَامْرَأَةٍ وَخُنْثَى».

قَالَ صَاحِبُ (هـ ص): «وَسُنَنُهَا كَثِيرَةٌ، مِنْهَا: رَفْعُ الْيَدَيْنِ عِنْدَ تَكْبِيرَةِ الإِحْرَامِ، وَعِنْدَ الرُّكُوعِ، وَعِنْدَ الرَّفْعِ مِنْهُ، وَعِنْدَ الْقِيَامِ مِنَ التَّشَهُّدِ الأَوَّلِ. وَمِنْ سُنَنِهَا: دُعَاءُ الاسْتِفْتَاحِ، ثُمَّ التَّعَوُّذُ، وَقِرَاءَةُ سُورَةٍ لِغَيْرِ الْمَأْمُومِ السَّامِعِ قِرَاءَةَ إِمَامِهِ بَعْدَ الْفَاتِحَةِ، وَالْجَهْرُ فِي الصُّبْحِ وَفِي الرَّكْعَتَيْنِ الأُولَيَيْنِ مِنَ الْمَغْرِبِ وَالْعِشَاءِ مِنَ الرَّجُلِ وَالْمَرْأَةِ إِنْ لَمْ يَحْضُرْ عِنْدَهَا رِجَالٌ أَجَانِبُ، وَوَضْعُ الْيُمْنَى عَلَى كُوعِ الْيُسْرَى تَحْتَ صَدْرِهِ، وَالتَّكْبِيرَاتُ غَيْرَ تَكْبِيرَةِ الإِحْرَامِ، وَالْقُنُوتُ فِي اعْتِدَالِ

الثَّانِيَةِ مِنَ الصُّبْحِ، وَفِي سَائِرِ المَكْتُوبَاتِ لِلنَّازِلَةِ. وَيَقُولُ فِي الرُّكُوعِ: (سُبْحَانَ رَبِّيَ العَظِيمِ وَبِحَمْدِهِ) ثَلَاثًا. وَفِي السُّجُودِ: (سُبْحَانَ رَبِّيَ الأَعْلَى وَبِحَمْدِهِ) ثَلَاثًا. وَيَضَعُ فِي السُّجُودِ رُكْبَتَيْهِ ثُمَّ يَدَيْهِ ثُمَّ جَبْهَتَهُ وَأَنْفَهُ. وَيَقُولُ بَيْنَ السَّجْدَتَيْنِ: (رَبِّ اغْفِرْ لِي وَارْحَمْنِي وَاجْبُرْنِي وَارْفَعْنِي وَارْزُقْنِي وَاهْدِنِي وَعَافِنِي وَاعْفُ عَنِّي).

وَتُسَنُّ جِلْسَةُ الاسْتِرَاحَةِ فِي الأُولَى وَالثَّالِثَةِ مِنْ غَيْرِ المَغْرِبِ. وَيُسَنُّ التَّشَهُّدُ الأَوَّلُ وَالقُعُودُ لَهُ، وَالصَّلَاةُ عَلَى النَّبِيِّ ﷺ فِيهِ، وَفِي القُنُوتِ، وَالافْتِرَاشُ فِي جَمِيعِ الجَلَسَاتِ، وَالتَّوَرُّكُ فِي التَّشَهُّدِ الأَخِيرِ. وَيُسَنُّ فِيهَا النَّظَرُ إِلَى مَوْضِعِ سُجُودِهِ، وَالخُشُوعُ، وَالتَّدَبُّرُ فِي القِرَاءَةِ، وَتَطْوِيلُ الرَّكْعَةِ الأُولَى عَلَى الثَّانِيَةِ، وَدُخُولُهَا بِنَشَاطٍ وَفَرَاغِ قَلْبٍ، وَكَثْرَةُ الدُّعَاءِ فِي السُّجُودِ».

قَالَ صَاحِبُ (س ن): «سَكَتَاتُ الصَّلَاةِ سِتَّةٌ: بَيْنَ تَكْبِيرَةِ الإِحْرَامِ وَدُعَاءِ الافْتِتَاحِ وَالتَّعَوُّذِ، وَبَيْنَ الفَاتِحَةِ وَالتَّعَوُّذِ، وَبَيْنَ آخِرِ الفَاتِحَةِ وَآمِينَ، وَبَيْنَ آمِينَ وَالسُّورَةِ، وَبَيْنَ السُّورَةِ وَالرُّكُوعِ».

قَالَ صَاحِبُ (س ن): «أَبْعَاضُ الصَّلَاةِ سَبْعَةٌ: التَّشَهُّدُ الأَوَّلُ، وَقُعُودُهُ، وَالصَّلَاةُ عَلَى النَّبِيِّ ﷺ فِيهِ، وَالصَّلَاةُ عَلَى الآلِ فِي التَّشَهُّدِ الأَخِيرِ، وَالقُنُوتُ، وَالصَّلَاةُ عَلَى النَّبِيِّ صَلَّى اللهُ عَلَيْهِ وَسَلَّمَ وَآلِهِ فِيهِ».

قَالَ صَاحِبُ (غ ت): «وَسُنَنُهَا قَبْلَ الدُّخُولِ فِيهَا شَيْئَانِ: الأَذَانُ وَالإِقَامَةُ، وَبَعْدَ الدُّخُولِ فِيهَا شَيْئَانِ: التَّشَهُّدُ الأَوَّلُ، وَالقُنُوتُ فِي الصُّبْحِ وَفِي الوِتْرِ فِي النِّصْفِ الثَّانِي مِنْ شَهْرِ رَمَضَانَ. وَهَيْآتُهَا خَمْسَةَ عَشَرَ خَصْلَةً: رَفْعُ اليَدَيْنِ عِنْدَ تَكْبِيرَةِ الإِحْرَامِ، وَعِنْدَ الرُّكُوعِ، وَالرَّفْعِ مِنْهُ، وَوَضْعُ اليَمِينِ عَلَى الشِّمَالِ، وَالتَّوَجُّهُ،

وَالاسْتِعَاذَةُ، وَالْجَهْرُ فِي مَوْضِعِهِ وَالْإِسْرَارُ فِي مَوْضِعِهِ، وَالتَّأْمِينُ، وَقِرَاءَةُ سُورَةٍ بَعْدَ الْفَاتِحَةِ، وَالتَّكْبِيرَاتُ عِنْدَ الرَّفْعِ وَالْخَفْضِ، وَقَوْلُ: «سَمِعَ اللهُ لِمَنْ حَمِدَهُ رَبَّنَا لَكَ الْحَمْدُ» وَالتَّسْبِيحُ فِي الرُّكُوعِ وَالسُّجُودِ، وَوَضْعُ الْيَدَيْنِ عَلَى الْفَخِذَيْنِ فِي الْجُلُوسِ يَبْسُطُ الْيُسْرَى وَيَقْبِضُ الْيُمْنَى إِلَّا الْمُسَبِّحَةَ فَإِنَّهُ يُشِيرُ بِهَا مُتَشَهِّدًا، وَالِافْتِرَاشُ فِي جَمِيعِ الْجَلَسَاتِ، وَالتَّوَرُّكُ فِي الْجِلْسَةِ الْأَخِيرَةِ، وَالتَّسْلِيمَةُ الثَّانِيَةُ».

قَالَ صَاحِبُ (زس): «وَأَلْفَاظُ الْقُنُوتِ: اللَّهُمَّ اهْدِنِي فِيمَنْ هَدَيْتَ، وَعَافِنِي فِيمَنْ عَافَيْتَ، وَتَوَلَّنِي فِيمَنْ تَوَلَّيْتَ، وَبَارِكْ لِي فِيمَا أَعْطَيْتَ، وَقِنِي شَرَّ مَا قَضَيْتَ، فَإِنَّكَ تَقْضِي وَلَا يُقْضَى عَلَيْكَ، وَإِنَّهُ لَا يَذِلُّ مَنْ وَالَيْتَ، وَلَا يَعِزُّ مَنْ عَادَيْتَ، تَبَارَكْتَ رَبَّنَا وَتَعَالَيْتَ، نَسْتَغْفِرُكَ اللَّهُمَّ وَنَتُوبُ إِلَيْكَ، وَصَلَّى اللهُ عَلَى الرَّسُولِ النَّبِيِّ الْأُمِّيِّ مُحَمَّدٍ وَآلِهِ وَصَحْبِهِ وَسَلَّمَ. وَالْأَبْعَاضُ السِّتَّةُ إِنْ تَرَكَهَا عَمْدًا أَوْ سَهْوًا سَجَدَ لِلسَّهْوِ، فَإِنْ تَرَكَ سُجُودَ السَّهْوِ فَلَا شَيْءَ عَلَيْهِ».

قَالَ صَاحِبُ (زس): وَالْهَيْآتُ لَا يُسْجَدُ لِسَهْوِهَا، وَهِيَ كَثِيرَةٌ:

١- مِنْهَا رَفْعُ الْيَدَيْنِ عِنْدَ الْإِحْرَامِ حَذْوَ مَنْكِبَيْهِ.

٢- وَوَضْعُ الْيُمْنَى عَلَى الْيُسْرَى تَحْتَ صَدْرِهِ وَفَوْقَ سُرَّتِهِ.

٣- وَنَظَرُهُ إِلَى مَوْضِعِ سُجُودِهِ.

٤- وَدُعَاءُ الْافْتِتَاحِ، وَأَخْصَرُهُ: اللهُ أَكْبَرُ كَبِيرًا، وَالْحَمْدُ لِلَّهِ كَثِيرًا، وَسُبْحَانَ اللهِ بُكْرَةً وَأَصِيلًا، وَغَيْرُ ذَلِكَ مِنَ السُّنَنِ الْمَشْهُورَةِ».

قَالَ صَاحِبُ (س ن): «يُسَنُّ رَفْعُ الْيَدَيْنِ فِي أَرْبَعَةِ مَوَاضِعَ: عِنْدَ تَكْبِيرَةِ الْإِحْرَامِ، وَعِنْدَ الرُّكُوعِ، وَعِنْدَ الِاعْتِدَالِ، وَعِنْدَ الْقِيَامِ مِنَ التَّشَهُّدِ الْأَوَّلِ».

قَالَ صَاحِبُ (س ص): «فَهَذِهِ رَكْعَةٌ، وَيَفْعَلُ فِي بَاقِي الرَّكَعَاتِ جَمِيعَ مَا ذَكَرْنَاهُ؛ إِلَّا النِّيَّةَ وَتَكْبِيرَةَ الْإِحْرَامِ، وَهِيَ فِي الْأُولَى، وَإِذَا زَادَتْ صَلَاتُهُ عَلَى رَكْعَتَيْنِ جَلَسَ لِلتَّشَهُّدِ الْأَوَّلِ، فَيَقُولُ: «التَّحِيَّاتُ الْمُبَارَكَاتُ الصَّلَوَاتُ الطَّيِّبَاتُ للهِ، السَّلَامُ عَلَيْكَ أَيُّهَا النَّبِيُّ وَرَحْمَةُ اللهِ وَبَرَكَاتُهُ، السَّلَامُ عَلَيْنَا وَعَلَى عِبَادِ اللهِ الصَّالِحِينَ، أَشْهَدُ أَنْ لَا إِلَهَ إِلَّا اللهُ، وَأَشْهَدُ أَنَّ مُحَمَّدًا رَسُولُ اللهِ، اللَّهُمَّ صَلِّ عَلَى مُحَمَّدٍ» ... «اللهُ أَكْبَرُ».

❋ ❋ ❋

❋ فَرْعٌ فِي الفُرُوقِ بَيْنَ الرَّجُلِ وَالْمَرْأَةِ فِي الصَّلَاةِ:

قَالَ صَاحِبُ (ز س): «الْفُرُوقُ بَيْنَ الرَّجُلِ وَالْمَرْأَةِ فِي الصَّلَاةِ: وَالْمَرْأَةُ كَالرَّجُلِ فِي جَمِيعِ مَا ذُكِرَ:

١- غَيْرَ أَنَّهَا لَيْسَ عَلَيْهَا أَذَانٌ، فَإِنْ أَذَّنَتْ لِنَفْسِهَا أَوْ أَقَامَتْ جَازَ، لَكِنْ لَا تَرْفَعُ صَوْتَهَا.

٢- وَتَرْفَعُ يَدَيْهَا عِنْدَ الْإِحْرَامِ إِلَى مَنْكِبَيْهَا، وَيَرْفَعُ الرَّجُلُ إِلَى شَحْمَةِ أُذُنَيْهِ.

٣- وَتَضُمُّ بَعْضَهَا إِلَى بَعْضٍ فِي الرُّكُوعِ وَالسُّجُودِ بِخِلَافِ الرَّجُلِ.

٤- وَلَا تَجْهَرُ بِالْقِرَاءَةِ، فَإِنْ جَهَرَتْ وَحْدَهَا، أَوْ بِحَضْرَةِ نِسَاءٍ أَوْ مَحَارِمَ جَازَ، وَإِنِ اسْتُؤْذِنَتْ فِي الصَّلَاةِ ضَرَبَتْ بِبَطْنِ كَفِّهَا الْأَيْمَنِ عَلَى كَفِّهَا الْأَيْسَرِ.

٥- وَتَقْعُدُ فِي الصَّلَاةِ مُفْتَرِشَةً، وَكَيْفَ جَلَسَتْ فِيهِمَا جَازَ، وَهِيَ فِي هَذِهِ الْجَلَسَاتِ كُلِّهَا كَالرَّجُلِ».

قَالَ صَاحِبُ (غ ت): «وَالْمَرْأَةُ تُخَالِفُ الرَّجُلَ فِي خَمْسَةِ أَشْيَاءَ: فَالرَّجُلُ يُجَافِي مِرْفَقَيْهِ عَنْ جَنْبَيْهِ، وَيُقِلُّ بَطْنَهُ عَنْ فَخِذَيْهِ فِي الرُّكُوعِ وَالسُّجُودِ، وَيَجْهَرُ

في مَوَاضِعِ الجَهْرِ، وَإِذَا نَابَهُ شَيْءٌ فِي الصَّلَاةِ سَبَّحَ، وَعَوْرَةُ الرَّجُلِ مَا بَيْنَ سُرَّتِهِ وَرُكْبَتِهِ. وَالمَرْأَةُ تَضُمُّ بَعْضَهَا إِلَى بَعْضٍ، وَتَخْفِضُ صَوْتَهَا بِحَضْرَةِ الرِّجَالِ الأَجَانِبِ، وَإِذَا نَابَهَا شَيْءٌ فِي الصَّلَاةِ صَفَّقَتْ. وَجَمِيعُ بَدَنِ الحُرَّةِ عَوْرَةٌ إِلَّا وَجْهَهَا وَكَفَّيْهَا، وَالأَمَةُ كَالرَّجُلِ».

فصلٌ في شُروطِ صحَّةِ الصَّلاةِ

قَالَ صَاحِب (س ص): «ثُمَّ يَجِبُ عَلَيْهِ: أَنْ يَتَعَلَّمَ شُرُوطَ الصَّلَاةِ وَأَرْكَانَهَا وَمُبْطِلَاتِهَا؛ فَشُرُوطُهَا اثْنَا عَشَرَ: الأَوَّلُ: طَهَارَةُ الثَّوْبِ وَالبَدَنِ وَالمَكَانِ مِنَ النَّجَاسَاتِ».

قَالَ صَاحِب (ز س): «وَيُشْتَرَطُ: خَلْعُ نَعْلَيْهِ إِنْ كَانَا نَجِسَيْنِ، وَيَقِفُ عَلَى ظَهرِهِمَا إِنْ كَانَا طَاهِرَيْنِ».

قَالَ صَاحِب (س ص): «الرَّابِعُ [مِنْ شُرُوطِ الصَّلَاةِ]: سَتْرُ مَا بَيْنَ سُرَّةِ الرَّجُلِ وَرُكْبَتِهِ، وَجَمِيعِ بَدَنِ المَرْأَةِ إِلَّا وَجْهَهَا وَكَفَّيْهَا، وَيَجِبُ عَلَيْهَا سَتْرُ جُزْءٍ مِنْ جَوَانِبِ الوَجْهِ وَالكَفَّيْنِ، وَعَلَى الرَّجُلِ سَتْرُ جُزْءٍ مِنْ سُرَّتِهِ وَمَا حَاذَاهَا، وَجَوَانِبِ رُكْبَتَيْهِ، وَعَلَيْهِمَا السَّتْرُ مِنَ الجَوَانِبِ لَا مِنْ أَسْفَلَ، وَيَجِبُ أَنْ يَكُونَ السَّتْرُ يَمْنَعُ حِكَايَةَ لَوْنِ البَشَرَةِ، وَأَنْ يَكُونَ مَلْبُوسًا أَوْ غَيْرَ مَلْبُوسٍ، فَلَا تَكْفِي ظُلْمَةٌ وَخَيْمَةٌ صَغِيرَةٌ».

قال صاحب (س ص): «الخامس: استقبال القبلة بالصدر في القيام والقعود وبالمنكبين ومعظم البدن في غيرهما إلا إذا اشتد الخوف المباح ولم

يمكنه الاستقبال فيصلي كيف أمكنه ولا إعادة عليه».

قَالَ صَاحِب (س ص): «السَّادِسُ: أَنْ يَكُونَ المُصَلِّي مُسْلِمًا».

قَالَ صَاحِب (س ص): «السَّابِعُ: أَنْ يَكُونَ عَاقِلًا، فَالمَجْنُونُ وَالصَّبِيُّ الَّذِي لَمْ يُمَيِّزْ لَا صَلَاةَ عَلَيْهِمَا، وَلَا تَصِحُّ مِنْهُمَا».

قَالَ صَاحِب (س ص): «الثَّامِنُ: أَنْ تَكُونَ المَرْأَةُ نَقِيَّةً مِنَ الحَيْضِ وَالنِّفَاسِ، فَالحَائِضُ وَالنُّفَسَاءُ لَا تَصِحُّ صَلَاتُهُمَا، وَلَا قَضَاءَ عَلَيْهِمَا، فَإِنْ دَخَلَ الوَقْتُ وَهِيَ طَاهِرَةٌ فَطَرَأَ عَلَيْهَا الحَيْضُ وَالنِّفَاسُ بَعْدَ أَنْ مَضَى مَا يَسَعُ وَاجِبَاتِ تِلْكَ الصَّلَاةِ وَجَبَ عَلَيْهَا قَضَاؤُهَا، وَإِذَا انْقَطَعَ الحَيْضُ وَالنِّفَاسُ وَلَمْ يَعُدْ؛ فَإِنْ كَانَ فِي وَقْتِ الصُّبْحِ أَو الظُّهرِ أَو المَغْرِب، وَلَوْ بَقِيَ مِنه قَدْرُ مَا يَسَعُ «اللهُ أَكْبَر» وَجَبَ قَضَاءُ ذَلِكَ الفَرْضِ. وَإِنْ كَانَ فِي وَقْتِ العَصْرِ أَو العِشَاءِ وَلَوْ بَقِيَ مِنْهُ قَدْرُ مَا يَسَعُ «اللهُ أَكْبَر» وَجَبَ قَضَاءُ ذَلِكَ الفَرْضِ وَالَّذِي قَبْلَهُ، وَهُوَ الظُّهرُ أَو المَغْرِبُ».

قَالَ صَاحِب (س ص): «التَّاسِعُ: أَنْ يَعْتَقِدَ أَنَّ الصَّلَاةَ المَفْرُوضَةَ الَّتِي يُصَلِّيهَا فَرْضٌ، فَمَنِ اعْتَقَدَهَا سُنَّةً أَوْ خَلَا قَلْبُهُ عَنِ العَقِيدَتَيْنِ أَو تَشَكَّكَ فِي الفَرْضِيَّةِ لَمْ تَصِحَّ صَلَاتُهُ».

قَالَ صَاحِب (س ص): «العَاشِرُ: أَنْ لَا يَعْتَقِدَ رُكْنًا مِنْ أَرْكَانِهَا سُنَّةً، فَمَنِ اعْتَقَدَهَا فُرُوضًا أَوْ خَلَا قَلْبُهُ عَنِ العَقِيدَتَيْنِ، أَوْ تَشَكَّكَ فِي الفَرْضِيَّةِ، أَو اعْتَقَدَ سُنَّةً مِنْ سُنَنِ الصَّلَاةِ فَرْضًا صَحَّتْ صَلَاتُهُ».

قَالَ صَاحِب (س ص): «الحَادِي عَشَر: اجْتِنَابُ مُبْطِلَاتِ الصَّلَاةِ الآتِيَةِ فِي جَمِيعِ صَلَاتِهِ».

قَالَ صَاحِب (س ص): «الثَّانِي عَشَرَ: مَعْرِفَةُ كَيْفِيَّتِهَا، بِأَنْ يَعْرِفَ أَعْمَالَهَا وَتَرْتِيبَهَا كَمَا يَأْتِي».

قَالَ صَاحِب (رج): « وَيُشْتَرَطُ لِصِحَّةِ الصَّلَاةِ: مَعْرِفَةُ دُخُولِ الْوَقْتِ بِيَقِينٍ أَوِ اجْتِهَادٍ أَوْ غَلَبَةِ ظَنٍّ، فَإِنْ صَلَّى مَعَ الشَّكِّ ... لَمْ تَصِحَّ صَلَاتُهُ، وَيُشْتَرَطُ مَعْرِفَةُ الْقِبْلَةِ، وَيَجِبُ سَتْرُ الْعَوْرَةِ بِسَاتِرٍ طَاهِرٍ مُبَاحٍ، وَيَجِبُ رَفْعُ النَّجَاسَةِ مِنَ الثَّوْبِ والْبَدَنِ وَالمَكَانِ، وَيَجِبُ عَلَى القَادِرِ أَنْ يُصَلِّيَ الْفَرْضَ قَائِمًا».

قَالَ صَاحِب (زس): «وَشُرُوطُ صِحَّتِهَا ثَمَانِيَةٌ:

١- التَّمْيِيزُ.

٢- مَعْرِفَةُ فَرْضِيَّتِهَا.

٣- وَتَمْيِيزُ فَرَائِضِهَا مِنْ سُنَنِهَا.

٤- وَمَعْرِفَةُ دُخُولِ الوَقْتِ يَقِينًا أَوْ ظَنًّا.

٥- وَسَتْرُ العَوْرَةِ: وَعَوْرَةُ الرَّجُلِ وَالأَمَةِ مَا بَيْنَ السُّرَّةِ وَالرُّكْبَةِ. وَالحُرَّةِ جَمِيعُ بَدَنِهَا إِلَّا الوَجْهَ وَالكَفَّيْنِ.

٦- وَاسْتِقْبَالُ القِبْلَةِ إِلَّا فِي شِدَّةِ الخَوْفِ، وَنَفْلِ السَّفَرِ.

٧- وَطَهَارَةُ البَدَنِ.

٨- وَالثَّوْبِ وَمَوْضِعِ الصَّلَاةِ».

قَالَ صَاحِب (م ص): «وَشُرُوطُ الصَّلَاةِ سِتَّةٌ: مَعْرِفَةُ وَقْتِهَا كَمَا تَقَدَّمَ. وَاسْتِقْبَالُ القِبْلَةِ إِلَّا فِي نَافِلَةِ السَّفَرِ. وَسَتْرُ العَوْرَةِ. وَطَهَارَةُ الحَدَثَيْنِ. وَطَهَارَةُ النَّجَاسَةِ فِي الثَّوْبِ وَالبَدَنِ وَالمَكَانِ. وَمَعْرِفَةُ فُرُوضِ الصَّلَاةِ وَسُنَنِهَا. وَعَوْرَةُ الرَّجُلِ وَالأَمَةِ: مَا بَيْنَ سُرَّتِهما وَرُكْبَتِهِمَا. وَعَوْرَةُ الحُرَّةِ فِي الصَّلَاةِ وَعِنْدَ الأَجَانِبِ: جَمِيعُ بَدَنِهَا إِلَّا الوَجْهَ وَالكَفَّيْنِ، وَعِنْدَ المَحَارِمِ: مَا بَيْنَ السُّرَّةِ وَالرُّكْبَةِ. وَيُعْفَى عَنْ دَمِ مَيْتَةٍ لَا نَفْسَ لَهَا سَائِلَةٌ، وَعَنْ وَنِيمِ الذُّبَابِ وَعَنْ دَمِ البَرَاغِيثِ قَلِيلِهِ وَكَثِيرِهِ، وَعَنْ قَيْحِ الدَّمَامِيلِ وَصَدِيدِهَا، وَعَنِ القَلِيلِ مِنْ دَمِ الأَجْنَبِيِّ وَغَيْرِه إِلَّا الكَلْبَ وَالخِنْزِيرَ».

قَالَ صَاحِبٌ (س ن): «شُرُوطُ الصَّلَاةِ ثَمَانِيَةٌ: طَهَارَةُ الحَدَثَيْنِ، وَالطَّهَارَةُ عَنِ النَّجَاسَةِ فِي الثَّوْبِ وَالبَدَنِ وَالمَكَانِ، وَسَتْرُ العَوْرَةِ، وَاسْتِقْبَالُ القِبْلَةِ، وَدُخُولُ الوَقْتِ، وَالعِلْمُ بِفَرِيضَتِهِ، وَأَنْ لَا يَعْتَقِدَ فَرْضًا مِنْ فُرُوضِهَا سُنَّةً، وَاجْتِنَابُ المُبْطِلَاتِ. الأَحْدَاثُ اثْنَانِ: أَصْغَرُ وَأَكْبَرُ. فَالأَصْغَرُ مَا أَوْجَبَ الوُضُوءَ. وَالأَكْبَرُ مَا أَوْجَبَ الغُسْلَ. العَوْرَاتُ أَرْبَعٌ: عَوْرَةُ الرَّجُلِ مُطْلَقًا وَالأَمَةِ فِي الصَّلَاةِ مَا بَيْنَ السُّرَّةِ وَالرُّكْبَةِ».

قَالَ صَاحِبٌ (غ ت): «وَشَرَائِطُ وُجُوبِ الصَّلَاةِ ثَلَاثَةُ أَشْيَاءَ: الإِسْلَامُ وَالبُلُوغُ وَالعَقْلُ وَهُوَ حَدُّ التَّكْلِيفِ».

قَالَ صَاحِبٌ (غ ت): «وَشَرَائِطُ الصَّلَاةِ قَبْلَ الدُّخُولِ فِيهَا خَمْسَةُ أَشْيَاءَ: طَهَارَةُ الأَعْضَاءِ مِنَ الحَدَثِ وَالنَّجِسِ، وَسَتْرُ العَوْرَةِ بِلِبَاسٍ طَاهِرٍ، وَالوُقُوفُ عَلَى مَكَانٍ طَاهِرٍ، وَالعِلْمُ بِدُخُولِ الوَقْتِ، وَاسْتِقْبَالُ القِبْلَةِ، وَيَجُوزُ تَرْكُ القِبْلَةِ فِي حَالَتَيْنِ فِي شِدَّةِ الخَوْفِ، وَفِي النَّافِلَةِ فِي السَّفَرِ عَلَى الرَّاحِلَةِ».

فَصْلٌ فِي مُبْطِلَاتِ الصَّلَاةِ

قَالَ صَاحِبٌ (س ص): «وَأَمَّا مُبْطِلَاتُ الصَّلَاةِ فَاثْنَا عَشَرَ: الأَوَّلُ: فَقْدُ شَرْطٍ مِنْ شُرُوطِهَا الاثْنَي عَشَرَ عَمْدًا، وَلَوْ بِإِكْرَاهٍ أَوْ سَهْوًا أَوْ جَهْلًا».

قَالَ صَاحِبٌ (س ص): «الثَّانِي: فَقْدُ رُكْنٍ مِنْ أَرْكَانِهَا التِّسْعَةَ عَشَرَ عَمْدًا؛ فَإِنْ كَانَ سَهْوًا ... أَتَى بِهِ إِذَا ذَكَرَهُ، وَلَا يَحْسِبُ مَا فَعَلَهُ بَعْدَ المَتْرُوكِ حَتَّى يَأْتِيَ بِهِ».

قَالَ صَاحِبٌ (س ص): «الثَّالِثُ: زِيَادَةُ رُكْنٍ مِنْ أَرْكَانِهَا الفِعْلِيَّةِ، أَوْ إِتْيَانُ

النِّيَّةِ أَوْ تَكْبِيرَةِ الإِحْرَامِ أَوِ السَّلَامِ فِي غَيْرِ مَحَلِّهِ عَمْدًا، فَإِنْ كَانَ سَهْوًا أَوْ زَادَ غَيْرَ مَا ذُكِرَ مِنَ الأَرْكَانِ عَمْدًا أَوْ سَهْوًا لَمْ تَبْطُلْ».

قَالَ صَاحِبُ (س ص): «الرَّابِعُ: أَنْ يَتَحَرَّكَ حَرَكَةً وَاحِدَةً مُفْرِطَةً، أَوْ ثَلَاثَ حَرَكَاتٍ مُتَوَالِيَةٍ عَمْدًا كَانَ أَوْ سَهْوًا أَوْ جَهْلًا».

قَالَ صَاحِبُ (س ص): «الخَامِسُ: أَنْ يَأْكُلَ أَوْ يَشْرَبَ قَلِيلًا عَمْدًا، فَإِنْ كَانَ سَهْوًا أَوْ جَهْلًا وَعُذِرَ لَمْ تَبْطُلْ بِالقَلِيلِ، وَبَطَلَتْ بِالكَثِيرِ».

قَالَ صَاحِبُ (س ص): «السَّادِسُ: فِعْلُ شَيْءٍ مِنْ مُفْطِرَاتِ الصَّائِمِ غَيْرِ الأَكْلِ وَالشُّرْبِ».

قَالَ صَاحِبُ (س ص): «السَّابِعُ: قَطْعُ النِّيَّةِ كَأَنْ يَنْوِيَ الخُرُوجَ مِنَ الصَّلَاةِ».

قَالَ صَاحِبُ (س ص): «الثَّامِنُ: تَعْلِيقُ الخُرُوجِ مِنْهَا؛ كَأَنْ يَنْوِيَ: «إِذَا جَاءَ زَيْدٌ خَرَجْتُ مِنْهَا».

قَالَ صَاحِبُ (س ص): «التَّاسِعُ: التَّرَدُّدُ فِي قَطْعِهَا، كَأَنْ تَحْدُثَ لَهُ حَاجَةٌ فِي الصَّلَاةِ، فَتَرَدَّدَ بَيْنَ قَطْعِ الصَّلَاةِ وَالخُرُوجِ مِنْهَا وَبَيْنَ تَكْمِيلِهَا».

قَالَ صَاحِبُ (س ص): «العَاشِرُ: الشَّكُّ فِي وَاجِبٍ مِنْ وَاجِبَاتِ النِّيَّةِ إِذَا طَالَ زَمَنُهُ عُرْفًا، أَوْ فَعَلَ مِنْهُ رُكْنًا فِعْلِيًّا أَوْ قَوْلِيًّا».

قَالَ صَاحِبُ (س ص): «الحَادِي عَشَرَ: قَطْعُ رُكْنٍ مِنْ أَرْكَانِهَا الفِعْلِيَّةِ لِأَجْلِ سُنَّةٍ، كَمَنْ قَامَ نَاسِيًا لِلتَّشَهُّدِ الأَوَّلِ، ثُمَّ عَادَ لَهُ عَامِدًا عَالِمًا».

قَالَ صَاحِبُ (س ص): «الثَّانِي عَشَرَ: البَقَاءُ فِي رُكْنٍ إِذَا تَيَقَّنَ تَرْكَ مَا قَبْلَهُ، أَوْ شَكَّ فِيهِ إِذَا طَالَ عُرْفًا، أَوْ يَلْزَمُهُ العَوْدُ فَوْرًا إِلَى فِعْلِ مَا تَيَقَّنَ تَرْكَهُ، أَوْ شَكَّ فِيهِ إِلَّا إِنْ كَانَ مَأْمُومًا، فَيَأْتِي بِرَكْعَةٍ بَعْدَ سَلَامِ إِمَامِهِ، وَلَا يَجُوزُ لَهُ العَوْدُ».

قَالَ صَاحِبُ (س ص): «فَهَذِهِ الأَحْكَامُ يَلْزَمُ كُلَّ مُسْلِمٍ مَعْرِفَتُهَا، وَلِلْوُضُوءِ

وَالغُسْلِ والصَّلَاةِ سُنَنٌ كَثِيرَةٌ جِدًّا؛ فَمَنْ أَرَادَ حَيَاةَ قَلْبِهِ وَالفَوْزَ عِنْدَ رَبِّهِ فَلْيَتَعَلَّمْهَا وَيَعْمَلْ بِهَا، فَلَا يَتْرُكْهَا إِلَّا مُتَسَاهِلٌ أَوْ لَاهٍ أَوْ سَاهٍ جَاهِلٌ».

قَالَ صَاحِب (ز س): «وَيُبْطِلُ الصَّلَاةَ عَشَرَةُ أَشْيَاء: الحَدَثُ عَمْدًا أَوْ سَهْوًا. وَوُقُوعُ نَجَاسَةٍ رَطبَةٍ أَوْ يَابِسَةٍ على ثَوْبِه أَوْ بَدَنِهِ مِنْ غَيْرِ إِزَالَتِهَا فِي الحَالِ. وَكَشْفُ العَوْرَةِ إِنْ لَمْ يَسْتُرْهَا فِي الحَالِ. وَالكَلَامُ العَمْدُ وَالعَمَلُ الكَثِيرُ: كَثَلَاثِ خُطْوَاتٍ، أَوْ ضَربَاتٍ مُتَوَالِيَاتٍ. وَالأَكْلُ والشُّرْبُ عَامِدًا. وَاسْتِدْبَارُ القِبْلَةِ. وَتَغْيِيرُ النِّيَّةِ. وَالقَهْقَهَةُ، وَالبُكَاءُ، وَالنَّفْخُ، وَالأَنِينُ، وَالتَّنَحْنُحُ إِلَّا فِي الفَاتِحَةِ أَو التَّشَهُّدِ الآخِرِ إِذَا امْتَنَعَ مِنْ قِرَاءَتِهِمَا سِرًّا بِسَبَبِ بَلْغَمٍ وَنَحْوِهِ. وَقَطْعُ رُكْنٍ قَبْلَ تَمَامِهِ. وَالزِّيَادَةُ فِي فَرْضٍ مِنْ فُرُوضِهَا عَمْدًا إِلَّا فِي فَاتِحَةٍ وَتَشَهُّدٍ أَخِيرٍ».

قَالَ صَاحِب (ر ج): «وَيُبْطِلُ الصَّلَاةَ الْكَلَامُ عَمْدًا وَلَوْ بِحَرْفَيْنِ، وَنَاسِيًا إِنْ كَثُرَ، وَيُبْطِلُهَا العَمَلُ الْكَثِيرُ كَثَلَاثِ خطوَاتٍ، وَالأَكْلُ وَالشُّرْبُ، وَانْكِشَافُ الْعَوْرَةِ إِنْ لَمْ تُسْتَرْ حَالًا، وَوُقُوعُ النَّجَاسَةِ إِنْ لَمْ تُلْقَ حَالًا مِنْ غَيْرِ حَمْلٍ، وَيُبْطِلُهَا سَبْقُ الإِمَامِ بِرُكْنَيْنِ فِعْلِيَّيْنِ، وَكَذَا التَّخَلُّفُ بِهِمَا بِغَيْرِ عُذْرٍ. وَلَا تَصِحُّ الصَّلَاةُ خَلْفَ كَافِرٍ وَامْرَأَةٍ وَخُنْثَى».

قَالَ صَاحِب (م ص): «وَتَبْطُلُ الصَّلَاةُ بِالكَلَامِ الكَثِيرِ وَالأَكْلِ الكَثِيرِ وَبِالْفِعْلِ الكَثِيرِ، كَثَلَاثِ خُطُواتٍ أَوْ ثَلَاثِ ضَرباتٍ مُتَوالِيَاتٍ، وَالضَّرْبَةِ المُفرِطَةِ وَالوَثْبَةِ الفَاحِشَةِ. وَإِنْ تَكَلَّمَ بِكَلَامٍ قَلِيلٍ نَاسِيًا أَوْ أَكَلَ قَلِيلًا نَاسِيًا أَوْ زَادَ رُكُوعًا أَوْ سُجُودًا نَاسِيًا لَمْ تَبطُلْ وَيَسْجُدُ لِلسَّهْوِ».

قَالَ صَاحِب (س ن): «تَبطُلُ الصَّلَاةُ بِأَرْبَعَ عَشْرَةَ خَصْلَةً: بِالحَدَثِ وَبِوُقُوعِ النَّجَاسَةِ إِنْ لَمْ تَلْقَ حَالًا مِنْ غَيْرِ حَمْلٍ، وَانْكِشَافِ العَوْرَةِ إِنْ لَمْ تُسْتَرْ حَالًا، وَالنُّطْقِ بِحَرْفَيْنِ أَوْ حَرْفٍ مُفْهِمٍ عَمْدًا، وَبِالمُفْطِرِ عَمْدًا، وَالأَكْلِ الكَثِيرِ نَاسِيًا، أَوْ

ثَلَاثِ حَرَكَاتٍ مُتَوَالِيَاتٍ وَلَوْ سَهْوًا، وَالْوَثْبَةِ الْفَاحِشَةِ وَالضَّرْبَةِ الْمُفْرِطَةِ، وَزِيَادَةِ رُكْنٍ فِعْلِيٍّ عَمْدًا، وَالتَّقَدُّمِ عَلَى إِمَامِهِ بِرُكْنَيْنِ فِعْلِيَّيْنِ، وَالتَّخَلُّفِ بِهِمَا بِغَيْرِ عُذْرٍ، وَنِيَّةِ قَطْعِ الصَّلَاةِ، وَتَعْلِيقِ قَطْعِهَا بِشَيْءٍ وَالتَّرَدُّدِ فِي قَطْعِهَا».

قَالَ صَاحِبُ (غ ت): «وَالَّذِي يُبْطِلُ الصَّلَاةَ أَحَدَ عَشَرَ شَيْئًا: الْكَلَامُ الْعَمْدُ، وَالْعَمَلُ الْكَثِيرُ، وَالْحَدَثُ، وَحُدُوثُ النَّجَاسَةِ، وَانْكِشَافُ الْعَوْرَةِ، وَتَغَيُّرُ النِّيَّةِ، وَاسْتِدْبَارُ الْقِبْلَةِ، وَالْأَكْلُ، وَالشُّرْبُ، وَالْقَهْقَهَةُ، وَالرِّدَّةُ».

فَصْلٌ فِي الصَّلَوَاتِ الْمَسْنُونَةِ

قَالَ صَاحِبُ (ر ج): «وَالْعِيدَانِ وَالْكُسُوفَانِ وَالْوِتْرُ سُنَنٌ مُؤَكَّدَاتٌ، وَكَذَا رَوَاتِبُ الصَّلَاةِ، وَالضُّحَى وَالتَّرَاوِيحُ سُنَنٌ لَهَا فَضْلٌ وَثَوَابٌ عَظِيمٌ».

قَالَ صَاحِبُ (غ ت): «وَالصَّلَوَاتُ الْمَسْنُونَةُ خَمْسٌ: الْعِيدَانِ وَالْكُسُوفَانِ وَالِاسْتِسْقَاءُ. وَالسُّنَنُ التَّابِعَةُ لِلْفَرَائِضِ سَبْعَةَ عَشَرَ رَكْعَةً: رَكْعَتَا الْفَجْرِ وَأَرْبَعٌ قَبْلَ الظُّهْرِ وَرَكْعَتَانِ بَعْدَهُ وَأَرْبَعٌ قَبْلَ الْعَصْرِ وَرَكْعَتَانِ بَعْدَ الْمَغْرِبِ وَثَلَاثٌ بَعْدَ الْعِشَاءِ يُوتِرُ بِوَاحِدَةٍ مِنْهُنَّ. وَثَلَاثُ نَوَافِلَ مُؤَكَّدَاتٍ: صَلَاةُ اللَّيْلِ وَصَلَاةُ الضُّحَى وَصَلَاةُ التَّرَاوِيحِ».

قَالَ صَاحِبُ (غ ت): «وَصَلَاةُ الْعِيدَيْنِ: سُنَّةٌ مُؤَكَّدَةٌ، وَهِيَ رَكْعَتَانِ يُكَبِّرُ فِي الْأُولَى سَبْعًا سِوَى تَكْبِيرَةِ الْإِحْرَامِ، وَفِي الثَّانِيَةِ خَمْسًا سِوَى تَكْبِيرَةِ الْقِيَامِ، وَيَخْطُبُ بَعْدَهَا خُطْبَتَيْنِ يُكَبِّرُ فِي الْأُولَى تِسْعًا وَفِي الثَّانِيَةِ سَبْعًا، وَيُكَبِّرُ مِنْ غُرُوبِ الشَّمْسِ مِنْ لَيْلَةِ الْعِيدِ إِلَى أَنْ يَدْخُلَ الْإِمَامُ فِي الصَّلَاةِ وَفِي الْأَضْحَى خَلْفَ

الصَّلَواتِ المَفْرُوضَاتِ مِنْ صُبْحِ يَوْمِ عَرَفَةَ إِلَى العَصْرِ مِنْ آخِرِ أَيَّامِ التَّشْرِيقِ».

قَالَ صَاحِبُ (غ ت): «وَصَلَاةُ الكُسُوفِ: سُنَّةٌ مُؤَكَّدَةٌ، فَإِنْ فَاتَتْ لَمْ تُقْضَ، وَيُصَلِّي لِكُسُوفِ الشَّمْسِ وَخُسُوفِ القَمَرِ رَكْعَتَيْنِ فِي كُلِّ رَكْعَةٍ قِيَامَانِ يُطِيلُ القِرَاءَةَ فِيهِمَا، وَرُكُوعَانِ يُطِيلُ التَّسْبِيحَ فِيهِمَا دُونَ السُّجُودِ، وَيَخْطُبُ بَعْدَهَا خُطْبَتَيْنِ، وَيُسِرُّ فِي كُسُوفِ الشَّمْسِ وَيَجْهَرُ فِي خُسُوفِ القَمَرِ.

فَصْلٌ: وَصَلَاةُ الاسْتِسْقَاءِ: مَسْنُونَةٌ؛ فَيَأْمُرُهُمُ الإِمَامُ بِالتَّوْبَةِ وَالصَّدَقَةِ وَالخُرُوجِ مِنَ المَظَالِمِ وَمُصَالَحَةِ الأَعْدَاءِ وَصِيَامِ ثَلَاثَةِ أَيَّامٍ، ثُمَّ يَخْرُجُ بِهِمْ فِي اليَوْمِ الرَّابِعِ فِي ثِيَابٍ بَذْلَةٍ وَاسْتِكَانَةٍ وَتَضَرُّعٍ، وَيُصَلِّي بِهِمْ رَكْعَتَيْنِ كَصَلَاةِ العِيدَيْنِ، ثُمَّ يَخْطُبُ بَعْدَهُمَا، وَيُحَوِّلُ رِدَاءَهُ وَيُكْثِرُ مِنَ الدُّعَاءِ وَالاسْتِغْفَارِ، وَيَدْعُو بِدُعَاءِ رَسُولِ اللهِ ﷺ، وَهُوَ: «اللَّهُمَّ اجْعَلْهَا سُقْيَا رَحْمَةٍ وَلَا تَجْعَلْهَا سُقْيَا عَذَابٍ وَلَا مَحْقٍ وَلَا بَلَاءٍ وَلَا هَدْمٍ وَلَا غَرَقٍ، اللَّهُمَّ عَلَى الظِّرَابِ وَالآكَامِ وَمَنَابِتِ الشَّجَرِ وَبُطُونِ الأَوْدِيَةِ، اللَّهُمَّ حَوَالَيْنَا وَلَا عَلَيْنَا، اللَّهُمَّ اسْقِنَا غَيْثًا مُغِيثًا هَنِيئًا مَرِيئًا مَرِيعًا سَحًّا عَامًّا غَدَقًا، طَبَقًا مُجَلَّلًا دَائِمًا إِلَى يَوْمِ الدِّينِ، اللَّهُمَّ اسْقِنَا الغَيْثَ وَلَا تَجْعَلْنَا مِنَ القَانِطِينَ، اللَّهُمَّ إِنَّ بِالعِبَادِ وَالبِلَادِ مِنَ الجَهْدِ وَالجُوعِ وَالضَّنْكِ مَا لَا نَشْكُو إِلَّا إِلَيْكَ، اللَّهُمَّ أَنْبِتْ لَنَا الزَّرْعَ، وَأَدِرَّ لَنَا الضَّرْعَ، وَأَنْزِلْ عَلَيْنَا مِنْ بَرَكَاتِ السَّمَاءِ، وَأَنْبِتْ لَنَا مِنْ بَرَكَاتِ الأَرْضِ، وَاكْشِفْ عَنَّا مِنَ البَلَاءِ مَا لَا يَكْشِفُهُ غَيْرُكَ، اللَّهُمَّ إِنَّا نَسْتَغْفِرُكَ إِنَّكَ كُنْتَ غَفَّارًا، فَأَرْسِلِ السَّمَاءَ عَلَيْنَا مِدْرَارًا»، وَيَغْتَسِلُ فِي الوَادِي إِذَا سَالَ، وَيُسَبِّحُ لِلرَّعْدِ وَالبَرْقِ.

فَصْلٌ: وَصَلَاةُ الخَوْفِ عَلَى ثَلَاثَةِ أَضْرُبٍ: أَحَدُهُمَا: أَنْ يَكُونَ العَدُوُّ فِي غَيْرِ

جِهَةِ القِبْلَةِ، فَيُفَرِّقُهُمُ الإِمَامُ فِرْقَتَيْنِ، فِرْقَةٌ تَقِفُ فِي وَجْهِ العَدُوِّ، وَفِرْقَةٌ خَلْفَهُ، فَيُصَلِّي بِالفِرْقَةِ الَّتِي خَلْفَهُ رَكْعَةً، ثُمَّ تُتِمُّ لِنَفْسِهَا وَتَمْضِي إِلَى وَجْهِ العَدُوِّ، وَتَأْتِي الطَّائِفَةُ الأُخْرَى فَيُصَلِّي بِهَا رَكْعَةً، ثُمَّ تُتِمُّ لِنَفْسِهَا وَيُسَلِّمُ بِهَا. **وَالثَّانِي**: أَنْ يَكُونَ العَدُوُّ فِي جِهَةِ القِبْلَةِ، فَيَصُفُّهُمُ الإِمَامُ صَفَّيْنِ، وَيُحْرِمُ بِهِمْ، فَإِذَا سَجَدَ سَجَدَ مَعَهُ أَحَدُ الصَّفَّيْنِ، وَوَقَفَ الصَّفُّ الآخَرُ يَحْرُسُهُمْ، فَإِذَا رَفَعَ سَجَدُوا وَلَحِقُوهُ. **وَالثَّالِثُ**: أَنْ يَكُونَ فِي شِدَّةِ الخَوْفِ وَالْتِحَامِ الحَرْبِ، فَيُصَلِّي كَيْفَ أَمْكَنَهُ رَاجِلًا أَوْ رَاكِبًا مُسْتَقْبِلَ القِبْلَةِ وَغَيْرَ مُسْتَقْبِلٍ لَهَا.

فَصْلٌ: وَيَحْرُمُ عَلَى الرِّجَالِ لُبْسُ الحَرِيرِ وَالتَّخَتُّمُ بِالذَّهَبِ، وَيَحِلُّ لِلنِّسَاءِ، وَقَلِيلُ الذَّهَبِ وَكَثِيرُهُ فِي التَّحْرِيمِ سَوَاءٌ، وَإِذَا كَانَ بَعْضُ الثَّوْبِ إِبْرَيْسَمًا وَبَعْضُهُ قُطْنًا أَوْ كِتَّانًا جَازَ لُبْسُهُ مَا لَمْ يَكُنِ الإِبْرَيْسَمُ غَالِبًا».

❈ ❈ ❈

فَصْلٌ فِي سُجُودِ السَّهْوِ

قَالَ صَاحِبٌ (هـ ص): «وَيُسْتَحَبُّ سُجُودُ السَّهْوِ. وَهُوَ سَجْدَتَانِ قُبَيْلَ السَّلَامِ عِنْدَ: تَرْكِ التَّشَهُّدِ الأَوَّلِ وَالصَّلَاةِ عَلَى النَّبِيِّ ﷺ فِيهِ أَوْ قُعُودِهِ. وَتَرْكِ القُنُوتِ فِي الصُّبْحِ وَالصَّلَاةِ عَلَى النَّبِيِّ ﷺ فِيهِ. وَالكَلَامِ القَلِيلِ نَاسِيًا وَزِيَادَةِ رُكْنٍ فِعْلِيٍّ نَاسِيًا، وَالأَكْلِ القَلِيلِ نَاسِيًا. وَتَجِبُ مُتَابَعَةُ الإِمَامِ فِي سُجُودِ السَّهْوِ، فَلَوْ سَجَدَ لِسَهْوِ نَفْسِهِ أَوْ تَخَلَّفَ عَنْ سُجُودِ إِمَامِهِ عَامِدًا عَالِمًا بِالتَّحْرِيمِ بَطَلَتْ صَلَاتُهُ. وَيُسْتَحَبُّ سُجُودُ التِّلَاوَةِ لِلْقَارِئِ وَالْمُسْتَمِعِ وَالسَّامِعِ فِي أَرْبَعَ عَشْرَةَ آيَةً

يَسْجُدُهَا الإِمَامُ وَالمُنْفَرِدُ. وَلَا يَسْجُدُهَا المَأْمُومُ إِلَّا إِذَا سَجَدَ إِمَامُهُ، فَإِنْ سَجَدَ دُونَ إِمَامِهِ بَطَلَتْ صَلَاتُهُ».

قَالَ صَاحِبُ (س ن): «أَسْبَابُ سُجُودِ السَّهْوِ أَرْبَعَةٌ: الأَوَّلُ: تَرْكُ بَعْضٍ مِنْ أَبْعَاضِ الصَّلَاةِ أَوْ بَعْضِ البَعْضِ. الثَّانِي: فِعْلُ مَا يُبْطِلُ عَمْدُهُ وَلَا يُبْطِلُ سَهْوُهُ إِذَا فَعَلَهُ نَاسِيًا. الثَّالِثُ: نَقْلُ رُكْنٍ قَوْلِيٍّ إِلَى غَيْرِ مَحَلِّهِ. الرَّابِعُ: إِيقَاعُ رُكْنٍ فِعْلِيٍّ مَعَ احْتِمَالِ الزِّيَادَةِ».

قَالَ صَاحِبُ (غ ت): «وَالمَتْرُوكُ مِنَ الصَّلَاةِ ثَلَاثَةُ أَشْيَاءَ: فَرْضٌ وَسُنَّةٌ وَهَيْئَةٌ، فَالفَرْضُ لَا يَنُوبُ عَنْهُ سُجُودُ السَّهْوِ، بَلْ إِنْ ذَكَرَهُ وَالزَّمَانُ قَرِيبٌ أَتَى بِهِ وَبَنَى عَلَيْهِ وَسَجَدَ لِلسَّهْوِ، وَالسُّنَّةُ لَا يَعُودُ إِلَيْهَا بَعْدَ التَّلَبُّسِ بِالفَرْضِ، لَكِنَّهُ يَسْجُدُ لِلسَّهْوِ عَنْهَا. وَالهَيْئَةُ لَا يَعُودُ إِلَيْهَا بَعْدَ تَرْكِهَا وَلَا يَسْجُدُ لِلسَّهْوِ عَنْهَا. وَإِذَا شَكَّ فِي عَدَدِ مَا أَتَى بِهِ مِنَ الرَّكَعَاتِ بَنَى عَلَى اليَقِينِ وَهُوَ الأَقَلُّ وَسَجَدَ لِلسَّهْوِ، وَسُجُودُ السَّهْوِ سُنَّةٌ، وَمَحَلُّهُ قَبْلَ السَّلَامِ».

فَصْلٌ فِي صَلَاةِ الجَمَاعَةِ

قَالَ صَاحِبُ (رج): «وَصَلَاةُ الجَمَاعَةِ وَصَلَاةُ الجَنَازَةِ فَرْضُ كِفَايَةٍ».

قَالَ صَاحِبُ (غ ت): «وَصَلَاةُ الجَمَاعَةِ: سُنَّةٌ مُؤَكَّدَةٌ».

شُرُوطُ القُدْوَةِ:

قَالَ صَاحِبُ (غ ت): «وَعَلَى المَأْمُومِ أَنْ يَنْوِيَ الاِئْتِمَامَ دُونَ الإِمَامِ، وَيَجُوزُ أَنْ يَأْتَمَّ الحُرُّ بِالعَبْدِ وَالبَالِغُ بِالمُرَاهِقِ، وَلَا تَصِحُّ قُدْوَةُ رَجُلٍ بِامْرَأَةٍ وَلَا

قَارِئٌ بِأُمِّيٍّ، وَأَيُّ مَوْضِعٍ صَلَّى فِي المَسْجِدِ بِصَلَاةِ الإِمَامِ فِيهِ وَهُوَ عَالِمٌ بِصَلَاتِهِ أَجْزَأَهُ مَا لَمْ يَتَقَدَّمْ عَلَيْهِ، وَإِنْ صَلَّى خَارِجَ المَسْجِدِ وَالمَأْمُومُ قَرِيبًا مِنْهُ وَهُوَ عَالِمٌ بِصَلَاتِهِ وَلَا حَائِلٌ هُنَاكَ جَازَ».

قَالَ صَاحِبُ (ر ج): «وَلَا تَصِحُّ الصَّلَاةُ خَلْفَ كَافِرٍ وَامْرَأَةٍ وَخُنْثَى».

قَالَ صَاحِبُ (م ص): «وتَبْطُلُ الصلاةُ خلفَ الأَلْثَغِ، والأَرَتِّ، وَخَلْفَ المَأْمُومِ، وخلفَ المُحْدِثِ والجُنُبِ والكافِرِ وَخلفَ مَنْ عَلَى بَدَنِه أَوْ ثَوْبِه نَجَاسَةٌ، وَخَلْفَ فَاقِدِ المَاءِ وَالتُّرَابِ، وَلَا يُصَلِّي الرَّجُلُ خَلْفَ المَرْأَةِ والخُنْثَى».

قَالَ صَاحِبُ (س ن): «شُرُوطُ القُدْوَةِ أَحَدَ عَشَرَ:

١. أَنْ لَا يَعْلَمَ بُطْلَانَ صَلَاةِ إِمَامِهِ بِحَدَثٍ أَوْ غَيْرِهِ.

٢. وَأَنْ لَا يَعْتَقِدَ وُجُوبَ قَضَائِهَا عَلَيْهِ.

٣. وَأَنْ لَا يَكُونَ مَأْمُومًا وَلَا أُمِّيًّا.

٤. وَأَن لَا يَتَقَدَّمَ عَلَيْهِ فِي المَوْقِفِ.

٥. وَأَنْ يَعْلَمَ انْتِقَالَاتِ إِمَامِهِ.

٦. وَأَنْ يَجْتَمِعَا فِي مَسجِدٍ أَو فِي ثَلَاثِمِائَةِ ذِرَاعٍ تَقْرِيبًا.

٧. وَأَنْ يَنْوِيَ القُدْوَةَ أَوِ الجَمَاعَةِ.

٨. وَأَنْ يَتَوَافَقَ نَظْمُ صَلَاتَيْهِمَا.

٩. وَأَنْ لَا يُخَالِفَهُ فِي سُنَّةٍ فَاحِشَةِ المُخَالَفَةِ.

١٠. وَأَنْ يُتَابِعَهُ».

نِيَّةُ الجَمَاعَةِ

قَالَ صَاحِبُ (س ن): «الَّذِي يَلْزَمُ فِيهِ نِيَّةُ الإِمَامَةِ أَرْبَعٌ: الجُمُعَةُ وَالمُعَادَةُ وَالمَنْذُورَةُ جَمَاعَةً وَالمُتَقَدِّمَةُ فِي المَطَرِ».

قَالَ صَاحِبُ (غ ت): «وَعَلَى المَأْمُومِ أَنْ يَنْوِيَ الائْتِمَامَ دُونَ الإِمَامِ».

شُرُوطُ الجَمَاعَةِ

قَالَ صَاحِبُ (هـ ص): «شُرُوطُ الجَمَاعَةِ سِتَّةٌ:

الأَوَّلُ: أَلَّا يَتَقَدَّمَ عَلَى إِمَامِهِ، وَتُكْرَهُ مُسَاوَاتُهُ.

الثَّانِي: أَنْ يَجْمَعَهُمَا مَسْجِدٌ أَوْ فَضَاءٌ، وَلَمْ يَزِدْ مَا بَيْنَهُمَا عَلَى ثَلَاثِمَائَةِ ذِرَاعٍ.

الثَّالِثُ: أَنْ يَعْلَمَ بِانْتِقَالَاتِ الإِمَامِ، بِأَنْ يَرَاهُ أَوْ يَرَى بَعْضَ المَأْمُومِينَ أَوْ يَسْمَعَهُ أَوْ يَسْمَعَ المُبَلِّغَ.

الرَّابِعُ: أَنْ يَنْوِيَ الاقْتِدَاءَ بِهِ أَوِ الائْتِمَامَ أَوِ الجَمَاعَةَ.

الخَامِسُ: أَنْ تُوَافِقَ صَلَاتُهُ صَلَاةَ إِمَامِهِ، فَلَا تَصِحُّ صَلَاةُ الكُسُوفِ خَلْفَ صَلَاةِ المَكْتُوبَةِ، وَلَا تَصِحُّ الصُّبْحُ خَلْفَ الجَنَازَةِ، وَلَا الجَنَازَةُ خَلْفَ الصُّبْحِ.

السَّادِسُ: أَنْ يُتَابِعَهُ، فَلَوْ تَقَدَّمَ عَلَى إِمَامِهِ بِرُكْنَيْنِ فِعْلِيَّيْنِ أَوْ تَخَلَّفَ عَنْهُ بِرُكْنَيْنِ فِعْلِيَّيْنِ بِغَيْرِ عُذْرٍ بَطَلَتْ صَلَاتُهُ، أَوْ تَخَلَّفَ عَنْهُ بِعُذْرٍ كَبُطْءِ القِرَاءَةِ عُذِرَ إِلَى ثَلَاثَةِ أَرْكَانٍ طَوِيلَةٍ».

صُوَرُ الجَمَاعَةِ

قَالَ صَاحِب (س ن): «صُوَرُ الْقُدْوَةِ تِسْعٌ، تَصِحُّ فِي خَمْسٍ:

١. قُدْوَةُ رَجُل بِرَجُلٍ.
٢. وَقُدْوَةُ امْرَأَةٍ بِرَجُلٍ.
٣. وَقُدْوَةُ خُنْثَى بامرأة.
٤. وَقُدْوَةُ خُنْثَى بِخُنْثَى.
٥. وَقُدْوَةُ امْرَأَةٍ بِامْرَأَةٍ.

وَتَبْطُلُ فِي أَرْبَعٍ :

١. قُدْوَةُ رَجُل بِامْرَأَةٍ.
٢. وَقُدْوَةُ رَجُلٍ بِخُنْثَى.

فَصْلٌ فِي صَلَاةِ الجُمُعَةِ

قَالَ صَاحِب (ر ج): «وَالْجُمُعَةُ فَرْضُ عَيْنٍ عَلَى كُلِّ مُسْلِمٍ ذَكَرٍ حُرٍّ حَاضِرٍ بِلَا عُذْرٍ شَرْعِيٍّ كَالمَرَضِ وَالمطَرِ. وَمِنْ شُرُوطِ الْجُمُعَةِ: الْخُطْبَتَانِ، وَأَرْكَانُهُمَا: حَمْدُ اللهِ تَعَالَى، وَالصَّلَاةُ عَلَى النَّبِيِّ ﷺ، وَالْوَصِيَّةُ بِالتَّقْوَى، وَقِرَاءَةُ آيَةٍ مِنَ الْقُرْآنِ مُفْهِمَةٍ فِي إِحْدَاهُمَا، وَالدُّعَاءُ لِلْمُؤْمِنِيْنَ فِي الأَخِيرَةِ. وَيَجِبُ أَنْ يَخْطُبَ قَائِمًا مُتَطَهِّرًا مَسْتُوْرَ الْعَوْرَةِ. وَيَجِبُ الْجُلُوسُ بَيْنَهُمَا فَوْقَ طُمَأْنِينَةِ الصَّلَاةِ، وَالمُوَالَاةُ».

قَالَ صَاحِبُ (س ن): «شُرُوطُ الجُمُعَةِ سِتَّةٌ: أَنْ تَكُونَ كُلُّهَا فِي وَقْتِ الظُّهْرِ، وَأَنْ تُقَامَ فِي خُطَّةِ البَلَدِ، وَأَنْ تُصَلَّى جَمَاعَةً، وَأَنْ يَكُونُوا أَرْبَعِينَ أَحْرَارًا ذُكُورًا بَالِغِينَ مُسْتَوْطِنِينَ، وَأَنْ لَا تَسْبِقَهَا وَلَا تُقَارِنَهَا جُمُعَةٌ فِي تِلْكَ البَلَدِ، وَأَنْ يَتَقَدَّمَهَا خُطْبَتَانِ. أَرْكَانُ الخُطْبَتَيْنِ خَمْسَةٌ: حَمْدُ اللهِ فِيهِمَا، وَالصَّلَاةُ عَلَى النَّبِيِّ ‑صَلَّى اللهُ عَلَيْهِ وَسَلَّمَ‑ فِيهِمَا، وَالوَصِيَّةُ بِالتَّقْوَى فِيهِمَا، وَقِرَاءَةُ آيَةٍ مِنَ القُرْآنِ فِي إِحْدَاهُمَا، وَالدُّعَاءُ لِلْمُؤْمِنِينَ وَالمُؤْمِنَاتِ فِي الأَخِيرَةِ. شُرُوطُ الخُطْبَتَيْنِ عَشَرَةٌ: الطَّهَارَةُ عَنِ الحَدَثَيْنِ الأَصْغَرِ وَالأَكْبَرِ، وَالطَّهَارَةُ عَنِ النَّجَاسَةِ فِي الثَّوْبِ وَالبَدَنِ وَالمَكَانِ، وَسَتْرُ العَوْرَةِ، وَالقِيَامُ عَلَى القَادِرِ، وَالجُلُوسُ بَيْنَهُمَا فَوْقَ طُمَأْنِينَةِ الصَّلَاةِ، وَالمُوَالَاةُ بَيْنَهُمَا وَبَيْنَ الصَّلَاةِ، وَأَنْ تَكُونَ بِالعَرَبِيَّةِ، وَأَنْ يَسْمَعَهَا أَرْبَعُونَ، وَأَنْ تَكُونَ كُلُّهَا فِي وَقْتِ الظُّهْرِ».

قَالَ صَاحِبُ (غ ت): «وَشَرَائِطُ وُجُوبِ الجُمُعَةِ سَبْعَةُ أَشْيَاءَ: الإِسْلَامُ، وَالبُلُوغُ، وَالعَقْلُ، وَالحُرِّيَّةُ، وَالذُّكُورِيَّةُ، وَالصِّحَّةُ، وَالاسْتِيطَانُ. وَشَرَائِطُ فِعْلِهَا ثَلَاثَةٌ: أَنْ تَكُونَ البَلَدُ مِصْرًا أَوْ قَرْيَةً، وَأَنْ يَكُونَ العَدَدُ أَرْبَعِينَ مِنْ أَهْلِ الجُمُعَةِ، وَأَنْ يَكُونَ الوَقْتُ بَاقِيًا، فَإِنْ خَرَجَ الوَقْتُ أَوْ عُدِمَتِ الشُّرُوطُ صُلِّيَتْ ظُهْرًا. وَفَرَائِضُهَا ثَلَاثَةٌ: خُطْبَتَانِ يَقُومُ فِيهِمَا وَيَجْلِسُ بَيْنَهُمَا، وَأَنْ تُصَلَّى رَكْعَتَيْنِ فِي جَمَاعَةٍ. وَهَيْئَاتُهَا أَرْبَعُ خِصَالٍ: الغُسْلُ، وَتَنْظِيفُ الجَسَدِ، وَلُبْسُ الثِّيَابِ البِيضِ، وَأَخْذُ الظُّفْرِ، وَالطِّيبُ. وَيُسْتَحَبُّ الإِنْصَاتُ فِي وَقْتِ الخُطْبَةِ، وَمَنْ دَخَلَ وَالإِمَامُ يَخْطُبُ صَلَّى رَكْعَتَيْنِ خَفِيفَتَيْنِ ثُمَّ يَجْلِسُ».

فَصْلٌ فِي صَلَاةِ المُسَافِرِ

قَالَ صَاحِبُ (م ص): «وَيَجُوزُ لِلْمُسَافِرِ سَفَرًا طَوِيلًا مُبَاحًا- وَهُوَ مَرْحَلَتَانِ- قَصْرُ الظُّهْرِ وَالعَصْرِ وَالعِشَاءِ رَكْعَتَيْنِ. وَمَنْ فَاتَتْهُ صَلَاةٌ فِي السَّفَرِ وَقَضَاهَا فِي الحَضَرِ أَوْ عَكْسُهُ أَتَمَّهَا. وَيُشْتَرَطُ قَصْدُ مَوْضِعٍ مُعَيَّنٍ، فَلَا يَقْصُرُ الهَائِمُ، وَلَا يُصَلِّي خَلْفَ مَنْ يُتِمُّ الصَّلَاةَ أَوْ شَكَّ أَنَّهُ مُتِمٌّ أَوْ قَاصِرٌ، وَأَنْ يَنْوِيَ القَصْرَ عِنْدَ الإِحْرَامِ.

وَيَجُوزُ لِلْمُسَافِرِ سَفَرًا طَوِيلًا مُبَاحًا الجَمْعُ بَيْنَ الظُّهْرِ وَالعَصْرِ تَقْدِيمًا أَوْ تَأْخِيرًا، أَوْ بَيْنَ المَغْرِبِ وَالعِشَاءِ، وَإِذَا جَمَعَ التَّقْدِيمَ فَيُشْتَرَطُ البَدَاءَةُ بِالأُولَى، وَنِيَّةُ الجَمْعِ فِيهَا، وَأَلَّا يَطُولَ الفَصْلُ بَيْنَهُمَا.

وَشُرُوطُهُمَا: إِسْمَاعُ أَرْبَعِينَ جَمَاعَةً، وَالمُوَالَاةُ بَيْنَهُمَا وَبَيْنَ الصَّلَاةِ، وَطَهَارَةُ الحَدَثِ الأَصْغَرِ وَالأَكْبَرِ، وَطَهَارَةُ النَّجَاسَةِ فِي الثَّوْبِ وَالبَدَنِ وَالمَكَانِ، وَالقِيَامُ إِنْ قَدَرَ، وَسَتْرُ العَوْرَةِ، وَالجُلُوسُ بَيْنَ الخُطْبَتَيْنِ بِقَدْرِ الطُّمَأْنِينَةِ، وَأَنْ تَكُونَ بِالعَرَبِيَّةِ وَبَعْدَ الزَّوَالِ».

قَالَ صَاحِبُ (س ن): «شُرُوطُ جَمْعِ التَّقْدِيمِ أَرْبَعَةٌ: البَدَاءَةُ بِالأُولَى، وَنِيَّةُ الجَمْعِ، وَالمُوَالَاةُ بَيْنَهُمَا، وَدَوَامُ العُذْرِ.

فَصْلٌ: شُرُوطُ جَمْعِ التَّأْخِيرِ اثْنَانِ: نِيَّةُ التَّأْخِيرِ وَقَدْ بَقِيَ مِنْ وَقْتِ الأُولَى مَا يَسَعُهَا، وَدَوَامُ العُذْرِ إِلَى تَمَامِ الثَّانِيَةِ.

فَصْلٌ: شُرُوطُ القَصْرِ سَبْعَةٌ: أَنْ يَكُونَ سَفَرُهُ مَرْحَلَتَيْنِ، وَأَنْ يَكُونَ مُبَاحًا، وَالعِلْمُ بِجَوَازِ القَصْرِ، وَنِيَّةُ القَصْرِ عِنْدَ الإِحْرَامِ، وَأَنْ لَا يَقْتَدِيَ بِمُتِمٍّ فِي جُزْءٍ مِنْ صَلَاتِهِ».

قَالَ صَاحِبُ (غ ت): «وَيَجُوزُ لِلْمُسَافِرِ قَصْرُ الصَّلَاةِ الرُّبَاعِيَّةِ بِخَمْسِ شَرَائِطَ: أَنْ يَكُونَ سَفَرُهُ فِي غَيْرِ مَعْصِيَةٍ، وَأَنْ يَكُونَ مَسَافَتُهُ سِتَّةَ عَشَرَ فَرْسَخًا بِلَا إِيَابٍ، وَأَنْ يَكُونَ مُؤَدِّيًا لِلصَّلَاةِ الرُّبَاعِيَّةِ، وَأَنْ يَنْوِيَ القَصْرَ مَعَ الإِحْرَامِ، وَأَنْ لَا يَأْتَمَّ بِمُقِيمٍ، وَيَجُوزُ لِلْمُسَافِرِ أَنْ يَجْمَعَ بَيْنَ الظُّهْرِ وَالعَصْرِ فِي وَقْتِ أَيِّهِمَا شَاءَ وَبَيْنَ المَغْرِبِ وَالعِشَاءِ فِي وَقْتِ أَيِّهِمَا شَاءَ، وَيَجُوزُ لِلْحَاضِرِ فِي المَطَرِ أَنْ يَجْمَعَ بَيْنَهُمَا فِي وَقْتِ الأُولَى مِنْهُمَا».

* * *

فَصْلٌ فِي أَحْكَامِ الجَنَائِزِ

فَصْلٌ فِي أَوَّلِ مَا يَجِبُ لِلْمَيِّتِ

قَالَ صَاحِبُ (م ص): «تَجْهِيزُ المَيِّتِ وَهُوَ غَسْلُهُ وَتَكْفِينُهُ وَالصَّلَاةُ عَلَيْهِ وَدَفْنُهُ فَرْضُ كِفَايَةٍ».

قَالَ صَاحِبُ (س ن): «الَّذِي يَلْزَمُ لِلْمَيِّتِ أَرْبَعُ خِصَالٍ: غَسْلُهُ وَتَكْفِينُهُ وَالصَّلَاةُ عَلَيْهِ وَدَفْنُهُ».

قَالَ صَاحِبُ (غ ت): «غَسْلُهُ وَتَكْفِينُهُ وَالصَّلَاةُ عَلَيْهِ وَدَفْنُهُ، وَاثْنَانِ لَا يُغَسَّلَانِ وَلَا يُصَلَّى عَلَيْهِمَا: الشَّهِيدُ فِي مَعْرَكَةِ المُشْرِكِينَ، وَالسِّقْطُ الَّذِي لَمْ يَسْتَهِلَّ صَارِخًا».

* * *

فَصْلٌ فِي تَغْسِيلِ المَيِّتِ

قَالَ صَاحِب (هـ ص): «وَأَقَلُّ غَسْلِهِ: تَعْمِيمُ بَدَنِهِ شَعْرًا وَبَشَرًا بِالمَاءِ الخَالِصِ بَعْدَ إِزَالَةِ النَّجَاسَةِ».

قَالَ صَاحِب (س ن): «أَقَلُّ الغُسْلِ: تَعْمِيمُ بَدَنِهِ بِالمَاءِ. وَأَكْمَلُهُ أَنْ يَغْسِلَ سَوْأَتَيْهِ، وَأَنْ يُزِيلَ القَذَرَ مِنْ أَنْفِهِ، وَأَنْ يُوَضِّئَهُ، وَأَنْ يُدَلِّكَ بَدَنَهُ بِالسِّدْرِ، وَأَنْ يَصُبَّ المَاءَ عَلَيْهِ ثَلَاثًا».

قَالَ صَاحِب (غ ت): «وَيُغَسَّلُ المَيِّتُ وِتْرًا، وَيَكُونُ فِي أَوَّلِ غُسْلِهِ سِدْرٌ وَفِي آخِرِهِ شَيْءٌ مِنْ كَافُور».

* * *

فَصْلٌ فِي تَكْفِينِ المَيِّتِ

قَالَ صَاحِب (س ن): «أَقَلُّ الكَفَنِ: ثَوْبٌ يَعُمُّهُ، وَأَكْمَلُهُ لِلرِّجَالِ ثَلَاثُ لَفَائِفَ، وَلِلْمَرْأَةِ قَمِيصٌ وَخِمَارٌ وَإِزَارٌ وَلِفَافَتَانِ».

قَالَ صَاحِب (غ ت): «وَيُكَفَّنُ فِي ثَلَاثَةِ أَثْوَابٍ بِيضٍ لَيْسَ فِيهَا قَمِيصٌ وَلَا عِمَامَةٌ».

* * *

فَصْلٌ فِي الصَّلَاةِ عَلَى المَيِّتِ

قَالَ صَاحِب (ز س): «وَفُرُوضُ الصَّلَاةِ عَلَى الجَنَازَةِ أَحَدَ عَشَرَ: القِيَامُ لِلْقَادِرِ. وَالنِّيَّةُ. وَالتَّعَرُّضُ لِلْفَرْضِيَّةِ، وَيَقُولُ: أُصَلِّي عَلَى هَذِهِ الجَنَازَةِ فَرْضًا إِمَامًا، أَوْ فَرْضًا مَأْمُومًا. أَرْبَعُ تَكْبِيرَاتٍ، وَقِرَاءَةُ الفَاتِحَةِ، وَالصَّلَاةُ عَلَى النَّبِيِّ ﷺ. وَأَدْنَى الدُّعَاءِ لِلْمَيِّتِ

وَهُوَ: اللَّهُمَّ اغْفِرْ لَهُ، اللَّهُمَّ ارْحَمْهُ وَعَافِهِ، وَاعْفُ عَنْهُ. وَالتَّسْلِيمَةُ الأُولَى».

قَالَ صَاحِبُ (س ن): «أَرْكَانُ صَلَاةِ الجَنَازَةِ سَبْعَةٌ: الأَوَّلُ: النِّيَّةُ. الثَّانِي: أَرْبَعُ تَكْبِيرَاتٍ. الثَّالِثُ: القِيَامُ عَلَى القَادِرِ. الرَّابِعُ: قِرَاءَةُ الفَاتِحَةِ. الخَامِسُ: الصَّلَاةُ عَلَى النَّبِيِّ ﷺ بَعْدَ الثَّانِيَةِ. السَّادِسُ: الدُّعَاءُ لِلْمَيِّتِ بَعْدَ الثَّالِثَةِ. السَّابِعُ: السَّلَامُ».

قَالَ صَاحِبُ (غ ت): «وَيُكَبِّرُ عَلَيْهِ أَرْبَعَ تَكْبِيرَاتٍ: يَقْرَأُ الفَاتِحَةَ بَعْدَ الأُولَى، وَيُصَلِّي عَلَى النَّبِيِّ ﷺ بَعْدَ الثَّانِيَةِ، وَيَدْعُو لِلْمَيِّتِ بَعْدَ الثَّالِثَةِ؛ فَيَقُولُ: «اللَّهُمَّ هَذَا عَبْدُكَ وَابْنُ عَبْدَيْكَ، خَرَجَ مِنْ رُوحِ الدُّنْيَا وَسَعَتِهَا وَمَحْبُوبِهِ وَأَحِبَّائِهِ فِيهَا إِلَى ظُلْمَةِ القَبْرِ وَمَا هُوَ لَاقِيهِ، كَانَ يَشْهَدُ أَلَّا إِلَهَ إِلَّا أَنْتَ وَحْدَكَ لَا شَرِيكَ لَكَ، وَأَنَّ مُحَمَّدًا عَبْدُكَ وَرَسُولُكَ، وَأَنْتَ أَعْلَمُ بِهِ مِنَّا، اللَّهُمَّ إِنَّهُ نَزَلَ بِكَ وَأَنْتَ خَيْرُ مَنْزُولٍ بِهِ، وَأَصْبَحَ فَقِيرًا إِلَى رَحْمَتِكَ وَأَنْتَ غَنِيٌّ عَنْ عَذَابِهِ، وَقَدْ جِئْنَاكَ رَاغِبِينَ إِلَيْكَ شُفَعَاءَ لَهُ، اللَّهُمَّ إِنْ كَانَ مُحْسِنًا فَزِدْ فِي إِحْسَانِهِ، وَإِنْ كَانَ مُسِيئًا فَتَجَاوَزْ عَنْهُ، وَلَقِّهِ بِرَحْمَتِكَ رِضَاكَ، وَقِهِ فِتْنَةَ القَبْرِ وَعَذَابَهُ، وَافْسَحْ لَهُ فِي قَبْرِهِ، وَجَافِ الأَرْضَ عَنْ جَنْبَيْهِ، وَلَقِّهِ بِرَحْمَتِكَ الأَمْنَ مِنْ عَذَابِكَ وَحَتَّى تَبْعَثَهُ آمِنًا إِلَى جَنَّتِكَ يَا أَرْحَمَ الرَّاحِمِينَ»، وَيَقُولُ بَعْدَ الرَّابِعَةِ: «اللَّهُمَّ لَا تَحْرِمْنَا أَجْرَهُ وَلَا تَفْتِنَّا بَعْدَهُ، وَاغْفِرْ لَنَا وَلَهُ»، وَيُسَلِّمُ بَعْدَ الرَّابِعَةِ».

❈ ❈ ❈

فَصْلٌ فِي دَفْنِ المَيِّتِ

قَالَ صَاحِبُ (س ن): «أَقَلُّ الدَّفْنِ: حُفْرَةٌ تَكْتُمُ رَائِحَتَهُ وَتَحْرُسُهُ مِنَ السِّبَاعِ. وَأَكْمَلُهُ قَامَةٌ وَبَسْطَةٌ، وَيُوضَعُ خَدُّهُ عَلَى التُّرَابِ، وَيَجِبُ تَوْجِيهُهُ إِلَى القِبْلَةِ».

قَالَ صَاحِبُ (غ ت): «وَيُدْفَنُ فِي لَحْدٍ مُسْتَقْبِلَ القِبْلَةِ، وَيُسَلُّ مِنْ قِبَلِ رَأْسِهِ بِرِفْقٍ، وَيَقُولُ الَّذِي يُلْحِدُهُ: «بِسْمِ اللهِ وَعَلَى مِلَّةِ رَسُولِ اللهِ ﷺ» وَيُضْجَعُ فِي

الْقَبْرَ بَعْدَ أَنْ يُعَمَّقَ قَامَةً وَبَسْطَةً، وَيُسَطَّحُ الْقَبْرُ وَلَا يُبْنَى عَلَيْهِ وَلَا يُجَصَّصُ، وَلَا بَأْسَ بِالْبُكَاءِ عَلَى الْمَيِّتِ مِنْ غَيْرِ نَوْحٍ وَلَا شَقِّ جَيْبٍ، وَيُعَزَّى أَهْلُهُ إِلَى ثَلَاثَةِ أَيَّامٍ مِنْ دَفْنِهِ، وَلَا يُدْفَنُ اثْنَانِ فِي قَبْرٍ إِلَّا لِحَاجَةٍ».

قَالَ صَاحِبُ (س ن): «يُنْبَشُ الْمَيِّتُ لِأَرْبَعِ خِصَالٍ: لِلْغُسْلِ إِذَا لَمْ يَتَغَيَّرْ، وَلِتَوْجِيهِهِ إِلَى الْقِبْلَةِ، وَلِلْمَالِ إِذَا دُفِنَ مَعَهُ، وَالْمَرْأَةُ إِذَا دُفِنَ جَنِينُهَا وَأَمْكَنَتْ حَيَاتُهُ».

قَالَ صَاحِبُ (هـ ص): «تَجْهِيزُ الْمَيِّتِ، وَهُوَ غَسْلُهُ وَتَكْفِينُهُ وَالصَّلَاةُ عَلَيْهِ وَدَفْنُهُ فَرْضُ كِفَايَةٍ. وَأَقَلُّ غُسْلِهِ: تَعْمِيمُ بَدَنِهِ شَعْرًا وَبَشَرًا بِالْمَاءِ الْخَالِصِ بَعْدَ إِزَالَةِ النَّجَاسَةِ. وَأَمَّا الْكَفَنُ فَأَقَلُّهُ: مَا يَسْتُرُ الْعَوْرَةَ، وَالْأَفْضَلُ لِلرَّجُلِ ثَلَاثُ لَفَائِفَ، وَلِلْمَرْأَةِ إِزَارٌ وَخِمَارٌ وَقَمِيصٌ وَلِفَافَتَانِ.

وَفُرُوضُ صَلَاةِ الْجَنَازَةِ سَبْعَةٌ. **الْأَوَّلُ**: النِّيَّةُ، فَيَنْوِي فِعْلَ الصَّلَاةِ، وَتَعْيِينَهَا كَصَلَاةِ الْجَنَازَةِ، وَيَنْوِي فَرْضِيَّتَهَا. **الثَّانِي**: أَرْبَعُ تَكْبِيرَاتٍ. **الثَّالِثُ**: قِرَاءَةُ الْفَاتِحَةِ فِي الْأُولَى أَوْ غَيْرِهَا. **الرَّابِعُ**: الصَّلَاةُ عَلَى النَّبِيِّ ﷺ بَعْدَ الثَّانِيَةِ. **الْخَامِسُ**: الدُّعَاءُ لِلْمَيِّتِ بَعْدَ الثَّالِثَةِ. **السَّادِسُ**: الْقِيَامُ لِلْقَادِرِ. **السَّابِعُ**: السَّلَامُ.

وَأَمَّا الدَّفْنُ فَأَقَلُّهُ: حُفْرَةٌ تَكْتُمُ رَائِحَتَهُ وَتَحْرُسُهُ مِنَ السِّبَاعِ، وَيَجِبُ تَوْجِيهُهُ لِلْقِبْلَةِ. وَأَكْمَلُهُ: حُفْرَةٌ قَدْرَ قَامَةٍ وَبَسْطَةٍ، وَهُوَ أَرْبَعَةُ أَذْرُعٍ وَنِصْفٌ. وَيَحْرُمُ النَّدْبُ بِتَعْدِيدِ الشَّمَائِلِ، نَحْوُ: (وَاسَيِّدَاهُ)، (وَاكَهْفَاهُ). وَيَحْرُمُ النَّوْحُ، وَهُوَ رَفْعُ الصَّوْتِ بِالنَّدْبِ. وَيَحْرُمُ الْجَزَعُ بِضَرْبِ الصَّدْرِ وَالْخَدِّ وَنَشْرِ الشَّعْرِ وَشَقِّ الْجَيْبِ وَطَرْحِ الرَّمَادِ عَلَى الرَّأْسِ وَنَحْوِ ذَلِكَ».

قَالَ صَاحِبُ (غ ت): «وَلَا بَأْسَ بِالْبُكَاءِ عَلَى الْمَيِّتِ مِنْ غَيْرِ نَوْحٍ وَلَا شَقِّ جَيْبٍ، وَيُعَزَّى أَهْلُهُ إِلَى ثَلَاثَةِ أَيَّامٍ مِنْ دَفْنِهِ، وَلَا يُدْفَنُ اثْنَانِ فِي قَبْرٍ إِلَّا لِحَاجَةٍ».

كِتَابُ الزَّكَاةِ

قَالَ صَاحِبُ (مـ ص): «تَجِبُ الزَّكَاةُ فِي الإِبِلِ وَالبَقَرِ وَالغَنَمِ وَالزُّرُوعِ وَالثِّمَارِ وَالمَعْدِنِ وَالرِّكَازِ وَالتِّجَارَةِ.

أَمَّا الإِبِلُ فَفِي خَمْسٍ مِنْهَا شَاةٌ جَذَعَةٌ مِنَ الضَّأْنِ لَهَا سَنَةٌ، أَوْ ثَنِيَّةٌ مِنَ المَعْزِ لَهَا سَنَتَانِ، وَفِي عَشْرٍ مِنْهَا شَاتَانِ، وَفِي خَمْسَ عَشْرَةَ ثَلَاثٌ، وَفِي عِشْرِينَ أَرْبَعٌ، وَفِي خَمْسٍ وَعِشْرِينَ بِنْتُ مَخَاضٍ لَهَا سَنَةٌ، وَفِي سِتٍّ وَثَلَاثِينَ بِنْتُ لَبُونٍ لَهَا سَنَتَانِ، وَفِي سِتٍّ وَأَرْبَعِينَ حِقَّةٌ لَهَا ثَلَاثُ سِنِينَ، وَفِي إِحْدَى وَسِتِّينَ جَذَعَةٌ لَهَا أَرْبَعُ سِنِينَ، وَفِي سِتٍّ وَسَبْعِينَ بِنْتَا لَبُونٍ، وَفِي إِحْدَى وَتِسْعِينَ حِقَّتَانِ، وَفِي مِائَةٍ وَإِحْدَى وَعِشْرِينَ ثَلَاثُ بَنَاتِ لَبُونٍ، ثُمَّ بَعْدَ هَذَا فِي كُلِّ أَرْبَعِينَ بِنْتُ لَبُونٍ، وَفِي كُلِّ خَمْسِينَ حِقَّةٌ.

وَأَمَّا البَقَرُ فَفِي ثَلَاثِينَ تَبِيعٌ لَهُ سَنَةٌ، وَفِي كُلِّ أَرْبَعِينَ مُسِنَّةٌ لَهَا سَنَتَانِ، ثُمَّ بَعْدَ هَذَا فِي كُلِّ ثَلَاثِينَ تَبِيعٌ، وَفِي كُلِّ أَرْبَعِينَ مُسِنَّةٌ. وَأَمَّا الغَنَمُ فَفِي أَرْبَعِينَ شَاةٌ، وَفِي مِائَةٍ وَإِحْدَى وَعِشْرِينَ شَاتَانِ، وَفِي مِائَتَيْنِ وَوَاحِدَةٍ ثَلَاثٌ، وَفِي أَرْبَعِمِائَةٍ أَرْبَعَةٌ، ثُمَّ فِي كُلِّ مِائَةٍ شَاةٌ.

وَلَا تَجِبُ فِي الزُّرُوعِ وَالثِّمَارِ إِلَّا فِي مَا يُقْتَاتُ فِي حَالَةِ الاخْتِيَارِ، فَيَجِبُ بِبُدُوِّ صَلَاحِ الثَّمَرِ وَاشْتِدَادِ الحَبِّ بِشَرْطِ أَنْ يَكُونَ ثَلَاثَ مِائَةِ صَاعٍ، وَالصَّاعُ أَرْبَعَةُ أَمْدَادٍ، وَيَجِبُ فِي ذَلِكَ نِصْفُ العُشْرِ إِذَا سُقِيَ بِمَؤُونَةٍ، وَإِنْ سُقِيَ بِغَيْرِ مَؤُونَةٍ كَمَطَرٍ فَفِيهِ العُشْرُ جَافًّا مُنَقًّى، وَتُضَمُّ الزُّرُوعُ بَعْضُهَا إِلَى بَعْضٍ فِي إِكْمَالِ النِّصَابِ إِذَا كَانَتْ جِنْسًا وَحُصِدَتْ فِي عَامٍ وَاحِدٍ».

قَالَ صَاحِبُ (غ ت): «تَجِبُ الزَّكَاةُ فِي خَمْسَةِ أَشْيَاءَ، وَهِيَ: المَوَاشِي، وَالأَثْمَانُ، وَالزُّرُوعُ، وَالثِّمَارُ، وَعُرُوضُ التِّجَارَةِ».

فَصْلٌ فِي زَكَاةِ المَوَاشِي

قَالَ صَاحِبُ (م ص): «أَمَّا الإِبِلُ فَفِي خَمْسٍ مِنْهَا شَاةٌ جَذَعَةٌ مِنَ الضَّأْنِ لَهَا سَنَةٌ، أَوْ ثَنِيَّةٌ مِنَ المَعْزِ لَهَا سَنَتَانِ، وَفِي عَشْرٍ مِنْهَا شَاتَانِ، وَفِي خَمْسَ عَشْرَةَ ثَلَاثٌ، وَفِي عِشْرِينَ أَرْبَعٌ، وَفِي خَمْسٍ وَعِشْرِينَ بِنْتُ مَخَاضٍ لَهَا سَنَةٌ، وَفِي سِتٍّ وَثَلَاثِينَ بِنْتُ لَبُونٍ لَهَا سَنَتَانِ، وَفِي سِتٍّ وَأَرْبَعِينَ حِقَّةٌ لَهَا ثَلَاثُ سِنِينَ، وَفِي إِحْدَى وَسِتِّينَ جَذَعَةٌ لَهَا أَرْبَعُ سِنِينَ، وَفِي سِتٍّ وَسَبْعِينَ بِنْتَا لَبُونٍ، وَفِي إِحْدَى وَتِسْعِينَ حِقَّتَانِ، وَفِي مِائَةٍ وَإِحْدَى وَعِشْرِينَ ثَلَاثُ بَنَاتِ لَبُونٍ، ثُمَّ بَعْدَ هَذَا فِي كُلِّ أَرْبَعِينَ بِنْتُ لَبُونٍ، وَفِي كُلِّ خَمْسِينَ حِقَّةٌ. وَأَمَّا البَقَرُ فَفِي ثَلَاثِينَ تَبِيعٌ لَهُ سَنَةٌ، وَفِي كُلِّ أَرْبَعِينَ مُسِنَّةٌ لَهَا سَنَتَانِ، ثُمَّ بَعْدَ هَذَا فِي كُلِّ ثَلَاثِينَ تَبِيعٌ وَفِي كُلِّ أَرْبَعِينَ مُسِنَّةٌ. وَأَمَّا الغَنَمُ فَفِي أَرْبَعِينَ شَاةٌ، وَفِي مِائَةٍ وَإِحْدَى وَعِشْرِينَ شَاتَانِ، وَفِي مِائَتَيْنِ وَوَاحِدَةٍ ثَلَاثٌ، وَفِي أَرْبَعِمِائَةٍ أَرْبَعَةٌ، ثُمَّ فِي كُلِّ مِائَةِ شَاةٍ».

قَالَ صَاحِبُ (غ ت): «فَأَمَّا المَوَاشِي؛ فَتَجِبُ الزَّكَاةُ فِي ثَلَاثَةِ أَجْنَاسٍ مِنْهَا، وَهِيَ: الإِبِلُ وَالبَقَرُ وَالغَنَمُ. وَشَرَائِطُ وُجُوبِهَا سِتَّةُ أَشْيَاءَ: الإِسْلَامُ، وَالحُرِّيَّةُ، وَالمِلْكُ التَّامُّ، وَالنِّصَابُ، وَالحَوْلُ، وَالسَّوْمُ، وَأَمَّا الأَثْمَانُ فَشَيْئَانِ الذَّهَبُ وَالفِضَّةُ، وَشَرَائِطُ وُجُوبِ الزَّكَاةِ فِيهَا خَمْسَةُ أَشْيَاءَ: الإِسْلَامُ، وَالحُرِّيَّةُ، وَالمِلْكُ التَّامُّ، وَالنِّصَابُ، وَالحَوْلُ.

فَصْلٌ: وَأَوَّلُ نِصَابِ الإِبِلِ: خَمْسٌ وَفِيهَا شَاةٌ. وَفِي عَشْرٍ شَاتَانِ وَفِي خَمْسَ عَشْرَةَ ثَلَاثُ شِيَاهٍ، وَفِي عِشْرِينَ أَرْبَعُ شِيَاهٍ، وَفِي خَمْسٍ وَعِشْرِينَ بِنْتُ مَخَاضٍ، وَفِي سِتٍّ وَثَلَاثِينَ بِنْتُ لَبُونٍ، وَفِي سِتٍّ وَأَرْبَعِينَ حِقَّةٌ، وَفِي إِحْدَى وَسِتِّينَ

جَذَعَةٌ، وَفِي سِتٍّ وَسَبْعِينَ بِنْتَا لَبُونٍ، وَفِي إِحْدَى وَتِسْعِينَ حِقَّتَانِ، وَفِي مِائَةٍ وَإِحْدَى وَعِشْرِينَ ثَلَاثُ بَنَاتِ لَبُونٍ، ثُمَّ فِي كُلِّ أَرْبَعِينَ بِنْتُ لَبُونٍ، وَفِي كُلِّ خَمْسِينَ حِقَّةٌ.

فَصْلٌ: وَأَوَّلُ نِصَابِ البَقَرِ: ثَلَاثُونَ وَفِيهَا تَبِيعٌ، وَفِي أَرْبَعِينَ مُسِنَّةٌ، وَعَلَى هَذَا فَقِسْ.

فَصْلٌ: وَأَوَّلُ نِصَابِ الغَنَمِ: أَرْبَعُونَ وَفِيهَا شَاةٌ جَذَعَةٌ مِنَ الضَّأْنِ أَوْ ثَنِيَّةٌ مِنَ المَعْزِ، وَفِي مِائَةٍ وَإِحْدَى وَعِشْرِينَ شَاتَانِ، وَفِي مِائَتَيْنِ وَوَاحِدَةٍ ثَلَاثُ شِيَاهٍ، وَفِي أَرْبَعِمِائَةٍ أَرْبَعُ شِيَاهٍ، ثُمَّ فِي كُلِّ مِائَةٍ شَاةٌ.

فَصْلٌ: وَالخَلِيطَانِ يُزَكِّيَانِ زَكَاةَ الوَاحِدِ بِسَبْعَةِ شَرَائِطَ: إِذَا كَانَ المَرَاحُ وَاحِدًا، وَالمَسْرَحُ وَاحِدًا، وَالمَرْعَى وَاحِدًا، وَالفَحْلُ وَاحِدًا، وَالمَشْرَبُ وَاحِدًا، وَالحَالِبُ وَاحِدًا، وَمَوْضِعُ الحَلْبِ وَاحِدًا».

❈ ❈ ❈

فَصْلٌ فِي زَكَاةِ الزُّرُوعِ وَالثِّمَارِ

قَالَ صَاحِبُ (هـ ص): «وَلَا تَجِبُ فِي الزُّرُوعِ وَالثِّمَارِ إِلَّا فِي مَا يُقْتَاتُ فِي حَالَةِ الاخْتِيَارِ، فَيَجِبُ بِبُدُوِّ صَلَاحِ الثَّمَرِ وَاشْتِدَادِ الحَبِّ، بِشَرْطِ أَنْ يَكُونَ ثَلَاثَ مِائَةِ صَاعٍ، وَالصَّاعُ أَرْبَعَةُ أَمْدَادٍ، وَيَجِبُ فِي ذَلِكَ نِصْفُ العُشْرِ إِذَا سُقِيَ بِمَؤُونَةٍ، وَإِنْ سُقِيَ بِغَيْرِ مَؤُونَةٍ كَمَطَرٍ فَفِيهِ العُشْرُ جَافًّا مُنَقًّى، وَتُضَمُّ الزُّرُوعُ بَعْضُهَا إِلَى بَعْضٍ فِي إِكْمَالِ النِّصَابِ إِذَا كَانَتْ جِنْسًا، وَحُصِدَتْ فِي عَامٍ وَاحِدٍ».

قَالَ صَاحِبُ (غ ت): وَأَمَّا الزُّرُوعُ فَتَجِبُ الزَّكَاةُ فِيهَا بِثَلَاثَةِ شَرَائِطَ: أَنْ يَكُونَ مِمَّا يَزْرَعُهُ الآدَمِيُّونَ، وَأَنْ يَكُونَ قُوتًا مُدَّخَرًا، وَأَنْ يَكُونَ نِصَابًا وَهُوَ خَمْسَةُ

أَوْسُقٍ لَا قِشْرَ عَلَيْهَا. وَأَمَّا الثِّمَارُ؛ فَتَجِبُ الزَّكَاةُ فِي شَيْئَيْنِ، مِنْهَا ثَمَرَةُ النَّخْلِ وَثَمَرَةُ الْكَرْمِ. وَشَرَائِطُ وُجُوبِ الزَّكَاةِ فِيهَا أَرْبَعَةُ أَشْيَاءَ: الْإِسْلَامُ، وَالْحُرِّيَّةُ، وَالْمِلْكُ التَّامُّ، وَالنِّصَابُ.

وَنِصَابُ الزُّرُوعِ وَالثِّمَارِ: خَمْسَةُ أَوْسُقٍ، وَهِيَ أَلْفٌ وَسِتُّمِائَةِ رَطْلٍ بِالْعِرَاقِيِّ، وَفِيمَا زَادَ بِحِسَابِهِ، وَفِيهَا إِنْ سُقِيَتْ بِمَاءِ السَّمَاءِ أَوِ السَّيْحِ الْعُشْرُ، وَإِنْ سُقِيَتْ بِدُولَابٍ أَوْ نَضْحٍ نِصْفُ الْعُشْرِ».

فَصْلٌ فِي زَكَاةِ النَّقْدَيْنِ

قَالَ صَاحِبُ (غ ت): وَأَمَّا الْأَثْمَانُ فَشَيْئَانِ الذَّهَبُ وَالْفِضَّةُ، وَشَرَائِطُ وُجُوبِ الزَّكَاةِ فِيهَا خَمْسَةُ أَشْيَاءَ: الْإِسْلَامُ، وَالْحُرِّيَّةُ وَالْمِلْكُ التَّامُّ وَالنِّصَابُ وَالْحَوْلُ.

فَصْلٌ: وَنِصَابُ الذَّهَبِ: «عِشْرُونَ مِثْقَالًا، وَفِيهِ رُبْعُ الْعُشْرِ، وَهُوَ نِصْفُ مِثْقَالٍ، وَفِيمَا زَادَ بِحِسَابِهِ، وَنِصَابُ الْوَرِقِ مِائَتَا دِرْهَمٍ، وَفِيهِ رُبْعُ الْعُشْرِ وَهُوَ خَمْسَةُ دَرَاهِمَ، وَفِيمَا زَادَ بِحِسَابِهِ، وَلَا تَجِبُ فِي الْحُلِيِّ الْمُبَاحِ زَكَاةٌ».

فَصْلٌ فِي زَكَاةِ التِّجَارَةِ

قَالَ صَاحِبُ (غ ت): «وَأَمَّا عُرُوضُ التِّجَارَةِ؛ فَتَجِبُ الزَّكَاةُ فِيهَا بِالشَّرَائِطِ الْمَذْكُورَةِ فِي الْأَثْمَانِ.

فَصْلٌ: وَنِصَابُ الذَّهَبِ: عِشْرُونَ مِثْقَالًا، وَفِيهِ رُبْعُ الْعُشْرِ، وَهُوَ نِصْفُ

مِثْقَال، وَفِيمَا زَادَ بِحِسَابِهِ، وَنِصَابُ الوَرِقِ مِائَتَا دِرْهَمٍ، وَفِيهِ رُبْعُ العُشْرِ، وَهُوَ خَمْسَةُ دَرَاهِمَ، وَفِيمَا زَادَ بِحِسَابِهِ، وَلَا تَجِبُ فِي الحُلِيِّ المُبَاحِ زَكَاةٌ.

فَصْلٌ: وَتُقَوَّمُ عُرُوضُ التِّجَارَةِ عِنْدَ آخِرِ الحَوْلِ بِمَا اشْتُرِيَتْ بِهِ. وَيَخْرُجُ مِنْ ذَلِكَ: رُبْعُ العُشْرِ.

وَمَا اسْتُخْرِجَ مِنْ مَعَادِنِ الذَّهَبِ وَالفِضَّةِ يَخْرُجُ مِنْهُ رُبْعُ العُشْرِ فِي الحَالِ. وَمَا يُوجَدُ مِنَ الرِّكَازِ فَفِيهِ الخُمُسُ».

فَصْلٌ فِي زَكَاةِ المَعَادِنِ

قَالَ صَاحِبُ (زس): «الزَّكَاةُ وَاجِبَةٌ فِيمَا وَجَبَتْ فِيهِ بِنِصَابِهَا المَعْرُوفِ فِي كُتُبِ الفِقْهِ».

قَالَ صَاحِبُ (رج): «وَأَمَّا الزَّكَاةُ؛ وَهِيَ رَابِعُ أَرْكَانِ الإِسْلَامِ، فَتَجِبُ عَلَى المُسْلِمِ مَعْرِفَةُ أَنْوَاعِ الأَمْوَالِ الوَاجِبَةِ فِيهَا؛ وَهِيَ: النَّعَمُ وَالنَّقْدَانِ وَالتِّجَارَةُ وَالرِّكَازُ وَالمَعْدِنُ وَالمُعَشَّرَاتُ وَهِيَ الحُبُوبُ وَالثِّمَارُ. فَلَا زَكَاةَ فِيمَا سِوَى النَّعَمِ السَّائِمَةِ. وَيُشْتَرَطُ الحَوْلُ لَهَا، وَكَذَلِكَ يُشْتَرَطُ لِلنُّقُودِ وَالتِّجَارَةِ، وَيُشْتَرَطُ فِي هَذِهِ الأَنْوَاعِ النِّصَابُ أَيْضًا. وَوَاجِبُ النَّقْدَيْنِ وَالتِّجَارَةِ: رُبْعُ العُشْرِ. وَوَاجِبُ الحُبُوبِ وَالثِّمَارِ التِي سُقِيَتْ بِمَؤُونَةٍ: نِصْفُ العُشْرِ. وَبِغَيْرِ مَؤُونَةٍ: العُشْرُ. وَزَكَاةُ الفِطْرِ وَاجِبَةٌ عَلَى كُلِّ مُسْلِمٍ إِذَا فَضَلَتْ عَنْ قُوتِهِ وَقُوتِ مَنْ يَقُوتُهُ يَوْمَ العِيدِ وَلَيْلَتَهُ، أَرْبَعَةُ أَمْدَادٍ بِمُدِّ النَّبِيِّ ﷺ. وَتَجِبُ النِّيَّةُ فِي الجَمِيعِ. وَلَا يَجُوزُ أَنْ يَصْرِفَ الزَّكَاةَ وَالفِطْرَةَ إِلَّا إِلَى حُرٍّ مُسْلِمٍ مُتَّصِفٍ بِصِفَةِ أَحَدِ الأَصْنَافِ الثَّمَانِيَةِ كَالفَقِيرِ وَالمِسْكِينِ وَكَوْنِهِ غَيْرَ هَاشِمِيٍّ وَلَا مُطَّلِبِيٍّ وَلَا مَوْلًى لَهُمَا، وَيَجِبُ اسْتِيعَابُ المَوْجُودِينَ مِنْهُمْ».

قَالَ صَاحِبُ (م ص): «وَأَمَّا الذَّهَبُ فَنِصَابُهُ عِشْرُونَ مِثْقَالاً، وَالمِثْقَالُ أَرْبَعَةٌ وَعِشْرُونَ قِيرَاطًا، وَنِصَابُ الفِضَّةِ مِائَتَا دِرْهَمٍ إِسْلَامِيٍّ مِنْ فِضَّةٍ خَالِصَةٍ، وَالدِّرْهَمُ الإِسْلَامِيُّ سَبْعَةَ عَشَرَ قِيرَاطًا إِلَّا خُمْسَ قِيرَاطٍ، وَلَا تَجِبُ الزَّكَاةُ حَتَّى يَحُولَ عَلَيْهِ الحَوْلُ، وَزَكَاتُهُ رُبْعُ العُشْرِ، وَيُشْتَرَطُ فِي ذَلِكَ أَلَّا يَكُونَ حُلِيًّا مُبَاحًا. وَيَجِبُ فِي المَعْدِنِ مِنَ الذَّهَبِ وَالفِضَّةِ رُبْعُ عُشْرِهِ إِذَا كَانَ نِصَابًا فِي الحَالِ. وَأَمَّا الرِّكَازُ وَهُوَ دَفِينُ الجَاهِلِيَّةِ فَفِيهِ الخُمْسُ فِي الحَالِ، بِشَرْطِ أَنْ يَكُونَ ذَهَبًا أَوْ فِضَّةً، وَأَنْ يُوجَدَ فِي المَوَاتِ أَوْ فِي مِلْكٍ أَحْيَاهُ. وَتَجِبُ زَكَاةُ التِّجَارَةِ إِذَا بَلَغَتْ نِصَابًا آخِرَ الحَوْلِ، وَهِيَ رُبْعُ عُشْرِ القِيمَةِ».

قَالَ صَاحِبُ (س ن): «الأَمْوَالُ الَّتِي تَلْزَمُ فِيهَا الزَّكَاةُ سِتَّةُ أَنْوَاعٍ: النَّعَمُ، وَالنَّقْدَانِ، وَالمُعَشَّرَاتُ، وَأَمْوَالُ التِّجَارَةِ، وَوَاجِبُهَا رُبْعُ عُشْرِ قِيمَةِ عُرُوضِ التِّجَارَةِ وَالرِّكَازِ وَالمَعْدِنِ».

❋ ❋ ❋

فصل في زكاة الفطر

قَالَ صَاحِبُ (م ص): «وَتَجِبُ زَكَاةُ الفِطْرِ بِغُرُوبِ الشَّمْسِ آخِرَ يَوْمٍ مِنْ رَمَضَانَ إِذَا كَانَ حُرًّا، فَتَجِبُ عَلَيْهِ فِطْرَةُ نَفْسِهِ وَفِطْرَةُ مَنْ عَلَيْهِ مَؤُونَتُهُ مِنْ أَمَةٍ وَزَوْجَةٍ وَوَالِدٍ وَوَلَدٍ وَعَبْدٍ إِذَا كَانُوا مُسْلِمِينَ وَوَجَدَ مَا يُؤَدِّي عَنْهُمْ. وَيَحْرُمُ تَأْخِيرُهَا عَنْ يَوْمِ العِيدِ، فَإِنْ أَخَّرَهَا أَثِمَ وَصَارَتْ قَضَاءً، وَلَا فِطْرَةَ عَلَى مُعْسِرٍ، وَهُوَ مَنْ لَا يَجِدُ شَيْئًا، أَوْ لَا يَجِدُ إِلَّا مَا يَكْفِيهِ لَيْلَةَ العِيدِ وَيَوْمَهُ. وَلَا يَجِبُ بَيْعُ

مَسْكَنِهِ وَخَادِمٍ يَحْتَاجُ إِلَيْهِ، وَهِيَ صَاعٌ، وَالصَّاعُ أَرْبَعَةُ أَمْدَادٍ بِمُدِّ النَّبِيِّ ﷺ، وَالمُدُّ رِطْلٌ وَثُلُثٌ، ولا يُجزِئُهُ إِلَّا الكَيْلُ، وَلَا يُجْزِئُهُ إِلَّا مِنْ غَالِبِ قُوتِ البَلَدِ».

قَالَ صَاحِبُ (غ ت): «وَتَجِبُ زَكَاةُ الفِطْرِ بِثَلَاثَةِ أَشْيَاءَ: الإِسْلَامُ، وَبِغُرُوبِ الشَّمْسِ مِنْ آخِرِ يَوْمٍ مِنْ شَهْرِ رَمَضَانَ، وَوُجُودُ الفَضْلِ عَنْ قُوتِهِ وَقُوتِ عِيَالِهِ فِي ذَلِكَ اليَوْمِ، وَيُزَكِّي عَنْ نَفْسِهِ، وَعَمَّنْ تَلْزَمُهُ نَفَقَتُهُ مِنَ المُسْلِمِينَ صَاعًا مِنْ قُوتِ بَلَدِهِ، وَقَدْرُهُ خَمْسَةُ أَرْطَالٍ وَثُلُثٌ بِالعِرَاقِيِّ».

فَصْلٌ: وَتُدْفَعُ الزَّكَاةُ إِلَى الأَصْنَافِ الثَّمَانِيَةِ الَّذِينَ ذَكَرَهُمُ اللهُ تَعَالَى فِي كِتَابِهِ العَزِيزِ فِي قَوْلِهِ تَعَالَى: ﴿إِنَّمَا ٱلصَّدَقَـٰتُ لِلْفُقَرَآءِ وَٱلْمَسَـٰكِينِ وَٱلْعَـٰمِلِينَ عَلَيْهَا وَٱلْمُؤَلَّفَةِ قُلُوبُهُمْ وَفِى ٱلرِّقَابِ وَٱلْغَـٰرِمِينَ وَفِى سَبِيلِ ٱللَّهِ وَٱبْنِ ٱلسَّبِيلِ﴾ [التوبة: ٦٠]، وَإِلَى مَنْ يُوجَدُ مِنْهُمْ، وَلَا يَقْتَصِرُ عَلَى أَقَلَّ مِنْ ثَلَاثَةٍ مِنْ كُلِّ صِنْفٍ إِلَّا العَامِلَ، وَخَمْسَةٌ لَا يَجُوزُ دَفْعُهَا إِلَيْهِمْ: الغَنِيُّ بِمَالٍ أَوْ كَسْبٍ، وَالعَبْدُ، وَبَنُو هَاشِمٍ، وَبَنُو المُطَّلِبِ، وَالكَافِرُ، وَمَنْ تَلْزَمُ المُزَكِّي نَفَقَتُهُ لَا يَدْفَعُهَا إِلَيْهِمْ بِاسْمِ الفُقَرَاءِ وَالمَسَاكِينِ».

كِتَابُ
الصِّيَامِ

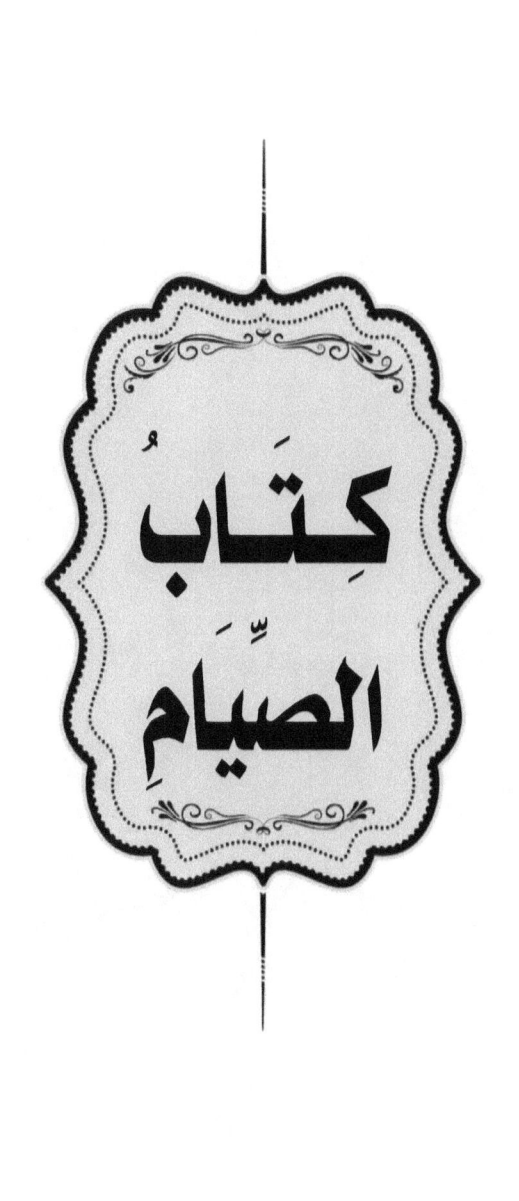

قَالَ صَاحِبُ (ز س): «وَصَوْمُ رَمَضَانَ وَاجِبٌ».

قَالَ صَاحِبُ (ر ج): «وَأَمَّا الصَّوْمُ؛ وَهُوَ الثَّالِثُ مِنْ أَرْكَانِ الْإِسْلَامِ فَهُوَ: إِمْسَاكٌ مَعْرُوفٌ عَلَى وَجْهٍ مَخْصُوصٍ. مِنْهُ النِّيَّةُ لِكُلِّ يَوْمٍ، وَتَبْيِيتُهَا مِنَ اللَّيْلِ، وَالْإِمْسَاكُ عَنِ الْمُفَطِّرَاتِ مِنَ الطَّعَامِ وَالشَّرَابِ وَالْجِمَاعِ وَالِاسْتِمْنَاءِ بِمُبَاشَرَةٍ وَالِاسْتِقَاءَةِ بِالِاخْتِيَارِ. وَمِنْ تَمَامِ الصَّوْمِ كَفُّ الْجَوَارِحِ عَمَّا يَكْرَهُهُ اللهُ تَعَالَى مِنَ الْأَعْضَاءِ السَّبْعَةِ الْآتِي ذِكْرُهَا، فَفِي الْحَدِيثِ: «خَمْسٌ يُفَطِّرْنَ الصَّائِمَ: الْكَذِبُ وَالْغِيبَةُ وَالنَّمِيمَةُ وَالْيَمِينُ الْكَاذِبَةُ وَالنَّظَرُ بِشَهْوَةٍ»، وَمِنْ تَمَامِ الصَّوْمِ تَحَرِّي الْإِفْطَارِ عَلَى حَلَالٍ وَعَدَمِ الِاسْتِكْثَارِ مِنَ الْأَكْلِ، وَيَنْبَغِي الِاسْتِكْثَارُ مِنَ الصَّوْمِ لَا سِيَّمَا الْأَيَّامُ الْفَاضِلَةُ فِي الشَّرْعِ. وَاللهُ أَعْلَمُ، وَبِاللهِ التَّوْفِيقُ».

قَالَ صَاحِبُ (س ن): «شُرُوطُ وُجُوبِهِ خَمْسَةُ أَشْيَاءَ: إِسْلَامٌ، وَتَكْلِيفٌ، وَإِطَاقَةٌ، وَصِحَّةٌ، وَإِقَامَةٌ».

❋ ❋ ❋

فَصْلٌ فِيمَنْ يَجِبُ عَلَيْهِ الصَّوْمُ

قَالَ صَاحِبُ (هـ ص): «وَشُرُوطُ وُجُوبِ صَوْمِ رَمَضَانَ: الْإِسْلَامُ، وَالْعَقْلُ، وَالْبُلُوغُ، وَالْقُدْرَةُ عَلَى الصَّوْمِ. وَيُؤْمَرُ بِهَا الصَّبِيُّ وَالصَّبِيَّةُ إِذَا أَطَاقَا لِسَبْعِ سِنِينَ، وَيُضْرَبُ عَلَى تَرْكِهِ لِعَشْرٍ. وَيَجُوزُ الْفِطْرُ لِلْمُسَافِرِ سَفَرًا طَوِيلًا مُبَاحًا، وَلِلْمَرِيضِ إِذَا خَافَ الضَّرَرَ عَلَى نَفْسِهِ، وَلِلْحَامِلِ وَالْمُرْضِعِ إِذَا خَافَتَا عَلَى أَنْفُسِهِمَا أَوْ عَلَى الْوَلَدِ، وَلِمُنْقِذِ حَيَوَانٍ مُشْرِفٍ عَلَى الْهَلَاكِ، وَيَقْضُونَ كُلُّهُمْ. وَيَجِبُ مَعَ الْقَضَاءِ لِكُلِّ يَوْمٍ مُدٌّ عَلَى مَنْ أَفْطَرَ لِإِنْقَاذِ حَيَوَانٍ مُشْرِفٍ عَلَى الْهَلَاكِ، وَعَلَى الْحَامِلِ

وَالمُرْضِعُ إِذَا أَفْطَرَتَا خَوْفًا عَلَى الوَلَدِ، وَعَلَى مَنْ أَخَّرَ القَضَاءَ إِلَى رَمَضَانَ آخَرَ بِغَيْرِ عُذْرٍ وَجَبَ مَعَ القَضَاءِ الفِدْيَةُ. وَمَنْ أَفْطَرَ بِغَيْرِ عُذْرٍ وَجَبَ عَلَيْهِ القَضَاءُ عَلَى الفَوْرِ».

فَصْلٌ فِي شُرُوطِ صِحَّةِ الصَّوْمِ

قَالَ صَاحِبُ (زس): «وَشُرُوطُ صِحَّتِهِ: (الإِسْلَامُ، وَالعَقْلُ، وَالنَّقَاءُ، وَالوَقْتُ)».

قَالَ صَاحِبُ (م ص): «وَشُرُوطُ صِحَّةِ الصَّوْمِ: النِّيَّةُ، فَإِنْ كَانَ فَرْضًا اشْتُرِطَ التَّبْيِيتُ قَبْلَ الفَجْرِ، وَالتَّعْيِينُ كَصَوْمِ رَمَضَانَ أَوْ نَذْرٍ. وَشَرْطُ صِحَّةِ الصَّوْمِ: الإِمْسَاكُ عَنِ الجِمَاعِ عَمْدًا، وَعَنِ الاسْتِقَاءَةِ، وَعَنْ وُصُولِ عَيْنٍ إِلَى مَا يُسَمَّى جَوْفًا، كَبَاطِنِ أُذُنٍ أَوْ إِحْلِيلٍ مِنْ مَنْفَذٍ مَفْتُوحٍ. فَلَا يَضُرُّ وُصُولُ دُهْنٍ بِتَشَرُّبِ المَسَامِّ وَلَا طَعْمُ الكُحْلِ بِحَلْقِهِ، وَلَا يُفْطِرُ إِذَا فَعَلَ ذَلِكَ جَاهِلًا أَوْ نَاسِيًا أَوْ مُكْرَهًا. وَيُفْطِرُ بِخُرُوجِ المَنِيِّ بِلَمْسٍ بِلَا حَائِلٍ، أَوْ قُبْلَةٍ، أَوْ مُضَاجَعَةٍ لَا بِفِكْرٍ وَنَظَرٍ. وَشَرْطُ صِحَّةِ الصَّوْمِ أَيْضًا: الإِسْلَامُ وَالعَقْلُ، وَالنَّقَاءُ عَنِ الحَيْضِ وَالنِّفَاسِ فِي جَمِيعِ النَّهَارِ، وَيَحْرُمُ صَوْمُ العِيدَيْنِ وَأَيَّامِ التَّشْرِيقِ، وَيَحْرُمُ صَوْمُ النِّصْفِ الأَخِيرِ مِنْ شَعْبَانَ إِلَّا لِنَذْرٍ أَوْ قَضَاءٍ أَوْ كَفَّارَةٍ أَوْ وِرْدٍ».

قَالَ صَاحِبُ (س ن): «شُرُوطُ صِحَّتِهِ أَرْبَعَةُ أَشْيَاءَ: إِسْلَامٌ، وَعَقْلٌ، وَنَقَاءٌ مِنْ نَحْوِ حَيْضٍ، وَعِلْمٌ بِكَوْنِ الوَقْتِ قَابِلًا لِلصَّوْمِ».

فَصْلٌ فِي أَرْكَانِ الصَّوْمِ

قَالَ صَاحِبُ (ز س): «وَأَرْكَانُهُ: النِّيَّةُ لِكُلِّ لَيْلَةٍ، وَالإِمْسَاكُ عَنِ المُفْطِرَاتِ».

قَالَ صَاحِبُ (س ن): «أَرْكَانُهُ ثَلَاثَةُ أَشْيَاءَ: نِيَّةٌ لَيْلًا لِكُلِّ يَوْمٍ فِي الفَرْضِ، وَتَرْكُ مُفْطِرٍ ذَاكِرًا مُخْتَارًا غَيْرَ جَاهِلٍ مَعْذُورٍ، وَصَائِمٌ».

فَصْلٌ فِي وُجُوبِ الصَّوْمِ

قَالَ صَاحِبُ (ز س): «وَفُرُوضُهُ: رُؤْيَةُ الهِلَالِ، أَوِ اسْتِكْمَالُ شَعْبَانَ ثَلَاثِينَ يَوْمًا».

قَالَ صَاحِبُ (ر ج): «يَثْبُتُ دُخُولُ رَمَضَانَ: بِاسْتِكْمَالِ شَعْبَانَ ثَلَاثِينَ يَوْمًا، أَوْ بِرُؤْيَةِ الهِلَالِ. وَيَكْفِي شَهَادَةُ عَدْلٍ».

قَالَ صَاحِبُ (س ن): «يَجِبُ صَوْمُ رَمَضَانَ بِأَحَدِ أُمُورٍ خَمْسَةٍ: أَحَدُهَا: بِكَمَالِ شَعْبَانَ ثَلَاثِينَ يَوْمًا. وَثَانِيهَا: بِرُؤْيَةِ الهِلَالِ فِي حَقِّ مَنْ رَآهُ وَإِنْ كَانَ فَاسِقًا. وَثَالِثًا: بِثُبُوتِهِ فِي حَقِّ مَنْ لَمْ يَرَهُ بِعَدْلِ شَهَادَةٍ. وَرَابِعًا: بِإِخْبَارِ عَدْلٍ رِوَايَةً مَوْثُوقٍ بِهِ، سَوَاءٌ وَقَعَ فِي القَلْبِ صِدْقٌ أَمْ لَا، أَوْ غَيْرُهُ مَوْثُوقٍ بِهِ إِنْ وَقَعَ فِي القَلْبِ صِدْقُهُ. وَخَامِسُهَا: بِظَنِّ دُخُولِ رَمَضَانَ بِالاجْتِهَادِ فِيمَنِ اشْتَبَهَ عَلَيْهِ ذَلِكَ».

فَصْلٌ فِي مُفْطِرَاتِ الصَّائِمِ

قَالَ صَاحِبُ (ز س): «المُفْطِرَاتُ مِنْ: طَعَامٍ، وَشَرَابٍ، وَجِمَاعٍ، وَإِنْزَالٍ عَنْ مُبَاشَرَةٍ، وَاسْتِمْنَاءٍ. وَمِنْ كُلِّ عَيْنٍ دَخَلَتْ فِي جَوْفٍ مِنْ مَنْفَذٍ مَفْتُوحٍ؛ عَالِمًا بِالتَّحْرِيمِ، ذَاكِرًا الصَّوْمَ، مُخْتَارًا».

قَالَ صَاحِبُ (س ن): «يَبْطُلُ الصَّوْمُ: بِرِدَّةٍ وَحَيْضٍ وَنِفَاسٍ أَوْ وِلَادَةٍ وَجُنُونٍ وَلَوْ لَحْظَةً، وَبِإِغْمَاءٍ وَسُكْرٍ تَعَدَّى بِهِ إِنْ عَمَّا جَمِيعَ النَّهَارِ. الْإِفْطَارُ فِي رَمَضَانَ أَرْبَعَةُ أَنْوَاعٍ: وَاجِبٌ كَمَا فِي الْحَائِضِ وَالنُّفَسَاءِ، وَجَائِزٌ كَمَا فِي الْمُسَافِرِ وَالْمَرِيضِ وَلَا كَمَا فِي الْمَجْنُونِ، وَمُحَرَّمٌ كَمَنْ أَخَّرَ قَضَاءَ رَمَضَانَ تَمَكَّنَهُ حَتَّى ضَاقَ الْوَقْتُ عَنْهُ. وَأَقْسَامُ الْإِفْطَارِ أَرْبَعَةٌ: أَيْضًا مَا يَلْزَمُ فِيهِ الْقَضَاءُ وَالْفِدْيَةُ، وَهُوَ اثْنَانِ: الْأَوَّلُ الْإِفْطَارُ لِخَوْفٍ عَلَى غَيْرِهِ، وَالثَّانِي: الْإِفْطَارُ مَعَ تَأْخِيرِ قَضَاءٍ مَعَ إِمْكَانِهِ حَتَّى يَأْتِيَ رَمَضَانُ آخَرُ، وَثَانِيهَا مَا يَلْزَمُ فِيهِ الْقَضَاءُ دُونَ الْفِدْيَةِ وَهُوَ يَكْثُرُ كَمُغْمًى عَلَيْهِ، وَثَالِثُهُمَا: مَا يَلْزَمُ فِيهِ الْفِدْيَةُ دُونَ الْقَضَاءِ وَهُوَ شَيْخٌ كَبِيرٌ، وَرَابِعُهَا: لَا وَلَا وَهُوَ الْمَجْنُونُ الَّذِي لَمْ يَتَعَدَّ بِجُنُونِهِ.

فَصْلٌ: الَّذِي لَا يُفْطِرُ مِمَّا يَصِلُ إِلَى الْجَوْفِ سَبْعَةُ أَفْرَادٍ: مَا يَصِلُ إِلَى الْجَوْفِ بِنِسْيَانٍ أَوْ جَهْلٍ أَوْ إِكْرَاهٍ وَبِجَرَيَانِ رِيقٍ بِمَا بَيْنَ أَسْنَانِهِ، وَقَدْ عَجَزَ عَنْ مَجِّهِ لِعُذْرٍ وَمَا وَصَلَ إِلَى الْجَوْفِ وَكَانَ غُبَارَ طَرِيقٍ، وَمَا وَصَلَ إِلَيْهِ وَكَانَ غَرْبَلَةَ دَقِيقٍ، أَوْ ذُبَابًا طَائِرًا أَوْ نَحْوَهُ».

❈ ❈ ❈

فصل فيما يحرم بالصيام

قَالَ صَاحِبُ (س ن): «يَجِبُ مَعَ الْقَضَاءِ لِلصَّوْمِ الْكَفَّارَةُ الْعُظْمَى وَالتَّعْزِيرُ عَلَى مَنْ أَفْسَدَ صَوْمَهُ فِي رَمَضَانَ يَوْمًا كَامِلًا بِجِمَاعٍ تَامٍّ آثِمٍ بِهِ لِلصَّوْمِ».

❈ ❈ ❈

فصلٌ في قضاءِ صومِ رمضانَ

قَالَ صَاحِبُ (س ن): «يَجِبُ مَعَ القَضَاءِ للصَّوْمِ الكَفَّارَةُ العُظْمَى وَالتَّعْزِيرُ عَلَى مَنْ أَفْسَدَ صَوْمَهُ فِي رَمَضَانَ يَوْمًا كَامِلًا بِجِمَاعٍ تَامٍّ آثِمٍ بِهِ لِلصَّوْمِ. وَيَجِبُ مَعَ القَضَاءِ الإِمْسَاكُ لِلصَّوْمِ فِي سِتَّةِ مَوَاضِعَ: الأَوَّلُ: فِي رَمَضَانَ لَا فِي غَيْرِهِ عَلَى مُتَعَدٍّ بِفِطْرِهِ. وَالثَّانِي: عَلَى تَارِكِ النِّيَّةِ لَيْلًا فِي الفَرْضِ. وَالثَّالِثُ: عَلَى مَنْ تَسَحَّرَ ظَانًّا بَقَاءَ اللَّيْلِ فَبَانَ خِلَافُهُ أَيْضًا. وَالرَّابِعُ: عَلَى مَنْ أَفْطَرَ ظَانًّا الغُرُوبَ فَبَانَ خِلَافُهُ أَيْضًا. وَالخَامِسُ: عَلَى مَنْ بَانَ لَهُ يَوْمَ ثَلَاثِينَ مِنْ شَعْبَانَ أَنَّهُ مِنْ رَمَضَانَ. وَالسَّادِسُ: عَلَى مَنْ سَبَقَهُ مَاءُ المُبَالَغَةِ مِنْ مَضْمَضَةٍ وَاسْتِنْشَاقٍ».

فصلٌ في أحكامِ الاعتكافِ

قَالَ صَاحِبُ (م ص): «وَشَرْطُ صِحَّةِ الاعْتِكَافِ: النِّيَّةُ، وَاللَّبْثُ فِي المَسْجِدِ، وَالإِسْلَامُ، وَالعَقْلُ، وَالنَّقَاءُ عَنِ الحَيْضِ وَالنِّفَاسِ، وَالطَّهَارَةُ عَنِ الجَنَابَةِ».

كِتَابُ الحَجِّ

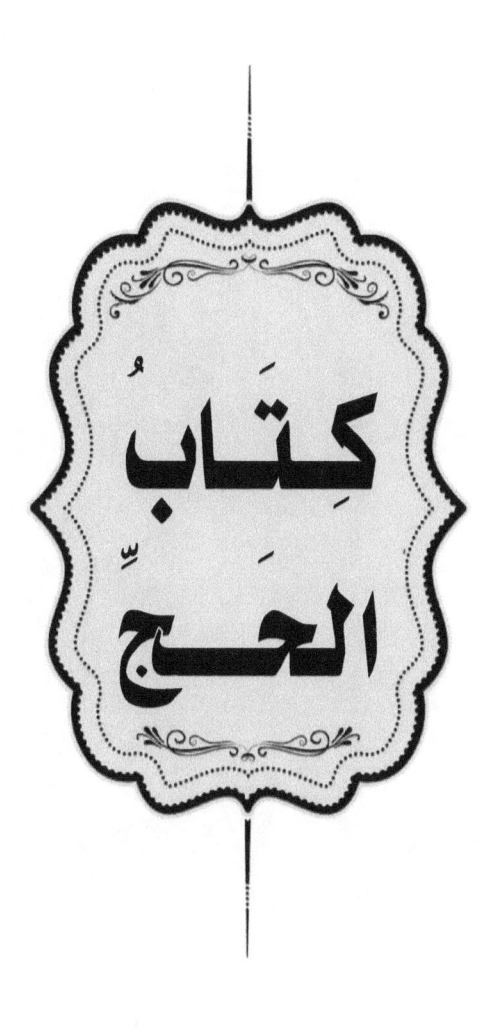

قَالَ صَاحِب (ز س): «وَالحَجُّ عَلَى مَنِ اسْتَطَاعَ إِلَيْهِ سَبِيلًا، وَأَحْكَامُهُ مَعْرُوفَةٌ فِي كُتُبِ الفِقْهِ».

قَالَ صَاحِب (ر ج): «وَأَمَّا الْحَجُّ؛ فَهُوَ خَامِسُ أَرْكَانِ الإِسْلَامِ. وَهُوَ فَرْضٌ عَلَى كُلِّ مُسْلِمٍ مُكَلَّفٍ حُرٍّ، وَكَذَا الْعُمْرَةُ فِي الْعُمُرِ مَرَّةً بِشَرْطِ الإِسْتِطَاعَةِ، وَهِيَ أَنْ يَمْلِكَ مَا يَحْتَاجُ إِلَيْهِ فِي سَفَرِهِ إِلَى الْحَجِّ ذَهَابًا وَإِيَابًا وَنَفَقَةَ مَنْ تَلْزَمُهُ نَفَقَتُهُ إِلَى رُجُوعِهِ.

وَأَعْمَالُ الْحَجِّ ثَلَاثَةُ أَشْيَاءَ: أَرْكَانٌ وَوَاجِبَاتٌ وَسُنَنٌ. فَالأَرْكَانُ خَمْسَةٌ: الإِحْرَامُ وَهُوَ نِيَّةُ الدُّخُولِ فِي الْحَجِّ أَوِ الْعُمْرَةِ، وَيُسْتَحَبُّ أَنْ يَقُولَ مَعَ ذَلِكَ: نَوَيْتُ الْحَجَّ أَوِ الْعُمْرَةَ وَأَحْرَمْتُ بِهِ لِلهِ تَعَالَى، وَلَا يَصِحُّ الإِحْرَامُ بِالْحَجِّ إِلَّا فِي أَشْهُرِهِ، وَهِيَ: شَوَّالٌ وَذُو الْقَعْدَةِ وَعَشْرُ ذِي الْحِجَّةِ وَآخِرُهَا طُلُوعُ فَجْرِ لَيْلَةِ النَّحْرِ. وبَاقِي الأَرْكَانِ الْوُقُوفُ بِعَرَفَةَ وَطَوَافُ الإِفَاضَةِ وَالسَّعْيُ وَالْحَلْقُ أَوِ التَّقْصِيرُ. وَأَرْكَانُ الْعُمْرَةِ هِيَ أَرْكَانُ الْحَجِّ إِلَّا الْوُقُوفَ فَلَيْسَ مِنْهَا. وَيَجِبُ لِلطَّوَافِ سَتْرُ الْعَوْرَةِ وَالطَّهَارَةُ مِنَ الْحَدَثَيْنِ وَمِنَ النَّجَاسَةِ وَأَنْ يَكُونَ سَبْعَ طَوفَاتٍ فِي المَسْجِدِ وَالْبَيْتُ عَنْ يَسَارِهِ وَهُوَ خَارِجٌ عَنْهُ، وَيَجِبُ أَنْ يَكُونَ السَّعْيُ سَبْعًا وَبَعْدَ طَوَافٍ، وَأَنْ يَبْدَأَ بالصَّفَا وَيَخْتِمَ بِالمَرْوَةِ. وَوَاجِبَاتُ الْحَجِّ: الإِحْرَامُ مِنَ الْمِيقَاتِ وَالمَبِيتُ بِمُزْدَلِفَةَ لَيْلَةَ النَّحْرِ وَالمَبِيتُ لَيَالِيَ التَّشْرِيقِ بِمِنًى وَالرَّمْيُ وَطَوَافُ الْوَدَاعِ. وَأَمَّا السُّنَنُ فَكُلُّ مَا سِوَى الأَرْكَانِ وَالْوَاجِبَاتِ؛ فَمَنْ تَرَكَ رُكْنًا ... لَمْ يَصِحَّ حَجُّهُ، وَلَا يَحِلُّ مِنْ إِحْرَامِهِ حَتَّى يَأْتِيَ بِهِ وَلاَ يَجْبُرُهُ دَمٌ وَلاَ غَيْرُهُ. وَثَلَاثَةٌ مِنَ الأَرْكَانِ لاَ تَفُوتُهُ مَا دَامَ حَيًّا وَهِيَ الطَّوَافُ وَالسَّعْيُ وَالْحَلْقُ. وَمَنْ تَرَكَ

شَيْئًا مِنَ الْوَاجِبَاتِ ... صَحَّ حَجُّهُ وَلَزِمَهُ دَمٌ وَعَلَيْهِ إِثْمٌ إِنْ لَمْ يُعْذَرْ. وَمَنْ تَرَكَ شَيْئًا مِنَ السُّنَنِ ... فَلَا شَيْءَ عَلَيْهِ وَلَكِنْ تَفُوتُهُ الْفَضِيلَةُ. وَيَحْرُمُ سَتْرُ رَأْسِ الرَّجُلِ وَوَجْهِ الْمَرْأَةِ الْمُحْرِمَيْنِ أَوْ بَعْضِهِمَا، وَإِزَالَةُ الظُّفْرِ وَالشَّعْرِ، وَدَهْنُ شَعْرِ الرَّأْسِ وَاللِّحْيَةِ، وَتَطْيِيبُ جَمِيعِ الْبَدَنِ، وَيَحْرُمُ عَقْدُ النِّكَاحِ، وَالْجِمَاعُ وَمُقَدِّمَاتُهُ، وَإِتْلَافُ كُلِّ حَيَوَانٍ بَرِّيٍّ وَحْشِيٍّ مَأْكُولٍ، وَالْمَرْأَةُ كَالرَّجُلِ فِي الْمُحَرَّمَاتِ».

قَالَ صَاحِب (م ص): «وَيَجِبُ الْحَجُّ وَالْعُمْرَةُ عَلَى الْمُسْلِمِ الْبَالِغِ الْعَاقِلِ الْحُرِّ الْقَادِرِ عَلَيْهِ بِنَفْسِهِ، أَوْ بِغَيْرِهِ إِنْ عَجَزَ بِمَرَضٍ لَا يُرْجَى بُرْؤُهُ أَوْ كِبَرٍ».

فصلٌ في فروضِ الحجِّ

فُرُوضُ الْحَجِّ خَمْسَةٌ: الْإِحْرَامُ، وَهُوَ النِّيَّةُ بِالْقَلْبِ. وَالْوُقُوفُ بِعَرَفَةَ، وَالطَّوَافُ بَعْدَ الْوُقُوفِ. وَالسَّعْيُ. وَالْحَلْقُ أَوِ التَّقْصِيرُ.

وَوَاجِبَاتُهُ سِتَّةٌ: الْإِحْرَامُ مِنَ الْمِيقَاتِ، وَالْمَبِيتُ بِمُزْدَلِفَةَ لَيْلَةَ النَّحْرِ، وَالْمَبِيتُ لَيَالِيَ التَّشْرِيقِ بِمِنًى، وَرَمْيُ جَمْرَةِ الْعَقَبَةِ يَوْمَ النَّحْرِ سَبْعَ حَصَيَاتٍ، وَرَمْيُ الْجِمَارِ الثَّلَاثِ بَعْدَ الْوُقُوفِ كُلَّ يَوْمٍ مِنْ أَيَّامِ التَّشْرِيقِ بَعْدَ الزَّوَالِ، كُلُّ وَاحِدَةٍ بِسَبْعِ حَصَيَاتٍ، وَيَجُوزُ النَّفْرُ فِي الْيَوْمِ الثَّانِي قَبْلَ الْغُرُوبِ وَطَوَافُ الْوَدَاعِ. وَفُرُوضُ الْعُمْرَةِ أَرْبَعَةٌ: الْإِحْرَامُ، ثُمَّ الطَّوَافُ، ثُمَّ السَّعْيُ، ثُمَّ الْحَلْقُ أَوِ التَّقْصِيرُ. وَوَاجِبَاتُهَا: الْإِحْرَامُ مِنَ الْمِيقَاتِ.

فصل في أحكام الطواف

قالَ صَاحِبُ (م ص): «فُرُوضُ الطَّوَافِ: سَتْرُ العَوْرَةِ وَطَهَارَةُ الحَدَثَيْنِ وَطَهَارَةُ النَّجَاسَةِ في الثَّوْبِ وَالبَدَنِ وَالمَكَانِ، وَأَنْ يَجْعَلَ البَيْتَ عَنْ يَسَارِهِ، وَأَنْ يَطُوفَ سَبْعَ مَرَّاتٍ خَارِجَ الكَعْبَةِ دَاخِلَ المَسْجِدِ الحَرَامِ، وَأَنْ يَبْتَدِئَ بِالحَجَرِ الأَسْوَدِ.

فصل في أحكام السَّعي

قالَ صَاحِبُ (م ص): «وَفُرُوضُ السَّعيِ أَنْ يَبْدَأَ بِالصَّفَا في المَرَّةِ الأُولى وَبِالمَرْوَةِ في الثَّانِيَةِ، وَهَكَذَا سِبَاعًا، وَأَنْ يَكُونَ بَعْدَ طَوَافِ الرُّكْنِ أَوِ القُدُومِ بِحَيْثُ لَا يَتَخَلَّلُ بَيْنَهُمَا الوُقُوفُ بِعَرَفَةَ.

فصل في مُحَرَّمَاتِ الإحْرَامِ

قالَ صَاحِبُ (م ص): «يَحْرُمُ بِالإحْرَامِ سِتَّةُ أَشْيَاءَ: الأَوَّلُ: سَتْرُ الرَّأْسِ لِلرَّجُلِ وَوَجْهِ المَرْأَةِ، وَلُبْسُ المُحِيطِ في بَدَنِهِ إِنْ كَانَ رَجُلًا، وَلُبْسُ القُفَّازَيْنِ لِلْمَرْأَةِ. الثَّاني: الطِّيبُ في بَدَنِهِ أَوْ ثَوْبِهِ أَوْ فِرَاشِهِ أَوْ طَعَامِهِ. الثَّالِثُ: دَهْنُ شَعْرِ الرَّأْسِ وَاللِّحْيَةِ. الرَّابِعُ: إِزَالَةُ الشَّعْرِ وَالظُّفْرِ.

وَكَفَّارَةُ هَذِهِ الأَرْبَعَةِ: شَاةٌ، أَوْ إِطْعَامُ ثَلَاثَةِ آصُعٍ لِسِتَّةِ فُقَرَاءَ، لِكُلِّ وَاحِدٍ نِصْفُ صَاعٍ، أَوْ صَوْمُ ثَلَاثَةِ أَيَّامٍ.

الخَامِسُ: الجِمَاعُ، فَإِنْ جَامَعَ فِي العُمْرَةِ فَسَدَتْ، وَلَزِمَهُ إِتْمَامُهَا، أَوْ فِي الحَجِّ قَبْلَ التَّحَلُّلِ الأَوَّلِ، وَكَانَ عَامِدًا عَالِمًا مُخْتَارًا فَسَدَ، وَإِذَا فَسَدَ وَجَبَ إِتْمَامُهُ وَيَقْضِيهِمَا وَيُخْرِجُ الكَفَّارَةَ، وَهِيَ: بَدَنَةٌ، ثُمَّ بَقَرَةٌ، ثُمَّ سَبْعُ شِيَاهٍ، ثُمَّ طَعَامٌ بِقِيمَةِ البَدَنَةِ، ثُمَّ صِيَامٌ بِعَدَدِ الأَمْدَادِ. **السَّادِسُ**: اصْطِيَادُ الصَّيْدِ، وَيَحْرُمُ صَيْدُ الحَرَمَيْنِ وَقَطْعُ أَشْجَارِهِمَا عَلَى المُحْرِمِ وَالحَلَالِ، وَإِذَا فَعَلَ شَيْئًا مِنْ ذَلِكَ وَجَبَتِ الفِدْيَةُ إِلَّا صَيْدَ حَرَمِ المَدِينَةِ وَشَجَرَهَا».

قَالَ صَاحِبُ (غ ت): «وَشَرَائِطُ وُجُوبِ الحَجِّ سَبْعَةُ أَشْيَاءَ: الإِسْلَامُ، وَالبُلُوغُ، وَالعَقْلُ وَالحُرِّيَّةُ وَوُجُودُ الزَّادِ وَالرَّاحِلَةِ وَتَخْلِيَةُ الطَّرِيقِ وَإِمْكَانُ المَسِيرِ، وَأَرْكَانُ الحَجِّ أَرْبَعَةٌ: الإِحْرَامُ مَعَ النِّيَّةِ، وَالوُقُوفُ بِعَرَفَةَ، وَالطَّوَافُ بِالبَيْتِ، وَالسَّعْيُ بَيْنَ الصَّفَا وَالمَرْوَةِ، وَأَرْكَانُ العُمْرَةِ أَرْبَعَةٌ: الإِحْرَامُ وَالطَّوَافُ وَالسَّعْيُ وَالحَلْقُ أَوِ التَّقْصِيرُ فِي أَحَدِ القَوْلَيْنِ، وَوَاجِبَاتُ الحَجِّ غَيْرُ الأَرْكَانِ ثَلَاثَةٌ: الإِحْرَامُ مِنَ المِيقَاتِ وَرَمْيُ الجِمَارِ الثَّلَاثِ وَالحَلْقُ، وَسُنَنُ الحَجِّ سَبْعٌ: الإِفْرَادُ وَهُوَ تَقْدِيمُ الحَجِّ عَلَى العُمْرَةِ، وَالتَّلْبِيَةُ، وَطَوَافُ القُدُومِ، وَالمَبِيتُ بِمُزْدَلِفَةَ، وَرَكْعَتَا الطَّوَافِ، وَالمَبِيتُ بِمِنًى، وَطَوَافُ الوَدَاعِ، وَيَتَجَرَّدُ الرَّجُلُ عِنْدَ الإِحْرَامِ مِنَ المَخِيطِ، وَيَلْبَسُ إِزَارًا وَرِدَاءً أَبْيَضَيْنِ.

فَصْلٌ: وَيَحْرُمُ عَلَى المُحْرِمِ عَشَرَةُ أَشْيَاءَ: لُبْسُ المَخِيطِ، وَتَغْطِيَةُ الرَّأْسِ مِنَ الرَّجُلِ وَالوَجْهِ مِنَ المَرْأَةِ، وَتَرْجِيلُ الشَّعْرِ وَحَلْقُهُ، وَتَقْلِيمُ الأَظْفَارِ، وَالطِّيبُ، وَقَتْلُ الصَّيْدِ، وَعَقْدُ النِّكَاحِ، وَالوَطْءُ، وَالمُبَاشَرَةُ بِشَهْوَةٍ، وَفِي جَمِيعِ ذَلِكَ الفِدْيَةُ إِلَّا عَقْدَ النِّكَاحِ فَإِنَّهُ لَا يَنْعَقِدُ، وَلَا يُفْسِدُهُ إِلَّا الوَطْءُ فِي الفَرْجِ، وَلَا يَخْرُجُ مِنْهُ

بِالْفَسَادِ، وَمَنْ فَاتَهُ الْوُقُوفُ بِعَرَفَةَ تَحَلَّلَ بِعَمَلِ عُمْرَةٍ وَعَلَيْهِ الْقَضَاءُ وَالْهَدْيُ، وَمَنْ تَرَكَ رُكْنًا لَمْ يَحِلَّ مِنْ إِحْرَامِهِ حَتَّى يَأْتِيَ بِهِ، وَمَنْ تَرَكَ وَاجِبًا لَزِمَهُ الدَّمُ، وَمَنْ تَرَكَ سُنَّةً لَمْ يَلْزَمْهُ بِتَرْكِهَا شَيْءٌ.

فَصْلٌ: وَالدِّمَاءُ الْوَاجِبَةُ فِي الْإِحْرَامِ خَمْسَةُ أَشْيَاءَ: أَحَدُهَا: الدَّمُ الْوَاجِبُ بِتَرْكِ نُسُكٍ، وَهُوَ عَلَى التَّرْتِيبِ شَاةٌ، فَإِنْ لَمْ يَجِدْ فَصِيَامُ عَشَرَةِ أَيَّامٍ، ثَلَاثَةٌ فِي الْحَجِّ وَسَبْعَةٌ إِذَا رَجَعَ إِلَى أَهْلِهِ. وَالثَّانِي: الدَّمُ الْوَاجِبُ بِالْحَلْقِ، وَالتَّرَفُّهُ وَهُوَ عَلَى التَّخْيِيرِ شَاةٌ، أَوْ صَوْمُ ثَلَاثَةِ أَيَّامٍ، أَوِ التَّصَدُّقُ بِثَلَاثَةِ آصُعٍ عَلَى سِتَّةِ مَسَاكِينَ. وَالثَّالِثُ: الدَّمُ الْوَاجِبُ بِإِحْصَارٍ، فَيَتَحَلَّلُ وَيُهْدِي شَاةً، وَالرَّابِعُ: الدَّمُ الْوَاجِبُ بِقَتْلِ الصَّيْدِ، وَهُوَ عَلَى التَّخْيِيرِ إِنْ كَانَ الصَّيْدُ مِمَّا لَهُ مِثْلٌ أَخْرَجَ الْمِثْلَ مِنَ النَّعَمِ أَوْ قَوَّمَهُ وَاشْتَرَى بِقِيمَتِهِ طَعَامًا وَتَصَدَّقَ بِهِ، أَوْ صَامَ عَنْ كُلِّ مُدٍّ يَوْمًا، وَإِنْ كَانَ الصَّيْدُ مِمَّا لَا مِثْلَ لَهُ أَخْرَجَ بِقِيمَتِهِ طَعَامًا، أَوْ صَامَ عَنْ كُلِّ مُدٍّ يَوْمًا، وَالْخَامِسُ: الدَّمُ الْوَاجِبُ بِالْوَطْءِ، وَهُوَ عَلَى التَّرْتِيبِ بَدَنَةٌ، فَإِنْ لَمْ يَجِدْهَا فَبَقَرَةٌ، فَإِنْ لَمْ يَجِدْهَا فَسَبْعٌ مِنَ الْغَنَمِ، فَإِنْ لَمْ يَجِدْهَا قَوَّمَ الْبَدَنَةَ وَاشْتَرَى بِقِيمَتِهَا طَعَامًا وَتَصَدَّقَ بِهِ، فَإِنْ لَمْ يَجِدْ صَامَ عَنْ كُلِّ مُدٍّ يَوْمًا، وَلَا يُجْزِئُهُ الْهَدْيُ وَلَا الْإِطْعَامُ إِلَّا بِالْحَرَمِ، وَيُجْزِئُهُ أَنْ يَصُومَ حَيْثُ شَاءَ، وَلَا يَجُوزُ قَتْلُ صَيْدِ الْحَرَمِ وَلَا قَطْعُ شَجَرِهِ، وَالْمُحِلُّ وَالْمُحْرِمُ فِي ذَلِكَ سَوَاءٌ».

كِتَابُ البُيُوعِ

قَالَ صَاحِبٌ (م ص): «وَمَنْ أَرَادَ البَيْعَ وَالنِّكَاحَ وَغَيْرَ ذَلِكَ فَعَلَيْهِ أَنْ يَتَعَلَّمَ كَيْفِيَّتَهُ وَشُرُوطَهُ. وَشُرُوطُ البَيْعِ: الإِيجَابُ مِنَ البَائِعِ وَالقَبُولُ مِنَ المُشْتَرِي، وَأَنْ يَكُونَ العَاقِدَانِ بَالِغَيْنِ عَاقِلَيْنِ رَشِيدَيْنِ مُخْتَارَيْنِ، وَأَنْ يَكُونَ المَبِيعُ طَاهِرًا مُنْتَفَعًا بِهِ مَقْدُورًا عَلَى تَسْلِيمِهِ، وَأَنْ يَكُونَ مَمْلُوكًا لِلْعَاقِدِ أَوْ لَهُ عَلَيْهِ وِلَايَةٌ أَوْ وَكَالَةٌ، وَأَنْ يَكُونَ مَعْلُومًا لِلْعَاقِدَيْنِ عَيْنُهُ وَقَدْرُهُ وَصِفَتُهُ. فَلَا يَصِحُّ بَيْعُ أَحَدِ الثَّوْبَيْنِ أَوِ العَبْدَيْنِ، وَلَا البَيْعُ بِمِلْءِ هَذَا طَعَامًا، وَلَا بَيْعُ مَا لَمْ يَرَهُ وَلَا شِرَاؤُهُ. وَإِذَا بَاعَ طَعَامًا بِجِنْسِهِ أَوْ فِضَّةً بِفِضَّةٍ أَوْ ذَهَبًا بِجِنْسِهِ اشْتُرِطَ فِي البَيْعِ الحُلُولُ وَالتَّقَابُضُ قَبْلَ التَّفَرُّقِ، وَالمُمَاثَلَةُ بِالكَيْلِ إِنْ كَانَ مِمَّا يُكَالُ، أَوْ بِالوَزْنِ إِنْ كَانَ مِمَّا يُوزَنُ، وَإِذَا بَاعَ طَعَامًا بِطَعَامٍ بِغَيْرِ جِنْسِهِ أَوْ فِضَّةً بِذَهَبٍ اشْتُرِطَ: الحُلُولُ وَالتَّقَابُضُ دُونَ المُمَاثَلَةِ.

فَصْلٌ فِي أَحْكَامِ الخِيَارِ

قَالَ صَاحِبٌ (م ص): «يَثْبُتُ الخِيَارُ فِي المَجْلِسِ فِي جَمِيعِ أَصْنَافِ البَيْعِ، وَلَا يَنْقَطِعُ إِلَّا بِالتَّخَايُرِ أَوْ بِالتَّفَرُّقِ بِأَبْدَانِهِمَا، وَيَجُوزُ لِلْمُتَعَاقِدَيْنِ أَوْ لِأَحَدِهِمَا شَرْطُ الخِيَارِ ثَلَاثًا أَوْ أَقَلَّ إِلَّا فِي المَجْلِسِ، وَبَيْعُ الطَّعَامِ بِالطَّعَامِ وَالنَّقْدِ بِالنَّقْدِ. وَإِذَا وَجَدَ بِالمَبِيعِ عَيْبًا رَدَّهُ عَلَى الفَوْرِ. وَلَا يَجُوزُ بَيْعُ المَبِيعِ حَتَّى يَقْبِضَهُ، وَيَحْرُمُ بَيْعُ الحَاضِرِ لِلْبَادِي بِمَتَاعٍ تَعُمُّ الحَاجَةُ إِلَيْهِ. وَتَلَقِّي القَافِلَةِ لِلشِّرَاءِ مِنْهُمْ إِذَا جَهِلُوا سِعْرَ البَلَدِ، وَالسَّوْمُ عَلَى سَوْمِ أَخِيهِ بِغَيْرِ إِذْنِهِ، وَالبَيْعُ عَلَى بَيْعِ أَخِيهِ، وَالشِّرَاءُ عَلَى شِرَاءِ أَخِيهِ، وَالنَّجَشُ، وَيَحْرُمُ التَّفْرِيقُ بَيْنَ الجَارِيَةِ وَوَلَدِهَا حَتَّى يُمَيِّزَ».

قَالَ صَاحِبٌ (غ ت): «البُيُوعُ ثَلَاثَةُ أَشْيَاءَ: بَيْعُ عَيْنٍ مُشَاهَدَةٍ فَجَائِزٌ، وَبَيْعُ شَيْءٍ مَوْصُوفٍ فِي الذِّمَّةِ فَجَائِزٌ إِذَا وُجِدَتِ الصِّفَةُ عَلَى مَا وُصِفَ بِهِ، وَبَيْعُ عَيْنٍ غَائِبَةٍ لَمْ تُشَاهَدْ وَلَمْ تُوصَفْ فَلَا يَجُوزُ، وَيَصِحُّ بَيْعُ كُلِّ طَاهِرٍ مُنْتَفَعٍ بِهِ مَمْلُوكٍ، وَلَا يَصِحُّ بَيْعُ عَيْنٍ نَجِسَةٍ وَلَا مَا لَا مَنْفَعَةَ فِيهِ».

❈ ❈ ❈

بَابُ الرِّبَا

قَالَ صَاحِبٌ (غ ت): «وَالرِّبَا فِي الذَّهَبِ وَالفِضَّةِ وَالمَطْعُومَاتِ؛ فَلَا يَجُوزُ بَيْعُ الذَّهَبِ بِالذَّهَبِ وَلَا الفِضَّةِ كَذَلِكَ إِلَّا مُتَمَاثِلًا نَقْدًا، وَلَا بَيْعُ مَا ابْتَاعَهُ حَتَّى يَقْبِضَهُ، وَلَا بَيْعُ اللَّحْمِ بِالحَيَوَانِ، وَيَجُوزُ بَيْعُ الذَّهَبِ بِالفِضَّةِ مُتَفَاضِلًا نَقْدًا، وَكَذَلِكَ المَطْعُومَاتُ لَا يَجُوزُ بَيْعُ الجِنْسِ مِنْهَا بِمِثْلِهِ إِلَّا مُتَمَاثِلًا نَقْدًا، وَيَجُوزُ بَيْعُ الجِنْسِ مِنْهَا بِغَيْرِهِ مُتَفَاضِلًا نَقْدًا، وَلَا يَجُوزُ بَيْعُ الغَرَرِ.

❈ ❈ ❈

بَابُ الخِيَارِ

قَالَ صَاحِبٌ (غ ت): «وَالمُتَبَايِعَانِ بِالخِيَارِ مَا لَمْ يَتَفَرَّقَا، وَلَهُمَا أَنْ يَشْتَرِطَا الخِيَارَ إِلَى ثَلَاثَةِ أَيَّامٍ، وَإِذَا وُجِدَ بِالمَبِيعِ عَيْبٌ فَلِلمُشْتَرِي رَدُّهُ، وَلَا يَجُوزُ بَيْعُ الثَّمَرَةِ مُطْلَقًا إِلَّا بَعْدَ بُدُوِّ صَلَاحِهَا، وَلَا بَيْعُ مَا فِيهِ الرِّبَا بِجِنْسِهِ رَطْبًا إِلَّا اللَّبَنَ.

❈ ❈ ❈

بَابُ السَّلَمِ

قَالَ صَاحِب (غ ت): «وَيَصِحُّ السَّلَمُ حَالًّا وَمُؤَجَّلًا فِيمَا تَكَامَلَ فِيهِ خَمسُ شَرَائِطَ: أَنْ يَكُونَ مَضْبُوطًا بِالصِّفَةِ، وَأَنْ يَكُونَ جِنسًا لَمْ يَخْتَلِطْ بِهِ غَيْرُهُ وَلَمْ تَدْخُلْهُ النَّارُ لِإِحَالَتِهِ، وَأَنْ لَا يَكُونَ مُعَيَّنًا وَلَا مِنْ مُعَيَّنٍ، ثُمَّ لِصِحَّةِ السَّلَمِ فِيهِ ثَمَانِيَةُ شَرَائِطُ، وَهُوَ أَنْ يَصِفَهُ بَعْدَ ذِكْرِ جِنْسِهِ وَنَوْعِهِ بِالصِّفَاتِ الَّتِي يَخْتَلِفُ بِهَا الثَّمَنُ، وَأَنْ يَذْكُرَ قَدْرَهُ بِمَا يَنْفِي الجَهَالَةَ عَنْهُ، وَإِنْ كَانَ مُؤَجَّلًا ذَكَرَ وَقْتَ مَحلِّهِ، وَأَنْ يَكُونَ مَوْجُودًا عِنْدَ الاسْتِحْقَاقِ فِي الغَالِبِ وَأَنْ يَذْكُرَ مَوْضِعَ قَبْضِهِ، وَأَنْ يَكُونَ الثَّمَنُ مَعْلُومًا، وَأَنْ يَتَقَابَضَا قَبْلَ التَّفَرُّقِ، وَأَنْ يَكُونَ عَقْدُ السَّلَمِ نَاجِزًا لَا يَدْخُلُهُ خِيَارُ الشَّرْطِ.

بَابُ الرَّهْنِ

قَالَ صَاحِبُ (غ ت): «وَكُلُّ مَا جَازَ بَيْعُهُ جَازَ رَهْنُهُ فِي الدُّيُونِ إِذَا اسْتَقَرَّ ثُبُوتُهَا فِي الذِّمَّةِ، وَلِلرَّاهِنِ الرُّجُوعُ فِيهِ مَا لَمْ يَقْبِضْهُ وَلَا يَضْمَنُهُ المُرْتَهِنُ إِلَّا بِالتَّعَدِّي، وَإِذَا قَبَضَ بَعْضَ الحَقِّ لَمْ يَخْرُجْ شَيْءٌ مِنَ الرَّهْنِ حَتَّى يَقْضِيَ جَمِيعَهُ.

بَابُ الحَجْرِ

قَالَ صَاحِب (غ ت): «والحَجْرُ عَلَى سِتَّةٍ: الصَّبِيُّ، وَالمَجْنُونُ، وَالسَّفِيهُ المُبَذِّرُ لِمَالِهِ، وَالمُفْلِسُ الَّذِي ارْتَكَبَتْهُ الدُّيُونُ، وَالمَرِيضُ فِيمَا زَادَ عَلَى الثُّلُثِ،

وَالعَبْدُ الَّذِي لَمْ يُؤْذَنْ لَهُ فِي التِّجَارَةِ، وَتَصَرُّفُ الصَّبِيِّ وَالمَجْنُونِ وَالسَّفِيهِ غَيْرُ صَحِيحٍ، وَتَصَرُّفُ المُفْلِسِ يَصِحُّ فِي ذِمَّتِهِ دُونَ أَعْيَانِ مَالِهِ، وَتَصَرُّفُ المَرِيضِ فِيمَا زَادَ عَلَى الثُّلُثِ مَوْقُوفٌ عَلَى إِجَازَةِ الوَرَثَةِ مِنْ بَعْدِهِ، وَتَصَرُّفُ العَبْدِ يَكُونُ فِي ذِمَّتِهِ يُتْبَعُ بِهِ بَعْدَ عِتْقِهِ.

بَابُ الصُّلْحِ

قَالَ صَاحِب (غ ت): «وَيَصِحُّ الصُّلْحُ مَعَ الإِقْرَارِ فِي الأَمْوَالِ وَمَا أَفْضَى إِلَيْهَا، وَهُوَ نَوْعَانِ: إِبْرَاءٌ وَمُعَاوَضَةٌ، فَالإِبْرَاءُ اقْتِصَارُهُ مِنْ حَقِّهِ عَلَى بَعْضِهِ، وَلَا يَجُوزُ تَعْلِيقُهُ عَلَى شَرْطٍ، وَالمُعَاوَضَةَ عُدُولُهُ عَنْ حَقِّهِ إِلَى غَيْرِهِ، وَيَجْرِي عَلَيْهِ حُكْمُ البَيْعِ، وَيَجُوزُ لِلإِنْسَانِ أَنْ يُشْرِعَ رَوْشَنًا فِي طَرِيقٍ نَافِذٍ بِحَيْثُ لَا يَتَضَرَّرُ المَارُّ بِهِ، وَلَا يَجُوزُ فِي الدَّرْبِ المُشْتَرَكِ إِلَّا بِإِذْنِ الشُّرَكَاءِ، وَيَجُوزُ تَقْدِيمُ البَابِ فِي الدَّرْبِ المُشْتَرَكِ، وَلَا يَجُوزُ تَأْخِيرُهُ إِلَّا بِإِذْنِ الشُّرَكَاءِ.

بَابُ الحِوَالَةِ

قَالَ صَاحِب (غ ت): «وَشَرَائِطُ الحوَالَةِ أَرْبَعَةُ أَشْيَاء: رِضَا المُحِيلِ، وَقَبُولُ المُحْتَالِ، وَكَوْنُ الحَقِّ مُسْتَقِرًّا فِي الذِّمَّةِ، وَاتِّفَاقُ مَا فِي ذِمَّةِ المُحِيلِ والمُحَالِ عَلَيْهِ فِي الجِنْسِ وَالنَّوْعِ والحُلُول وَالتَّأْجِيل، وَتَبْرَأُ بِهَا ذِمَّةُ المُحِيلِ.

بابُ الضَّمانِ

قَالَ صَاحِبٌ (غ ت): «وَيَصِحُّ ضَمَانُ الدُّيُونِ المُسْتَقِرَّةِ في الذِّمَّةِ إذَا عُلِمَ قَدْرُهَا، وَلِصَاحِبِ الحَقِّ مُطَالَبَةُ مَنْ شَاءَ مِنَ الضَّامِنِ وَالمَضْمُونِ عَنْهُ إذَا كَانَ الضَّمَانُ عَلَى مَا بَيَّنَّا، وَإذَا غَرِمَ الضَّامِنُ رَجَعَ عَلَى المَضْمُونِ عَنْهُ إذَا كَانَ الضَّمَانُ وَالقَضَاءُ بِإذْنِهِ، وَلَا يَصِحُّ ضَمَانُ المَجْهُولِ وَلَا مَا لَمْ يَجِبْ إلَّا دَرْكُ المَبِيعِ».

بابُ الكَفَالَةِ

قَالَ صَاحِبٌ (غ ت): «وَالكَفَالَةُ بِالبَدَنِ جَائِزَةٌ إذَا كَانَ عَلَى المَكْفُولِ بِهِ حَقٌّ لِآدَمِيٍّ».

بابُ الشَّرِكَةِ

قَالَ صَاحِبٌ (غ ت): «وَلِلشَّرِكَةِ خَمْسُ شَرَائِطَ: أَنْ يَكُونَ عَلَى نَاضٍّ مِنَ الدَّرَاهِمِ وَالدَّنَانِيرِ، وَأَنْ يَتَّفِقَا فِي الجِنْسِ وَالنَّوْعِ، وَأَنْ يَخْلِطَا المَالَيْنِ، وَأَنْ يَأْذَنَ كُلُّ وَاحِدٍ مِنْهُمَا لِصَاحِبِهِ فِي التَّصَرُّفِ، وَأَنْ يَكُونَ الرِّبْحُ وَالخُسْرَانُ عَلَى قَدْرِ المَالَيْنِ، وَلِكُلِّ وَاحِدٍ مِنْهُمَا فَسْخُهَا مَتَى شَاءَ، وَإذَا مَاتَ أَحَدُهُمَا أَوْ بَطَلَتْ.

فصلٌ: وَكُلُّ مَا جَازَ لِلْإنْسَانِ التَّصَرُّفُ فِيهِ بِنَفْسِهِ جَازَ لَهُ أَنْ يُوَكِّلَ فِيهِ أَوْ يَتَوَكَّلَ، وَالوَكَالَةُ عَقْدٌ جَائِزٌ لِكُلٍّ مِنْهُمَا فَسْخُهَا مَتَى شَاءَ، وَتَنْفَسِخُ بِمَوْتِ أَحَدِهِمَا، وَالوَكِيلُ أَمِينٌ فِيمَا يَقْبِضُهُ وَفِيمَا يَصْرِفُهُ، وَلَا يَضْمَنُ إلَّا بِالتَّفْرِيطِ، وَلَا

يَجُوزُ أَنْ يَبِيعَ وَيَشْتَرِيَ إِلَّا بِثَلَاثَةِ شَرَائِطَ: أَنْ يَبِيعَ بِثَمَنِ المِثْلِ، وَأَنْ يَكُونَ نَقْدًا بِنَقْدِ البَلَدِ، وَلَا يَجُوزُ أَنْ يَبِيعَ مِنْ نَفْسِهِ وَلَا يُقِرَّ عَلَى مُوَكِّلِهِ.

باب الإقرار

قَالَ صَاحِبُ (غ ت): «وَالمُقَرُّ بِهِ ضَرْبَانِ: حَقُّ اللهِ تَعَالَى وَحَقٌّ لِآدَمِيٍّ، فَحَقُّ اللهِ تَعَالَى يَصِحُّ الرُّجُوعُ فِيهِ عَنِ الإِقْرَارِ بِهِ، وَحَقُّ الآدَمِيِّ لَا يَصِحُّ الرُّجُوعُ فِيهِ عَنِ الإِقْرَارِ بِهِ، وَتَفْتَقِرُ صِحَّةُ الإِقْرَارِ إِلَى ثَلَاثَةِ شَرَائِطَ: البُلُوغُ وَالعَقْلُ وَالاخْتِيَارُ، وَإِنْ كَانَ بِمَالٍ اعْتُبِرَ فِيهِ شَرْطٌ رَابِعٌ وَهُوَ الرُّشْدُ، وَإِذَا أَقَرَّ بِمَجْهُولٍ رَجَعَ إِلَيْهِ فِي بَيَانِهِ، وَيَصِحُّ الاسْتِثْنَاءُ فِي الإِقْرَارِ إِذَا وَصَلَهُ بِهِ وَهُوَ فِي حَالِ الصِّحَّةِ وَالمَرَضِ سَوَاءٌ.

باب الإعارة

قَالَ صَاحِبُ (غ ت): «وَكُلُّ مَا يُمْكِنُ الانْتِفَاعُ بِهِ مَعَ بَقَاءِ عَيْنِهِ جَازَتْ إِعَارَتُهُ إِذَا كَانَتْ مَنَافِعُهُ آثَارًا، وَتَجُوزُ العَارِيَةُ مُطْلَقَةً وَمُقَيَّدَةً بِمُدَّةٍ، وَهِيَ مَضْمُونَةٌ عَلَى المُسْتَعِيرِ بِقِيمَتِهَا يَوْمَ تَلَفِهَا.

باب الغصب

قَالَ صَاحِبُ (غ ت): «وَمَنْ غَصَبَ مَالًا لِأَحَدٍ لَزِمَهُ رَدُّهُ وَأَرْشُ نَقْصِهِ

وَأُجْرَةُ مِثْلِهِ، فَإِنْ تَلِفَ ضَمِنَهُ بِمِثْلِهِ إِنْ كَانَ لَهُ مِثْلٌ، وَبِقِيمَتِهِ إِنْ لَمْ يَكُنْ لَهُ مِثْلٌ أَكْثَرَ مَا كَانَتْ مِنْ يَوْمِ الغَصْبِ إِلَى يَوْمِ التَّلَفِ.

✼ ✼ ✼

باب الشُّفْعَةِ

وَالشُّفْعَةُ وَاجِبَةٌ بِالخُلْطَةِ دُونَ الجِوَارِ فِيمَا يَنْقَسِمُ دُونَ مَا لَا يَنْقَسِمُ، وَفِي كُلِّ مَا لَا يُنْقَلُ مِنَ الأَرْضِ كَالعَقَارِ وَغَيْرِهِ بِالثَّمَنِ الَّذِي وَقَعَ عَلَيْهِ البَيْعُ وَهِيَ عَلَى الفَوْرِ، فَإِنْ أَخَّرَهَا مَعَ القُدْرَةِ عَلَيْهَا بَطَلَتْ، وَإِذَا تَزَوَّجَ امْرَأَةً عَلَى شِقْصٍ أَخَذَهُ الشَّفِيعُ بِمَهْرِ المِثْلِ، وَإِذَا كَانَ الشُّفَعَاءُ جَمَاعَةً اسْتَحَقُّوهَا عَلَى قَدْرِ الأَمْلَاكِ.

✼ ✼ ✼

باب القِرَاضِ

وَلِلقِرَاضِ أَرْبَعَةُ شَرَائِطَ: أَنْ يَكُونَ إِلَى نَاضٍ مِنَ الدَّرَاهِمِ وَالدَّنَانِيرِ، وَأَنْ يَأْذَنَ رَبُّ المَالِ لِلعَامِلِ فِي التَّصَرُّفِ مُطْلَقًا أَوْ فِيمَا لَا يَنْقَطِعُ وُجُودُهُ غَالِبًا، وَأَنْ يَشْرِطَ لَهُ جُزْءًا مَعْلُومًا مِنَ الرِّبْحِ، وَأَنْ لَا يُقَدَّرَ بِمُدَّةٍ، وَلَا ضَمَانَ عَلَى العَامِلِ إِلَّا بِعُدْوَانٍ، وَإِذَا حَصَلَ رِبْحٌ وَخُسْرَانٌ جُبِرَ الخُسْرَانُ بِالرِّبْحِ.

✼ ✼ ✼

باب المُسَاقَاةِ

قَالَ صَاحِبُ (غ ت): «وَالمُسَاقَاةُ جَائِزَةٌ عَلَى النَّخْلِ وَالكَرْمِ، وَلَهَا شَرْطَانِ:

«أَحَدُهُمَا» أَنْ يُقَدِّرَهَا بِمُدَّةٍ مَعْلُومَةٍ، وَالثَّانِي» أَنْ يُعَيِّنَ لِلْعَامِلِ جُزْءًا مَعْلُومًا مِنَ الثَّمَرَةِ، ثُمَّ العَمَلُ فِيهَا عَلَى ضَرْبَيْنِ؛ عَمَلٌ يَعُودُ نَفْعُهُ إِلَى الثَّمَرَةِ فَهُوَ عَلَى العَامِلِ، وَعَمَلٌ يَعُودُ نَفْعُهُ إِلَى الأَرْضِ فَهُوَ عَلَى رَبِّ المَالِ.

بَابُ الإِجَارَةِ

قَالَ صَاحِب (غ ت): «وَكُلُّ مَا أَمْكَنَ الانْتِفَاعُ بِهِ مَعَ بَقَاءِ عَيْنِهِ صَحَّتْ إِجَارَتُهُ إِذَا قُدِّرَتْ مَنْفَعَتُهُ بِأَحَدِ أَمْرَيْنِ، بِمُدَّةٍ أَوْ عَمَلٍ، وَإِطْلَاقُهَا يَقْتَضِي تَعْجِيلَ الأُجْرَةِ إِلَّا أَنْ يَشْرُطَ التَّأْجِيلَ، وَلَا تَبْطُلُ الإِجَارَةُ بِمَوْتِ أَحَدِ المُتَعَاقِدَيْنِ، وَتَبْطُلُ بِتَلَفِ العَيْنِ المُسْتَأْجَرَةِ، وَلَا ضَمَانَ عَلَى الأَجِيرِ إِلَّا بِعُدْوَانٍ.

بَابُ الجَعَالَةِ

قَالَ صَاحِب (غ ت): «والجَعَالَةُ جَائِزَةٌ، وَهُوَ أَنْ يَشْتَرِطَ فِي رَدِّ ضَالَّتِهِ عِوَضًا مَعْلُومًا، فَإِذَا رَدَّهَا رَادٌّ اسْتَحَقَّ ذَلِكَ العِوَضَ المَشْرُوطَ.

قَالَ صَاحِب (غ ت): «وَإِذَا دَفَعَ إِلَى رَجُلٍ أَرْضًا لِيَزْرَعَهَا، وَشَرَطَ لَهُ جُزْءًا مَعْلُومًا مِنْ زَرْعِهَا لَمْ يَجُزْ، وَإِنْ أَكْرَاهُ إِيَّاهَا بِذَهَبٍ أَوْ فِضَّةٍ أَوْ شَرَطَ لَهُ طَعَامًا مَعْلُومًا فِي ذِمَّتِهِ جَازَ».

بَابُ إِحْيَاءِ المَوَاتِ

قَالَ صَاحِب (غ ت): «فَصْلٌ: وَإِحْيَاءُ المَوَاتِ جَائِزٌ بِشَرْطَيْنِ: أَنْ يَكُونَ المُحْيِي مُسْلِمًا، وَأَنْ تكونَ الأَرْضُ حُرَّةً لَمْ يَجْرِ عَلَيْهَا مِلْكٌ لمُسْلِمٍ، وَصِفَةُ الإِحْيَاءِ مَا كَانَ فِي العَادَةِ عِمَارَةً لِلْمُحْيَا، وَيَجِبُ بَذْلُ المَاءِ بِثَلَاثَةِ شَرَائِطَ: أَنْ يَفْضُلَ عَنْ حَاجَتِهِ، وَأَنْ يَحْتَاجَ إِلَيْهِ غَيْرُهُ لِنَفسِهِ أَوْ لِبَهِيمَتِهِ، وَأَنْ يَكُونَ مِمَّا يُسْتَخْلَفُ فِي بِئْرٍ أَوْ عَيْنٍ.

❁ ❁ ❁

بَابُ الوَقْفِ

قَالَ صَاحِب (غ ت): «وَالوَقْفُ جَائِزٌ بِثَلَاثَةِ شَرَائِطَ: أَنْ يَكُونَ مِمَّا يُنْتَفَعُ بِهِ مَعَ بَقَاءِ عَيْنِهِ، وَأَنْ يَكُونَ عَلَى أَصْلٍ مَوْجُودٍ وَفَرْعٍ لَا يَنْقَطِعُ، وَأَنْ لَا يَكُونَ فِي مَحْظُورٍ، وَهُوَ عَلَى مَا شَرَطَ الوَاقِفُ مِنْ تَقْدِيمٍ أَوْ تَأْخِيرٍ أَوْ تَسْوِيَةٍ أَوْ تَفْضِيلٍ.

❁ ❁ ❁

بَابُ الهِبَةِ

قَالَ صَاحِب (غ ت): «وَكُلُّ مَا جَازَ بَيْعُهُ جَازَتْ هِبَتُهُ، وَلَا تَلْزَمُ الهِبَةُ إِلَّا بِالقَبْضِ، وَإِذَا قَبَضَهَا المَوْهُوبُ لَهُ لَمْ يَكُن لِلْوَاهِبِ أَنْ يَرْجِعَ فِيهَا إِلَّا أَنْ يَكُونَ وَالِدًا، وَإِذَا أَعْمَرَ شَيْئًا أَوْ أَرْقَبَهُ كَانَ لِلْمُعَمِّرِ أَوْ لِلْمُرْقِبِ وَلِوَرَثَتِهِ مِنْ بَعْدِهِ.

❁ ❁ ❁

باب اللُّقَطَةِ

قَالَ صَاحِبُ (غ ت): «فَصْلٌ: وَإِذَا وَجَدَ لُقَطَةً فِي مَوَاتٍ أَوْ طَرِيقٍ فَلَهُ أَخْذُهَا أَوْ تَرْكُهَا، وَأَخْذُهَا أَوْلَى مِنْ تَرْكِهَا إِنْ كَانَ عَلَى ثِقَةٍ مِنَ القِيَامِ بِهَا، وَإِذَا أَخَذَهَا وَجَبَ عَلَيْهِ أَنْ يُعَرِّفَ سِتَّةَ أَشْيَاءَ: وِعَاءَهَا وَعِفَاصَهَا وَوِكَاءَهَا وَجِنْسَهَا وَعَدَدَهَا وَوَزْنَهَا، وَيَحْفَظُهَا فِي حِرْزِ مِثْلِهَا، ثُمَّ إِذَا أَرَادَ تَمَلُّكَهَا عَرَّفَهَا سَنَةً عَلَى أَبْوَابِ المَسَاجِدِ وَفِي المَوْضِعِ الَّذِي وَجَدَهَا فِيهِ، فَإِنْ لَمْ يَجِدْ صَاحِبَهَا كَانَ لَهُ أَنْ يَتَمَلَّكَهَا بِشَرْطِ الضَّمَانِ.

وَاللُّقَطَةُ عَلَى أَرْبَعَةِ أَضْرُبٍ، أَحَدُهَا: مَا يَبْقَى عَلَى الدَّوَامِ، فَهَذَا حُكْمُهُ، الثَّانِي: مَا لَا يَبْقَى كَالطَّعَامِ الرَّطْبِ فَهُوَ مُخَيَّرٌ بَيْنَ أَكْلِهِ وَغُرْمِهِ أَوْ بَيْعِهِ وَحِفْظِ ثَمَنِهِ، الثَّالِثُ: مَا يَبْقَى بِعِلَاجٍ كَالرَّطْبِ فَيَفْعَلُ مَا فِيهِ المَصْلَحَةَ مِنْ بَيْعِهِ وَحِفْظِ ثَمَنِهِ أَوْ تَجْفِيفِهِ وَحِفْظِهِ، الرَّابِعُ: مَا يَحْتَاجُ إِلَى نَفَقَةٍ كَالحَيَوَانِ وَهُوَ ضَرْبَانِ؛ حَيَوَانٌ لَا يَمْتَنِعُ بِنَفْسِهِ فَهُوَ مُخَيَّرٌ بَيْنَ أَكْلِهِ وَغُرْمِ ثَمَنِهِ أَوْ تَرْكِهِ وَالتَّطَوُّعِ بِالإِنْفَاقِ عَلَيْهِ أَوْ بَيْعِهِ وَحِفْظِ ثَمَنِهِ، وَحَيَوَانٌ يَمْتَنِعُ بِنَفْسِهِ، فَإِنْ وَجَدَهُ فِي الصَّحْرَاءِ تَرَكَهُ، وَإِنْ وَجَدَهُ فِي الحَضَرِ فَهُوَ مُخَيَّرٌ بَيْنَ الأَشْيَاءِ الثَّلَاثَةِ فِيهِ.

بَابُ اللَّقِيطِ

قَالَ صَاحِبُ (غ ت): «وَإِذَا وُجِدَ لَقِيطٌ بِقَارِعَةِ الطَّرِيقِ فَأَخْذُهُ وَتَرْبِيَتُهُ

وَكَفَالَتُهُ وَاجِبَةٌ عَلَى الكِفَايَةِ، وَلَا يُقَرُّ إِلَّا فِي يَدِ أَمِينٍ، فَإِنْ وُجِدَ مَعَهُ مَالٌ أَنْفَقَ عَلَيْهِ الحَاكِمُ مِنْهُ، وَإِنْ لَمْ يُوجَدْ مَعَهُ مَالٌ فَنَفَقَتُهُ فِي بَيْتِ المَالِ.

بَابُ الوَدِيعَةِ

قَالَ صَاحِبُ (غ ت): «فَصْلٌ: وَالوَدِيعَةُ أَمَانَةٌ، وَيُسْتَحَبُّ قَبُولُهَا لِمَنْ قَامَ بِالأَمَانَةِ فِيهَا، وَلَا يَضْمَنُ إِلَّا بِالتَّعَدِّي، وَقَوْلُ المُودِعِ مَقْبُولٌ فِي رَدِّهَا عَلَى المُودَعِ، وَعَلَيْهِ أَنْ يَحْفَظَهَا فِي حِرْزِ مِثْلِهَا، وَإِذَا طُولِبَ بِهَا فَلَمْ يُخْرِجْهَا مَعَ القُدْرَةِ عَلَيْهَا حَتَّى تَلِفَتْ ضَمِنَ.

كِتَابُ الفَرَائِضِ وَالوَصَايَا

قَالَ صَاحِبٌ (غ ت): «الوَارِثُونَ مِنَ الرِّجَالِ عَشَرَةٌ: الابْنُ، وَابْنُ الابْنِ وَإِنْ سَفَلَ، وَالأَبُ، وَالجَدُّ وَإِنْ عَلَا، وَالأَخُ، وَابْنُ الأَخِ وَإِنْ تَرَاخَى، وَالعَمُّ، وَابْنُ العَمِّ وَإِنْ تَبَاعَدَا، وَالزَّوْجُ، وَالمَوْلَى المُعْتِقُ.

قَالَ صَاحِبٌ (غ ت): «الوَارِثَاتُ مِنَ النِّسَاءِ سَبْعٌ: البِنْتُ، وَبِنْتُ الابْنِ، وَالأُمُّ، وَالجَدَّةُ، وَالأُخْتُ، وَالزَّوْجَةُ، وَالمَوْلَاةُ المُعْتِقَةُ.

قَالَ صَاحِبٌ (غ ت): «وَمَنْ لَا يَسْقُطُ بِحَالٍ خَمْسَةٌ: الزَّوْجَانِ، وَالأَبَوَانِ، وَوَلَدُ الصُّلْبِ.

قَالَ صَاحِبٌ (غ ت): «وَمَنْ لَا يَرِثُ بِحَالٍ سَبْعَةٌ: العَبْدُ، وَالمُدَبَّرُ، وَأُمُّ الوَلَدِ، وَالمُكَاتَبُ، وَالقَاتِلُ، وَالمُرْتَدُّ، وَأَهْلُ مِلَّتَيْنِ.

وَأَقْرَبُ العَصَبَاتِ: الابْنُ، ثُمَّ ابْنُهُ، ثُمَّ الأَبُ، ثُمَّ أَبُوهُ، ثُمَّ الأَخُ لِلْأَبِ وَالأُمِّ، ثُمَّ الأَخُ لِلْأَبِ، ثُمَّ ابْنُ الأَخِ لِلْأَبِ وَالأُمِّ، ثُمَّ ابْنُ الأَخِ لِلْأَبِ، ثُمَّ العَمُّ عَلَى هَذَا التَّرْتِيبِ، ثُمَّ ابْنُهُ، فَإِنْ عُدِمَتِ العَصَبَاتُ فَالمَوْلَى المُعْتِقُ.

قَالَ صَاحِبٌ (غ ت): «فَصْلٌ: وَالفُرُوضُ المَذْكُورَةُ فِي كِتَابِ اللهِ تَعَالَى سِتَّةٌ: النِّصْفُ، وَالرُّبُعُ، وَالثُّمُنُ، وَالثُّلُثَانِ، وَالثُّلُثُ، وَالسُّدُسُ».

قَالَ صَاحِبٌ (غ ت): «فَالنِّصْفُ فَرْضُ خَمْسَةٍ: البِنْتُ، وَبِنْتُ الابْنِ، وَالأُخْتُ مِنَ الأَبِ وَالأُمِّ، وَالأُخْتُ مِنَ الأَبِ، وَالزَّوْجُ إِذَا لَمْ يَكُنْ مَعَهُ وَلَدٌ، وَالرُّبُعُ فَرْضُ اثْنَيْنِ: الزَّوْجُ مَعَ الوَلَدِ أَوْ وَلَدِ الابْنِ، وَهُوَ فَرْضُ الزَّوْجَةِ وَالزَّوْجَاتِ مَعَ عَدَمِ الوَلَدِ أَوْ وَلَدِ الابْنِ، وَالثُّمُنُ فَرْضُ الزَّوْجَةِ وَالزَّوْجَاتِ مَعَ الوَلَدِ أَوْ وَلَدِ الابْنِ، وَالثُّلُثَانِ فَرْضُ أَرْبَعَةٍ: البِنْتَيْنِ، وَبِنْتَيِ الابْنِ، وَالأُخْتَيْنِ مِنَ الأَبِ وَالأُمِّ، وَالأُخْتَيْنِ مِنَ الأَبِ، وَالثُّلُثُ فَرْضُ اثْنَيْنِ: الأُمُّ إِذَا لَمْ تُحْجَبْ، وَهُوَ

لِلاثْنَيْنِ فَصَاعِدًا مِن الأُخْوَةِ وَالأَخَوَات مِنْ وَلَدِ الأُمِّ، وَالسُّدُسُ فَرْضُ سَبْعَةٍ: الأُمُّ مَعَ الوَلَدِ أَوْ وَلَدِ الابْنِ أَو اثْنَيْنِ فَصَاعِدًا مِنَ الأُخْوَةِ وَالأَخَوَاتِ، وَهُوَ لِلْجَدَّةِ عِنْدَ عَدَمِ الأُمِّ، وَلِبِنْتِ الابْنِ مَعَ بِنْتِ الصُّلْبِ، وَهُوَ لِلأُخْتِ مِنَ الأَبِ مَعَ الأُخْتِ مِنَ الأَبِ وَالأُمِّ، وَهُوَ فَرْضُ الأَبِ مَعَ الوَلَدِ أَوْ وَلَدِ الابْنِ، وَفَرْضُ الجَدِّ عِنْدَ عَدَمِ الأَبِ وَهُوَ فَرْضُ الوَاحِدِ مِنْ وَلَدِ الأُمِّ، وَتَسْقُطُ الجَدَّاتُ بِالأُمِّ والأَجْدَادُ بِالأَبِ، وَيَسْقُطُ وَلَدُ الأُمِّ مَعَ أَرْبَعَة: الوَلَدُ، وَوَلَدُ الابْنِ، وَالأَبُ، وَالجَدُّ، وَيَسْقُطُ الأَخُ لِلأَبِ وَالأُمِّ مَعَ ثَلَاثَةٍ: الابْنُ، وَابْنُ الابْنِ، وَالأَبُ.

قَالَ صَاحِب (غ ت): «وَيَسْقُطُ وَلَدُ الأَبِ بِهَؤُلَاءِ الثَّلَاثَةِ، وَبِالأَخِ لِلأَبِ وَالأُمِّ.

قَالَ صَاحِب (غ ت): «وَأَرْبَعَةٌ يُعَصِّبُونَ أُخْوَتَهُم: الابْنُ، وَابْنُ الابْنِ، وَالأَخُ مِنَ الأَبِ وَالأُمِّ، والأَخُ مِنَ الأَبِ.

قَالَ صَاحِب (غ ت): «وَأَرْبَعَةٌ يَرِثُونَ دُونَ أَخَوَاتِهِمْ، وَهُمُ الأَعْمَامُ، وَبَنُو الأَعْمَامِ، وبَنُو الأَخِ، وَعَصَبَاتُ المَوْلَى المُعْتِقِ.

قَالَ صَاحِب (غ ت): «وَتَجُوزُ الوَصِيَّةُ بِالمَعْلُومِ وَالمَجْهُولِ وَالمَوْجُودِ وَالمَعْدُومِ، وَهِيَ مِنَ الثُّلُثِ، فَإِنْ زَادَ وُقِفَ عَلَى إِجَازَةِ الوَرَثَةِ، وَلَا تَجُوزُ الوَصِيَّةُ لِوَارِثٍ إِلَّا أَنْ يُجِيزَهَا بَاقِي الوَرَثَةِ، وَتَصِحُّ الوَصِيَّةُ مِنْ كُلِّ بَالِغٍ عَاقِلٍ لِكُلِّ مُتَمَلِّكٍ، وَفِي سَبِيلِ اللهِ تَعَالَى، وَتَصِحُّ الوَصِيَّةُ إِلَى مَنِ اجْتَمَعَتْ فِيهِ خَمْسُ خِصَالٍ: الإِسْلَامُ، وَالبُلُوغُ، وَالعَقْلُ، وَالحُرِّيَّةُ، وَالأَمَانَةُ.

كِتَابُ النِّكَاحِ

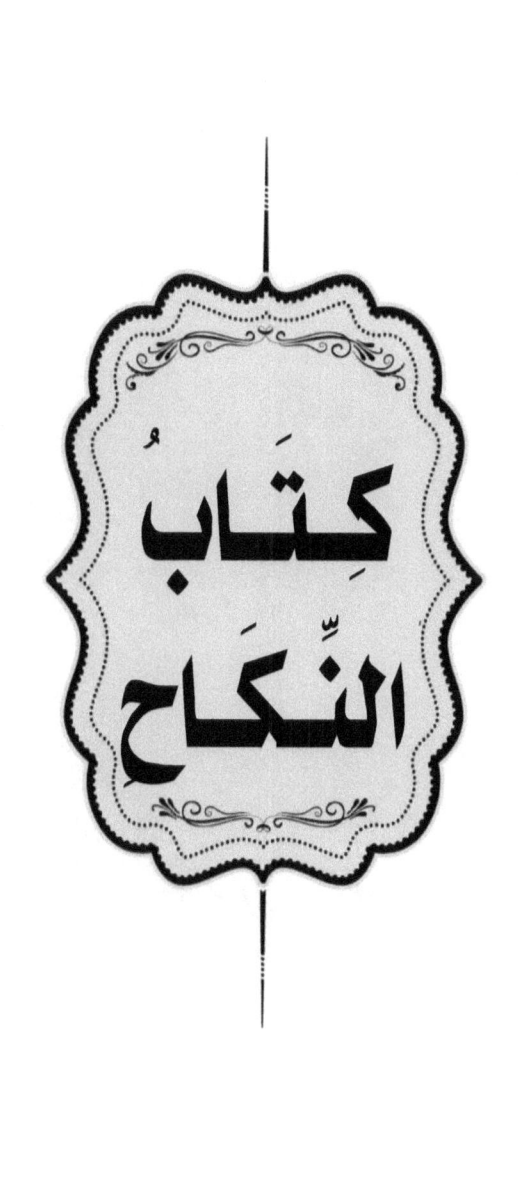

قَالَ صَاحِبٌ (ت ق): «الرَّضَاعُ: يَحْرُمُ حُصُولُ لَبَنِ امْرَأَةٍ حُلِبَ حَيَاتِهَا -وَإِنْ غُلِبَ- إِنْ حَصَلَ كُلُّهُ فِي مَعِدَةٍ هِيَ قَبْلَ الْحَوْلَيْنِ، وَدِمَاغِهِ -لَا بِحُقْنَةٍ- خَمْسَ رَضَعَاتٍ فِي الْعَادَةِ- ثُمَّ قَوْلُهُ: عَلَى مَنْ يَنْتَسِبُ إِلَيْهِ مَنْ دَرَّ عَلَيْهِ اللَّبَنُ، وَمُرْضِعَةِ زَوْجَتِهِ -وَإِنْ بَانَتْ- وَيَدْفَعُ النِّكَاحَ وَلِزَوْجَتَيْهِ كَيْفَ ارْتَضَعَتَا. وَتَثْبُتُ بِشَهَادَةِ الْمُرْضِعَةِ مَعَ غَيْرِهَا إِنْ لَمْ تَطْلُبْ أُجْرَةً».

قَالَ صَاحِبٌ (غ ت): «النِّكَاحُ مُسْتَحَبٌّ لِمَنْ يَحْتَاجُ إِلَيْهِ، وَيَجُوزُ لِلْحُرِّ أَنْ يَجْمَعَ بَيْنَ أَرْبَعِ حَرَائِرَ، وَلِلْعَبْدِ بَيْنَ اثْنَيْنِ، وَلَا يَنْكِحُ الْحُرُّ أَمَةً إِلَّا بِشَرْطَيْنِ: عَدَمُ صَدَاقِ الْحُرَّةِ، وَخَوْفُ الْعَنَتِ، وَنَظَرُ الرَّجُلِ إِلَى الْمَرْأَةِ عَلَى سَبْعَةِ أَضْرُبٍ: أَحَدُهَا: نَظْرَةٌ إِلَى أَجْنَبِيَّةٍ لِغَيْرِ حَاجَةٍ، فَغَيْرُ جَائِزٍ، وَالثَّانِي: نَظْرَةٌ إِلَى زَوْجَتِهِ أَوْ أَمَتِهِ، فَيَجُوزُ أَنْ يَنْظُرَ إِلَى مَا عَدَا الْفَرْجَ مِنْهُمَا، وَالثَّالِثُ: نَظْرَةٌ إِلَى ذَوَاتِ مَحَارِمِهِ أَوْ أَمَتِهِ الْمُزَوَّجَةِ، فَيَجُوزُ فِيمَا عَدَا مَا بَيْنَ السُّرَّةِ وَالرُّكْبَةِ، وَالرَّابِعُ: النَّظَرُ لِأَجْلِ النِّكَاحِ، فَيَجُوزُ إِلَى الْوَجْهِ وَالْكَفَّيْنِ، وَالْخَامِسُ: النَّظَرُ لِلْمُدَاوَاةِ، فَيَجُوزُ إِلَى الْمَوَاضِعِ الَّتِي يَحْتَاجُ إِلَيْهَا، وَالسَّادِسُ: النَّظَرُ لِلشَّهَادَةِ أَوْ لِلْمُعَامَلَةِ، فَيَجُوزُ إِلَى الْوَجْهِ خَاصَّةً، وَالسَّابِعُ: النَّظَرُ إِلَى الْأَمَةِ عِنْدَ ابْتِيَاعِهَا، فَيَجُوزُ إِلَى الْمَوَاضِعِ الَّتِي يَحْتَاجُ إِلَى تَقْلِيبِهَا.

فَصْلٌ: وَلَا يَصِحُّ عَقْدُ النِّكَاحِ إِلَّا بِوَلِيٍّ وَشَاهِدَيْ عَدْلٍ، وَيَفْتَقِرُ الْوَلِيُّ وَالشَّاهِدَانِ إِلَى سِتَّةِ شَرَائِطَ: الْإِسْلَامُ، وَالْبُلُوغُ، وَالْعَقْلُ، وَالْحُرِّيَّةُ، وَالذُّكُورَةُ، وَالْعَدَالَةُ إِلَّا أَنَّهُ لَا يَفْتَقِرُ نِكَاحُ الذِّمِّيَّةِ إِلَى إِسْلَامِ الْوَلِيِّ وَلَا نِكَاحُ الْأَمَةِ إِلَى عَدَالَةِ السَّيِّدِ، وَأَوْلَى الْوُلَاةِ: الْأَبُ، ثُمَّ الْجَدُّ أَبُو الْأَبِ، ثُمَّ الْأَخُ لِلْأَبِ وَالْأُمِّ، ثُمَّ الْأَخُ لِلْأَبِ، ثُمَّ ابْنُ الْأَخِ لِلْأَبِ وَالْأُمِّ، ثُمَّ ابْنُ الْأَخِ لِلْأَبِ، ثُمَّ الْعَمُّ، ثُمَّ ابْنُهُ، عَلَى هَذَا

التَّرْتِيبِ، فَإِذَا عُدِمَتِ العَصَبَاتُ فَالمَوْلَى المُعْتِقُ ثُمَّ عَصَبَاتُهُ ثُمَّ الحَاكِمُ، وَلَا يَجُوزُ أَنْ يُصَرِّحَ بِخِطْبَةٍ مُعْتَدَّةٍ، وَيَجُوزُ أَنْ يُعَرِّضَ لَهَا وَيَنْكِحَهَا بَعْدَ انْقِضَاءِ عِدَّتِهَا، وَالنِّسَاءُ عَلَى ضَرْبَيْنِ: ثَيِّبَاتٍ وَأَبْكَارٍ، فَالبِكْرُ يَجُوزُ لِلأَبِ وَالجَدِّ إِجْبَارُهَا عَلَى النِّكَاحِ، وَالثَّيِّبُ لَا يَجُوزُ تَزْوِيجُهَا إِلَّا بَعْدَ بُلُوغِهَا وَإِذْنِهَا.

فَصْلٌ: وَالمُحَرَّمَاتُ بِالنَّصِّ أَرْبَعَ عَشْرَةَ: سَبْعٌ بِالنَّسَبِ وَهُنَّ الأُمُّ وَإِنْ عَلَتْ، وَالبِنْتُ وَإِنْ سَفَلَتْ، وَالأُخْتُ وَالخَالَةُ وَالعَمَّةُ وَبِنْتُ الأَخِ وَبِنْتُ الأُخْتِ وَاثْنَتَانِ بِالرَّضَاعِ: الأُمُّ المُرْضِعَةُ وَالأُخْتُ مِنَ الرَّضَاعِ، وَأَرْبَعٌ بِالمُصَاهَرَةِ: أُمُّ الزَّوْجَةِ وَالرَّبِيبَةُ إِذَا دَخَلَ بِالأُمِّ وَزَوْجَةُ الأَبِ وَزَوْجَةُ الابْنِ وَوَاحِدَةٌ مِنْ جِهَةِ الجَمْعِ وَهِيَ أُخْتُ الزَّوْجَةِ، وَلَا يَجْمَعُ بَيْنَ المَرْأَةِ وَعَمَّتِهَا وَلَا بَيْنَ المَرْأَةِ وَخَالَتِهَا، وَيَحْرُمُ مِنَ الرَّضَاعِ مَا يَحْرُمُ مِنَ النَّسَبِ، وَتُرَدُّ المَرْأَةُ بِخَمْسَةِ عُيُوبٍ: بِالجُنُونِ وَالجُذَامِ وَالبَرَصِ وَالرَّتَقِ وَالقَرَنِ، وَيُرَدُّ الرَّجُلُ بِخَمْسَةِ عُيُوبٍ: بِالجُنُونِ وَالجُذَامِ وَالبَرَصِ، وَالجَبِّ وَالعُنَّةِ.

فَصْلٌ: وَيُسْتَحَبُّ تَسْمِيَةُ المَهْرِ فِي النِّكَاحِ، فَإِنْ لَمْ يُسَمَّ صَحَّ العَقْدُ وَوَجَبَ المَهْرُ بِثَلَاثَةِ أَشْيَاءَ: أَنْ يَفْرِضَهُ الزَّوْجُ عَلَى نَفْسِهِ، أَوْ يَفْرِضَهُ الحَاكِمُ، أَوْ يَدْخُلَ بِهَا فَيَجِبُ مَهْرُ المِثْلِ، وَلَيْسَ لِأَقَلِّ الصَّدَاقِ وَلَا لِأَكْثَرِهِ حَدٌّ، وَيَجُوزُ أَنْ يَتَزَوَّجَهَا عَلَى مَنْفَعَةٍ مَعْلُومَةٍ، وَيَسْقُطُ بِالطَّلَاقِ قَبْلَ الدُّخُولِ بِهَا نِصْفُ المَهْرِ.

فَصْلٌ: وَالوَلِيمَةُ عَلَى العُرْسِ مُسْتَحَبَّةٌ، وَالإِجَابَةُ إِلَيْهَا وَاجِبَةٌ إِلَّا مِنْ عُذْرٍ.

فَصْلٌ: وَالتَّسْوِيَةُ فِي القَسْمِ بَيْنَ الزَّوْجَاتِ وَاجِبَةٌ، وَلَا يَدْخُلُ عَلَى غَيْرِ

المَقْسُومِ لَهَا بِغَيْرِ حَاجَةٍ، وَإِذَا أَرَادَ السَّفَرَ أَقْرَعَ بَيْنَهُنَّ، وَخَرَجَ بِالَّتِي تَخرُجُ لَهَا القُرْعَةُ، وَإِذَا تَزَوَّجَ جَدِيدَةً خَصَّهَا بِسَبْعِ لَيَالٍ إِنْ كَانَتْ بِكْرًا وَبِثَلَاثٍ إِنْ كَانَتْ ثَيِّبًا، وَإِذَا خَافَ نُشُوزَ المَرْأَةِ وَعَظَهَا، فَإِنْ أَبَتْ إِلَّا النُّشُوزَ هَجَرَهَا، فَإِنْ أَقَامَتْ عَلَيْهِ هَجَرَهَا وَضَرَبَهَا، وَيَسْقُطُ بِالنُّشُوزِ قَسْمُهَا وَنَفَقَتُهَا.

فَصْلٌ: وَالخُلْعُ جَائِزٌ عَلَى عِوَضٍ مَعْلُومٍ، وَتَمْلِكُ بِهِ المَرْأَةُ نَفْسَهَا، وَلَا رَجْعَةَ لَهُ عَلَيْهَا إِلَّا بِنِكَاحٍ جَدِيدٍ، وَيَجُوزُ الخُلْعُ فِي الطُّهْرِ، وَفِي الحَيْضِ، وَلَا يَلْحَقُ المُختَلِعَةَ الطَّلَاقُ.

فَصْلٌ: وَالطَّلَاقُ ضَرْبَانِ: صَرِيحٌ وَكِنَايَةٌ، فَالصَّرِيحُ ثَلَاثَة، أَلْفَاظُ الطَّلَاقِ وَالفِرَاقِ وَالسَّرَاحِ، وَلَا يَفْتَقِرُ صَرِيحُ الطَّلَاقِ إِلَى النِّيَّةِ، والكِنَايَةُ كُلُّ لَفْظٍ احْتَمَلَ الطَّلَاقَ وَغَيْرَهُ، وَيَفْتَقِرُ إِلَى النِّيَّةِ، وَالنِّسَاءُ فِيهِ ضَرْبَانِ، ضَرْبٌ فِي طَلَاقِهِنَّ سُنَّةٌ وَبِدْعَةٌ، وَهُنَّ ذَوَاتُ الحَيْضِ، فَالسُّنَّةُ أَنْ يُوقِعَ الطَّلَاقَ فِي طُهْرٍ غَيْرِ مُجَامِعٍ فِيهِ، وَالبِدْعَةُ أَنْ يُوقِعَ الطَّلَاقَ فِي الحَيْضِ أَوْ فِي طُهْرٍ جَامَعَهَا فِيهِ، وَضَرْبٌ لَيْسَ فِي طَلَاقِهِنَّ سُنَّةٌ وَلَا بِدْعَةٌ، وَهُنَّ أَرْبَعٌ: الصَّغِيرَةُ وَالآيِسَةُ وَالحَامِلُ وَالمُخْتَلِعَةُ الَّتِي لَمْ يُدْخَلْ بِهَا.

فَصْلٌ: وَيَمْلِكُ الحُرُّ ثَلَاثَ تَطْلِيقَاتٍ، وَالعَبْدُ تَطْلِيقَتَيْنِ، وَيَصِحُّ الاسْتِثْنَاءُ فِي الطَّلَاقِ إِذَا وَصَلَهُ بِهِ، وَيَصِحُّ تَعْلِيقُهُ بِالصِّفَةِ وَالشَّرْطِ، وَلَا يَقَعُ الطَّلَاقُ قَبْلَ النِّكَاحِ، وَأَرْبَعٌ لَا يَقَعُ طَلَاقُهُمْ: الصَّبِيُّ وَالمَجْنُونُ وَالنَّائِمُ وَالمُكْرَهُ.

فَصْلٌ: وَإِذَا طَلَّقَ امْرَأَتَهُ وَاحِدَةً أَوِ اثْنَتَيْنِ فَلَهُ مُرَاجَعَتُهَا مَا لَمْ تَنْقَضِ عِدَّتُهَا، فَإِنِ انْقَضَتْ عِدَّتُهَا حَلَّ لَهُ نِكَاحُهَا بِعَقْدٍ جَدِيدٍ، وَتَكُونُ مَعَهُ عَلَى مَا بَقِيَ مِنَ

الطَّلَاقِ، فَإِنْ طَلَّقَهَا ثَلَاثًا لَمْ تَحِلَّ لَهُ إِلَّا بَعْدَ وُجُودِ خَمْسِ شَرَائِطَ: انْقِضَاءُ عِدَّتِهَا مِنْهُ، وَتَزْوِيجُهَا بِغَيْرِهِ، وَدُخُولُهُ بِهَا، وَإِصَابَتُهَا، وَبَيْنُونَتُهَا مِنْهُ، وَانْقِضَاءُ عِدَّتِهَا مِنْهُ.

فَصْلٌ: وَإِذَا حَلَفَ أَنْ لَا يَطَأَ زَوْجَتَهُ مُطْلَقًا أَوْ مُدَّةً تَزِيدُ عَلَى أَرْبَعَةِ أَشْهُرٍ فَهُوَ مُولٍ، وَيُؤَجَّلُ لَهُ إِنْ سَأَلَتْ ذَلِكَ أَرْبَعَةَ أَشْهُرٍ، ثُمَّ يُخَيَّرُ بَيْنَ الْفَيْئَةِ وَالتَّكْفِيرِ أَوِ الطَّلَاقِ، فَإِنِ امْتَنَعَ طَلَّقَ عَلَيْهِ الْحَاكِمُ.

فَصْلٌ: وَالظِّهَارُ أَنْ يَقُولَ الرَّجُلُ لِزَوْجَتِهِ: أَنْتِ عَلَيَّ كَظَهْرِ أُمِّي، فَإِذَا قَالَ ذَلِكَ وَلَمْ يُتْبِعْهُ بِالطَّلَاقِ صَارَ عَائِدًا، وَلَزِمَتْهُ الْكَفَّارَةُ، وَالْكَفَّارَةُ عِتْقُ رَقَبَةٍ مُؤْمِنَةٍ سَلِيمَةٍ مِنَ الْعُيُوبِ الْمُضِرَّةِ بِالْعَمَلِ وَالْكَسْبِ، فَإِنْ لَمْ يَجِدْ فَصِيَامُ شَهْرَيْنِ مُتَتَابِعَيْنِ، فَإِنْ لَمْ يَسْتَطِعْ فَإِطْعَامُ سِتِّينَ مِسْكِينًا، لِكُلِّ مِسْكِينٍ مُدٌّ، وَلَا يَحِلُّ لِلْمُظَاهِرِ وَطْؤُهَا حَتَّى يُكَفِّرَ.

فَصْلٌ: وَإِذَا رَمَى الرَّجُلُ زَوْجَتَهُ بِالزِّنَا فَعَلَيْهِ حَدُّ الْقَذْفِ إِلَّا أَنْ يُقِيمَ الْبَيِّنَةَ أَوْ يُلَاعِنَ، فَيَقُولَ عِنْدَ الْحَاكِمِ فِي الْجَامِعِ عَلَى الْمِنْبَرِ فِي جَمَاعَةٍ مِنَ النَّاسِ: أَشْهَدُ بِاللهِ إِنَّنِي لَمِنَ الصَّادِقِينَ فِيمَا رَمَيْتُ بِهِ زَوْجَتِي فُلَانَةَ مِنَ الزِّنَا، وَإِنَّ هَذَا الْوَلَدَ مِنَ الزِّنَا وَلَيْسَ مِنِّي، أَرْبَعَ مَرَّاتٍ، وَيَقُولُ فِي الْمَرَّةِ الْخَامِسَةِ بَعْدَ أَنْ يَعِظَهُ الْحَاكِمُ: وَعَلَيَّ لَعْنَةُ اللهِ إِنْ كُنْتُ مِنَ الْكَاذِبِينَ، وَيَتَعَلَّقُ بِلِعَانِهِ خَمْسَةُ أَحْكَامٍ: سُقُوطُ الْحَدِّ عَنْهُ، وَوُجُوبُ الْحَدِّ عَلَيْهَا، وَزَوَالُ الْفِرَاشِ، وَنَفْيُ الْوَلَدِ، وَالتَّحْرِيمُ عَلَى الْأَبَدِ، وَيَسْقُطُ الْحَدُّ عَلَيْهَا بِأَنْ تَلْتَعِنَ فَتَقُولَ: أَشْهَدُ بِاللهِ إِنَّ فُلَانًا هَذَا لَمِنَ الْكَاذِبِينَ فِيمَا رَمَانِي بِهِ مِنَ الزِّنَا، أَرْبَعَ مَرَّاتٍ، وَتَقُولُ فِي الْخَامِسَةِ بَعْدَ أَنْ يَعِظَهَا الْحَاكِمُ: وَعَلَيَّ غَضَبُ اللهِ إِنْ كَانَ مِنَ الصَّادِقِينَ.

فَصْلٌ: وَالْمُعْتَدَّةُ عَلَى ضَرْبَيْنِ: مُتَوَفَّى عَنْهَا وَغَيْرُ مُتَوَفَّى عَنْهَا، فَالْمُتَوَفَّى عَنْهَا إِنْ كَانَتْ حَامِلًا فَعِدَّتُهَا بِوَضْعِ الْحَمْلِ، وَإِنْ كَانَتْ حَائِلًا فَعِدَّتُهَا أَرْبَعَةُ أَشْهُرٍ وَعَشْرٌ، وَغَيْرُ الْمُتَوَفَّى عَنْهَا إِنْ كَانَتْ حَامِلًا فَعِدَّتُهَا بِوَضْعِ الْحَمْلِ، وَإِنْ كَانَتْ حَائِلًا وَهِيَ مِنْ ذَوَاتِ الْحَيْضِ فَعِدَّتُهَا ثَلَاثَةُ قُرُوءٍ وَهِيَ الْأَطْهَارُ، وَإِنْ كَانَتْ صَغِيرَةً أَوْ آيِسَةً فَعِدَّتُهَا ثَلَاثَةُ أَشْهُرٍ، وَالْمُطَلَّقَةُ قَبْلَ الدُّخُولِ بِهَا لَا عِدَّةَ عَلَيْهَا، وَعِدَّةُ الْأَمَةِ بِالْحَمْلِ كَعِدَّةِ الْحُرَّةِ وَبِالْأَقْرَاءِ أَنْ تَعْتَدَّ بِقُرْأَيْنِ، وَبِالشُّهُورِ عَنِ الْوَفَاةِ أَنْ تَعْتَدَّ بِشَهْرَيْنِ وَخَمْسِ لَيَالٍ، وَعَنِ الطَّلَاقِ أَنْ تَعْتَدَّ بِشَهْرٍ وَنِصْفٍ، فَإِنِ اعْتَدَّتْ بِشَهْرَيْنِ كَانَ أَوْلَى.

فَصْلٌ: وَيَجِبُ لِلْمُعْتَدَّةِ الرَّجْعِيَّةِ السُّكْنَى وَالنَّفَقَةُ، وَيَجِبُ لِلْبَائِنِ السُّكْنَى دُونَ النَّفَقَةِ إِلَّا أَنْ تَكُونَ حَامِلًا، وَيَجِبُ عَلَى الْمُتَوَفَّى عَنْهَا زَوْجُهَا الْإِحْدَادُ وَهُوَ الِامْتِنَاعُ مِنَ الزِّينَةِ وَالطِّيبِ، وَعَلَى الْمُتَوَفَّى عَنْهَا زَوْجُهَا وَالْمَبْتُوتَةِ مُلَازَمَةُ الْبَيْتِ إِلَّا لِحَاجَةٍ.

فَصْلٌ: وَمَنِ اسْتَحْدَثَ مِلْكَ أَمَةٍ حَرُمَ عَلَيْهِ الِاسْتِمْتَاعُ بِهَا حَتَّى يَسْتَبْرِئَهَا إِنْ كَانَتْ مِنْ ذَوَاتِ الْحَيْضِ بِحَيْضَةٍ، وَإِنْ كَانَتْ مِنْ ذَوَاتِ الشُّهُورِ بِشَهْرٍ فَقَطْ، وَإِنْ كَانَتْ مِنْ ذَوَاتِ الْحَمْلِ بِالْوَضْعِ، وَإِذَا مَاتَ سَيِّدُ أُمِّ الْوَلَدِ اسْتَبْرَأَتْ نَفْسَهَا كَالْأَمَةِ.

فَصْلٌ: وَإِذَا أَرْضَعَتِ الْمَرْأَةُ بِلَبَنِهَا وَلَدًا صَارَ الرَّضِيعُ وَلَدَهَا بِشَرْطَيْنِ، أَحَدُهُمَا: أَنْ يَكُونَ لَهُ دُونَ الْحَوْلَيْنِ، وَالثَّانِي: أَنْ تُرْضِعَهُ خَمْسَ رَضَعَاتٍ مُتَفَرِّقَاتٍ، وَيَصِيرُ زَوْجُهَا أَبًا لَهُ، وَيَحْرُمُ عَلَى الْمُرْضِعِ التَّزْوِيجُ إِلَيْهَا وَإِلَى كُلِّ مَنْ نَاسَبَهَا، وَيَحْرُمُ عَلَيْهَا التَّزْوِيجُ إِلَى الْمُرْضَعِ وَوَلَدِهِ دُونَ مَنْ كَانَ فِي دَرَجَتِهِ أَوْ أَعْلَى طَبَقَةً مِنْهُ.

فَصْلٌ: وَنَفَقَةُ العَمُودَيْنِ مِنَ الأَهْلِ وَاجِبَةٌ لِلْوَالِدِينَ وَالمَوْلُودِينَ، فَأَمَّا الوَالِدُونَ: فَتَجِبُ نَفَقَتُهُمْ بِشَرْطَيْنِ الفَقْرِ وَالزَّمَانَةِ، أَوِ الفَقْرِ وَالجُنُونِ، وَأَمَّا المَوْلُودُونَ فَتَجِبُ نَفَقَتُهُمْ بِثَلَاثِ شَرَائِطَ الفَقْرِ وَالصِّغَرِ أَوِ الفَقْرِ وَالزَّمَانَةِ أَوِ الفَقْرِ وَالجُنُونِ، وَنَفَقَةُ الرَّقِيقِ وَالبَهَائِمِ وَاجِبَةٌ، وَلَا يُكَلَّفُونَ مِنَ العَمَلِ مَا لَا يُطِيقُونَ، وَنَفَقَةُ الزَّوْجَةِ المُمَكِّنَةِ مِنْ نَفْسِهَا وَاجِبَةٌ، وَهِيَ مُقَدَّرَةٌ، فَإِنْ كَانَ الزَّوْجُ مُوسِرًا فَمُدَّانِ مِنْ غَالِبِ قُوتِهَا، وَمِنَ الأدمِ وَالكُسْوَةِ مَا جَرَتْ بِهِ العَادَةُ، وَإِنْ كَانَ مُعْسِرًا فَمُدٌّ مِنْ غَالِبِ قُوتِ البَلَدِ، وَمَا يَأْتَدِمُ بِهِ المُعْسِرُونَ وَيَكْسُونَهُ، وَإِنْ كَانَ مُتَوَسِّطًا فَمُدٌّ وَنِصْفٌ، وَمِنَ الأُدْمِ وَالكُسْوَةِ الوَسَطُ، وَإِنْ كَانَتْ مِمَّنْ يُخْدَمُ مِثْلُهَا فَعَلَيْهِ إِخْدَامُهَا، وَإِنْ أَعْسَرَ بِنَفَقَتِهَا فَلَهَا فَسْخُ النِّكَاحِ، وَكَذَلِكَ إِنْ أَعْسَرَ بِالصَّدَاقِ قَبْلَ الدُّخُولِ.

فَصْلٌ: وَإِذَا فَارَقَ الرَّجُلُ زَوْجَتَهُ وَلَهُ مِنْهَا وَلَدٌ فَهِيَ أَحَقُّ بِحَضَانَتِهِ إِلَى سَبْعِ سِنِينَ، ثُمَّ يُخَيَّرُ بَيْنَ أَبَوَيْهِ فَأَيُّهُمَا اخْتَارَ سُلِّمَ إِلَيْهِ، وَشَرَائِطُ الحضَانَةِ سَبْعٌ: العَقْلُ وَالحُرِّيَّةُ والدِّينُ وَالعِفَّةُ وَالأَمَانَةُ وَالإِقَامَةُ والخُلُوُّ مِنْ زَوْجٍ، فَإِنِ اخْتَلَّ مِنْهَا شَرْطٌ سَقَطَت».

كِتَابُ الجِهَادِ

قَالَ صَاحِبٌ (غ ت): «وَشَرَائِطُ وُجُوبِ الجِهَادِ سَبْعُ خِصَالٍ: الإِسْلَامُ، وَالبُلُوغُ، وَالعَقْلُ، وَالحُرِّيَّةُ، وَالذُّكُورَةُ، وَالصِّحَّةُ، وَالطَّاقَةُ عَلَى القِتَالِ، وَمَنْ أُسِرَ مِنَ الكُفَّارِ فَعَلَى ضَرْبَيْنِ: ضَرْبٌ يَصِيرُ رَقِيقًا بِنَفْسِ السَّبْيِ وَهُمُ الصِّبْيَانُ وَالنِّسَاءُ، وَضَرْبٌ لَا يَرِقُّ بِنَفْسِ السَّبْيِ وَهُمُ الرِّجَالُ البَالِغُونَ، وَالإِمَامُ مُخَيَّرٌ فِيهِمْ بَيْنَ أَرْبَعَةِ أَشْيَاءَ: القَتْلُ وَالاسْتِرْقَاقُ، وَالمَنُّ، وَالفِدْيَةُ بِالمَالِ أَوْ بِالرِّجَالِ، يَفْعَلُ مِنْ ذَلِكَ مَا فِيهِ المَصْلَحَةُ، وَمَنْ أَسْلَمَ قَبْلَ الأَسْرِ أَحْرَزَ مَالَهُ وَدَمَهُ وَصِغَارَ أَوْلَادِهِ، وَيُحْكَمُ لِلصَّبِيِّ بِالإِسْلَامِ عِنْدَ وُجُودِ ثَلَاثَةِ أَسْبَابٍ: أَنْ يُسْلِمَ أَحَدُ أَبَوَيْهِ، أَوْ يَسْبِيَهُ مُسْلِمٌ مُنْفَرِدًا عَنْ أَبَوَيْهِ، أَوْ يُوجَدَ لَقِيطًا فِي دَارِ الإِسْلَامِ.

قَالَ صَاحِبٌ (غ ت): «فَصْلٌ: وَمَنْ قَتَلَ قَتِيلًا أُعْطِيَ سَلَبَهُ، وَتُقَسَّمُ الغَنِيمَةُ بَعْدَ ذَلِكَ عَلَى خَمْسَةِ أَخْمَاسٍ، فَيُعْطَى أَرْبَعَةُ أَخْمَاسِهَا لِمَنْ شَهِدَ الوَقْعَةَ، لِلْفَارِسِ ثَلَاثَةُ أَسْهُمٍ وَلِلرَّاجِلِ سَهْمٌ، وَلَا يُسْهَمُ إِلَّا لِمَنِ اسْتَكْمَلَتْ فِيهِ خَمْسُ شَرَائِطَ: الإِسْلَامُ وَالبُلُوغُ وَالعَقْلُ وَالحُرِّيَّةُ وَالذُّكُورَةُ، فَإِنِ اخْتَلَّ شَرْطٌ مِنْ ذَلِكَ رُضِخَ لَهُ، وَلَمْ يُسْهَمْ لَهُ، وَيُقَسَّمُ لَهُ الخُمْسُ عَلَى خَمْسَةِ أَسْهُمٍ، سَهْمٌ لِرَسُولِ اللهِ ﷺ يُصْرَفُ بَعْدَهُ لِلْمَصَالِحِ، وَسَهْمٌ لِذَوِي القُرْبَى وَهُمْ بَنُو هَاشِمٍ وَبَنُو المُطَّلِبِ، وَسَهْمٌ لِلْيَتَامَى، وَسَهْمٌ لِلْمَسَاكِينِ، وَسَهْمٌ لِأَبْنَاءِ السَّبِيلِ.

قَالَ صَاحِبٌ (غ ت): «**فَصْلٌ: وَيُقَسَّمُ مَالُ الفَيْءِ عَلَى خَمْسِ فِرَقٍ**: يُصْرَفُ خَمْسَةٌ عَلَى مَنْ يُصْرَفُ عَلَيْهِمْ خُمْسُ الغَنِيمَةِ، وَيُعْطَى أَرْبَعَةُ أَخْمَاسِهِ لِلْمُقَاتِلَةِ وَفِي مَصَالِحِ المُسْلِمِينَ.

قَالَ صَاحِبُ (غ ت): «فَصْلٌ: وَشَرَائِطُ وُجُوبِ الجِزْيَةِ خَمْسُ خِصَالٍ، البُلُوغُ، وَالعَقْلُ، وَالحُرِّيَّةُ، وَالذُّكُورَةُ، وَأَنْ يَكُونَ مِنْ أَهْلِ الكِتَابِ أَوْ مِمَّنْ لَهُ شُبْهَةُ كِتَابٍ، وَأَقَلُّ الجِزْيَةِ دِينَارٌ فِي كُلِّ حَوْلٍ، وَيُؤْخَذُ مِنَ المُتَوَسِّطِ دِينَارَانِ، وَمِنَ المُوسِرِ أَرْبَعَةُ دَنَانِيرَ، وَيَجُوزُ أَنْ يَشْتَرِطَ عَلَيْهِمُ الضِّيَافَةَ فَضْلًا عَنْ مِقْدَارِ الجِزْيَةِ، وَيَتَضَمَّنُ عَقْدُ الجِزْيَةِ أَرْبَعَةُ أَشْيَاءَ: أَنْ يُؤَدُّوا الجِزْيَةَ عَنْ يَدٍ، وَأَنْ تَجْرِيَ عَلَيْهِمْ أَحْكَامُ الإِسْلَامِ، وَأَنْ لَا يَذْكُرُوا دِينَ الإِسْلَامِ إِلَّا بِخَيْرٍ، وَأَنْ لَا يَفْعَلُوا مَا فِيهِ ضَرَرٌ عَلَى المُسْلِمِينَ، وَيُعْرَفُونَ بِلُبْسِ الغِيَارِ وَشَدِّ الزُّنَّارِ، وَيُمْنَعُونَ مِنْ رُكُوبِ الخَيْلِ.»

كِتَابُ الصَّيْدِ وَالذَّبَائِحِ

قَالَ صَاحِبُ (غ ت): «وَمَا قُدِرَ عَلَى ذَكَاتِهِ فَذَكَاتُهُ فِي حَلْقِهِ وَلَبَّتِهِ، وَمَا لَمْ يُقْدَرْ عَلَى ذَكَاتِهِ فَذَكَاتُهُ عَقْرُهُ حَيْثُ قُدِرَ عَلَيْهِ، وَكَمَالُ الذَّكَاةِ أَرْبَعَةُ أَشْيَاءَ: قَطْعُ الْحُلْقُومِ وَالْمَرِيءِ وَالْوَدَجَيْنِ، وَالْمُجْزِئُ مِنْهَا شَيْئَانِ: قَطْعُ الْحُلْقُومِ وَالْمَرِيءِ، وَيَجُوزُ الِاصْطِيَادُ بِكُلِّ جَارِحَةٍ مُعَلَّمَةٍ مِنَ السِّبَاعِ وَمِنْ جَوَارِحِ الطَّيْرِ، وَشَرَائِطُ تَعْلِيمِهَا أَرْبَعَةٌ: أَنْ تَكُونَ إِذَا أُرْسِلَتِ اسْتَرْسَلَتْ، وَإِذَا زُجِرَتِ انْزَجَرَتْ، وَإِذَا قَتَلَتْ صَيْدًا لَمْ تَأْكُلْ مِنْهُ شَيْئًا، وَأَنْ يَتَكَرَّرَ ذَلِكَ مِنْهَا، فَإِنْ عُدِمَتْ أَحَدُ الشَّرَائِطِ لَمْ يَحِلَّ مَا أَخَذَتْهُ إِلَّا أَنْ يُدْرَكَ حَيًّا فَيُذَكَّى، وَتَجُوزُ الذَّكَاةُ بِكُلِّ مَا يَجْرَحُ إِلَّا بِالسِّنِّ وَالظُّفُرِ، وَتَحِلُّ ذَكَاةُ كُلِّ مُسْلِمٍ وَكِتَابِيٍّ، وَلَا تَحِلُّ ذَبِيحَةُ مَجُوسِيٍّ وَلَا وَثَنِيٍّ، وَذَكَاةُ الْجَنِينِ بِذَكَاةِ أُمِّهِ إِلَّا أَنْ يُوجَدَ حَيًّا فَيُذَكَّى، وَمَا قُطِعَ مِنْ حَيٍّ فَهُوَ مَيِّتٌ إِلَّا الشُّعُورَ الْمُنْتَفَعَ بِهَا فِي الْمَفَارِشِ وَالْمَلَابِسِ.

قَالَ صَاحِبُ (غ ت): «**فَصْلٌ: وَكُلُّ حَيَوَانٍ اسْتَطَابَتْهُ الْعَرَبُ فَهُوَ حَلَالٌ إِلَّا مَا وَرَدَ الشَّرْعُ بِتَحْرِيمِهِ**، وَكُلُّ حَيَوَانٍ اسْتَخْبَثَتْهُ الْعَرَبُ فَهُوَ حَرَامٌ إِلَّا مَا وَرَدَ الشَّرْعُ بِإِبَاحَتِهِ، وَيَحْرُمُ مِنَ السِّبَاعِ مَا لَهُ نَابٌ قَوِيٌّ يَعْدُو بِهِ، وَيَحْرُمُ مِنَ الطُّيُورِ مَا لَهُ مِخْلَبٌ قَوِيٌّ يَجْرَحُ بِهِ، وَيَحِلُّ لِلْمُضْطَرِّ فِي الْمَخْمَصَةِ أَنْ يَأْكُلَ مِنَ الْمَيْتَةِ الْمُحَرَّمَةِ مَا يَسُدُّ بِهِ رَمَقَهُ، وَمَيْتَتَانِ حَلَالَانِ: السَّمَكُ وَالْجَرَادُ، وَدَمَانِ حَلَالَانِ: الْكَبِدُ وَالطُّحَالُ.

قَالَ صَاحِبُ (غ ت): «**فَصْلٌ: وَالْأُضْحِيَةُ سُنَّةٌ مُؤَكَّدَةٌ**، وَيُجْزِئُ فِيهَا الْجَذَعُ مِنَ الضَّأْنِ وَالثَّنِيُّ مِنَ الْمَعْزِ وَالثَّنِيُّ مِنَ الْإِبِلِ وَالثَّنِيُّ مِنَ الْبَقَرِ، وَتُجْزِئُ الْبَدَنَةُ عَنْ سَبْعَةٍ، وَالْبَقَرَةُ عَنْ سَبْعَةٍ، وَالشَّاةُ عَنْ وَاحِدٍ، وَأَرْبَعٌ لَا تُجْزِئُ فِي

الضَّحَايَا: العَوْرَاءُ البَيِّنُ عَوَرُهَا، وَالعَرْجَاءُ البَيِّنُ عَرَجُهَا، وَالمَرِيضَةُ البَيِّنُ مَرَضُهَا، وَالعَجْفَاءُ الَّتِي ذَهَبَ مُخُّهَا مِنَ الهُزَالِ، وَيُجْزِئُ الخَصِيُّ وَالمَكْسُورُ القَرْنِ، وَلَا تُجْزِئُ المَقْطُوعَةُ الأُذُنِ وَالذَّنَبِ، وَوَقْتُ الذَّبْحِ مِنْ وَقْتِ صَلَاةِ العِيدِ إِلَى غُرُوبِ الشَّمْسِ مِنْ آخِرِ أَيَّامِ التَّشْرِيقِ، وَيُسْتَحَبُّ عِنْدَ الذَّبْحِ خَمْسَةُ أَشْيَاء: التَّسْمِيَةُ، وَالصَّلَاةُ عَلَى النَّبِيِّ ﷺ، وَاسْتِقْبَالُ القِبْلَةِ، وَالتَّكْبِيرُ، وَالدُّعَاءُ بِالقَبُولِ، وَلَا يَأْكُلُ المُضَحِّي شَيْئًا مِنَ الأَضْحِيَةِ المَنْذُورَةِ، وَيَأْكُلُ مِنَ المُتَطَوَّعِ بِهَا، وَلَا يَبِيعُ مِنَ الأُضْحِيَةِ، وَيُطْعِمُ الفُقَرَاءَ وَالمَسَاكِينَ.

قَالَ صَاحِب (غ ت): «فَصْلٌ: وَالعَقِيقَةُ مُسْتَحَبَّةٌ، وَهِيَ الذَّبِيحَةُ عَنِ المَوْلُودِ يَوْمَ سَابِعِهِ، وَيُذْبَحُ عَنِ الغُلَامِ شَاتَانِ، وَعَنِ الجَارِيَةِ شَاةٌ، وَيُطْعِمُ الفُقَرَاءَ وَالمَسَاكِينَ.

كِتابُ السَّبْقِ والرَّمْيِ

قَالَ صَاحِبُ (غ ت): «وَتَصِحُّ المُسَابَقَةُ عَلَى الدَّوَابِّ وَالمُنَاضَلَةِ بِالسِّهَامِ إِذَا كَانَتِ المَسَافَةُ مَعْلُومَةً، وَصِفَةُ المُنَاضَلَةِ مَعْلُومَةً، وَيُخْرِجُ العِوَضَ أَحَدُ المُتَسَابِقَيْنِ حَتَّى إِنَّهُ إِذَا سُبِقَ اسْتَرَدَّهُ، وَإِنْ سَبَقَ أَخَذَهُ صَاحِبُهُ لَهُ، وَإِنْ أَخْرَجَاهُ مَعًا لَمْ يَجُزْ إِلَّا أَنْ يُدْخِلَا بَيْنَهُمَا مُحَلِّلًا، إِنْ سَبَقَ أَخَذَ العِوَضَ وَإِنْ سُبِقَ لَمْ يَغْرَمْ».

كِتَابُ الأَيْمَانِ وَالنُّذُورِ

قَالَ صَاحِب (غ ت): «وَلَا يَنْعَقِدُ اليَمِينُ إِلَّا بِاللهِ تَعَالَى أَوْ بِاسْمٍ مِنْ أَسْمَائِهِ أَوْ صِفَةٍ مِنْ صِفَاتِ ذَاتِهِ، وَمَنْ حَلَفَ بِصَدَقَةِ مَالِهِ فَهُوَ مُخَيَّرٌ بَيْنَ الصَّدَقَةِ أَوْ كَفَّارَةِ اليَمِينِ، وَلَا شَيْءَ فِي لَغْوِ اليَمِينِ، وَمَن حَلَفَ أَنْ لَا يَفْعَلَ شَيْئًا فَأَمَرَ غَيْرَهُ بِفِعْلِهِ لَمْ يَحْنَثْ، وَمَنْ حَلَفَ عَلَى فِعْلِ أَمْرَيْنِ فَفَعَلَ أَحَدَهُمَا لَمْ يَحْنَثْ، وَكَفَّارَةُ اليَمِينِ هُوَ مُخَيَّرٌ فِيهَا بَيْنَ ثَلَاثَةِ أَشْيَاء: عِتْقُ رَقَبَةٍ مُؤْمِنَةٍ أَوْ إِطْعَامُ عَشَرَةِ مَسَاكِينَ كُلُّ مِسْكِينٍ مُدًّا أَوْ كِسْوَتُهُمْ ثَوْبًا ثَوْبًا، فَإِنْ لَمْ يَجِدْ فَصِيَامُ ثَلَاثَةِ أَيَّامٍ.

قَالَ صَاحِب (غ ت): «فَصْلٌ: وَالنَّذْرُ يَلْزَمُ فِي المُجَازَاةِ عَلَى مُبَاحٍ وَطَاعَةٍ، كَقَوْلِهِ: إِنْ شَفَى اللهُ مَرِيضِي فَلِلَّهِ عَلَيَّ أَنْ أُصَلِّيَ أَوْ أَصُومَ أَوْ أَتَصَدَّقَ، وَيَلْزَمُهُ مِنْ ذَلِكَ مَا يَقَعُ عَلَيْهِ الاسْمُ، وَلَا نَذْرَ فِي مَعْصِيَةٍ كَقَوْلِهِ: إِن قَتَلْتُ فُلَانًا فَلِلَّهِ عَلَيَّ كَذَا، وَلَا يَلْزَمُ النَّذْرُ عَلَى تَرْكِ مُبَاحٍ، كَقَوْلِهِ: لَا آكُلُ لَحمًا وَلَا أَشْرَبُ لَبَنًا وَمَا أَشْبَهَ ذَلِكَ.

كِتَابُ الأَقْضِيَةِ وَالشَّهَادَاتِ

قَالَ صَاحِبٌ (غ ت): «وَلَا يَجُوزُ أَنْ يَلِيَ الْقَضَاءَ إِلَّا مَنِ اسْتُكْمِلَتْ فِيهِ خَمْسَ عَشْرَةَ خَصْلَةً: الْإِسْلَامُ، وَالْبُلُوغُ، وَالْعَقْلُ، وَالْحُرِّيَّةُ، وَالذُّكُورِيَّةُ، وَالْعَدَالَةُ، وَمَعْرِفَةُ أَحْكَامِ الْكِتَابِ وَالسُّنَّةِ، وَمَعْرِفَةُ الْإِجْمَاعِ، وَمَعْرِفَةُ الِاخْتِلَافِ، وَمَعْرِفَةُ طُرُقِ الِاجْتِهَادِ، وَمَعْرِفَةُ طَرَفٍ مِنْ لِسَانِ الْعَرَبِ، وَمَعْرِفَةُ تَفْسِيرِ كِتَابِ اللهِ تَعَالَى، وَأَنْ يَكُونَ سَمِيعًا، وَأَنْ يَكُونَ بَصِيرًا، وَأَنْ يَكُونَ كَاتِبًا، وَأَنْ يَكُونَ مُسْتَيْقِظًا، وَيُسْتَحَبُّ أَنْ يَجْلِسَ فِي وَسَطِ الْبَلَدِ فِي مَوْضِعٍ بَارِزٍ لِلنَّاسِ وَلَا حَاجِبَ لَهُ، وَلَا يَقْعُدَ لِلْقَضَاءِ فِي الْمَسْجِدِ، وَيُسَوِّي بَيْنَ الْخَصْمَيْنِ فِي ثَلَاثَةِ أَشْيَاءَ: فِي الْمَجْلِسِ، وَاللَّفْظِ، وَاللَّحْظِ، وَلَا يَجُوزُ أَنْ يَقْبَلَ الْهَدِيَّةَ مِنْ أَهْلِ عَمَلِهِ، وَيَجْتَنِبُ الْقَضَاءَ فِي عَشْرَةِ مَوَاضِعَ: عِنْدَ الْغَضَبِ، وَالْجُوعِ، وَالْعَطَشِ، وَشِدَّةِ الشَّهْوَةِ، وَالْحُزْنِ، وَالْفَرَحِ الْمُفْرِطَيْنِ، وَعِنْدَ الْمَرَضِ، وَمُدَافَعَةِ الْأَخْبَثَيْنِ، وَعِنْدَ النُّعَاسِ، وَشِدَّةِ الْحَرِّ، وَالْبَرْدِ، وَلَا يَسْأَلُ الْمُدَّعِي عَلَيْهِ إِلَّا بَعْدَ كَمَالِ الدَّعْوَى، وَلَا يُحَلِّفُهُ إِلَّا بَعْدَ سُؤَالِ الْمُدَّعِي، وَلَا يُلَقِّنُ خَصْمًا حُجَّتَهُ، وَلَا يُفْهِمُهُ كَلَامًا، وَلَا يَتَعَنَّتُ بِالشُّهَدَاءِ، وَلَا يَقْبَلُ الشَّهَادَةَ إِلَّا مِمَّنْ ثَبَتَتْ عَدَالَتُهُ، وَلَا يَقْبَلُ شَهَادَةَ عَدُوٍّ عَلَى عَدُوِّهِ، وَلَا شَهَادَةَ وَالِدٍ لِوَلَدِهِ وَلَا وَلَدٍ لِوَالِدِهِ، وَلَا يُقْبَلُ كِتَابُ قَاضٍ إِلَى قَاضٍ آخَرَ فِي الْأَحْكَامِ إِلَّا بَعْدَ شَهَادَةِ شَاهِدَيْنِ يَشْهَدَانِ بِمَا فِيهِ.

قَالَ صَاحِبٌ (غ ت): «فَصْلٌ: وَيَفْتَقِرُ الْقَاسِمُ إِلَى سَبْعَةِ شَرَائِطَ: الْإِسْلَامُ وَالْبُلُوغُ وَالْعَقْلُ وَالْحُرِّيَّةُ وَالذُّكُورَةُ وَالْعَدَالَةُ وَالْحِسَابُ، فَإِنْ تَرَاضَى الشَّرِيكَانِ بِمَنْ يَقْسِمُ بَيْنَهُمَا لَمْ يَفْتَقِرْ إِلَى ذَلِكَ، وَإِذَا كَانَ فِي الْقِسْمَةِ تَقْوِيمٌ لَمْ يَقْتَصِرْ فِيهِ عَلَى أَقَلَّ مِنِ اثْنَيْنِ، وَإِذَا دَعَا أَحَدُ الشَّرِيكَيْنِ شَرِيكَهُ إِلَى قِسْمَةِ مَا لَا ضَرَرَ فِيهِ لَزِمَ الْآخَرَ إِجَابَتُهُ.

قَالَ صَاحِبٌ (غ ت): «فَصْلٌ: وَإِذَا كَانَ مَعَ الْمُدَّعِي بَيِّنَةٌ سَمِعَهَا الْحَاكِمُ وَحَكَمَ لَهُ بِهَا، وَإِنْ لَمْ تَكُنْ لَهُ بَيِّنَةٌ فَالْقَوْلُ قَوْلُ الْمُدَّعَى عَلَيْهِ بِيَمِينِهِ، فَإِنْ نَكَلَ عَنِ الْيَمِينِ رُدَّتْ عَلَى الْمُدَّعِي، فَيَحْلِفُ وَيَسْتَحِقُّ، وَإِذَا تَدَاعَيَا شَيْئًا فِي يَدِ أَحَدِهِمَا فَالْقَوْلُ قَوْلُ صَاحِبِ الْيَدِ بِيَمِينِهِ، وَإِنْ كَانَ فِي أَيْدِيهِمَا تَحَالَفَا وَجُعِلَ بَيْنَهُمَا، وَمَنْ حَلَفَ عَلَى فِعْلِ نَفْسِهِ حَلَفَ عَلَى الْبَتِّ وَالْقَطْعِ، وَمَنْ حَلَفَ عَلَى فِعْلِ غَيْرِهِ، فَإِنْ كَانَ إِثْبَاتًا حَلَفَ عَلَى الْبَتِّ وَالْقَطْعِ، وَإِنْ كَانَ نَفْيًا حَلَفَ عَلَى نَفْيِ الْعِلْمِ.

قَالَ صَاحِبٌ (غ ت): «فَصْلٌ: وَلَا تُقْبَلُ الشَّهَادَةُ إِلَّا مِمَّنِ اجْتَمَعَتْ فِيهِ خَمْسُ خِصَالٍ: الْإِسْلَامُ، وَالْبُلُوغُ، وَالْعَقْلُ، وَالْحُرِّيَّةُ، وَالْعَدَالَةُ، وَلِلْعَدَالَةِ خَمْسُ شَرَائِطَ: أَنْ يَكُونَ مُجْتَنِبًا لِلْكَبَائِرِ، غَيْرَ مُصِرٍّ عَلَى الْقَلِيلِ مِنَ الصَّغَائِرِ، سَلِيمَ السَّرِيرَةِ، مَأْمُونَ الْغَضَبِ، مُحَافِظًا عَلَى مُرُوءَةِ مِثْلِهِ.

قَالَ صَاحِبٌ (غ ت): «فَصْلٌ: وَالْحُقُوقُ ضَرْبَانِ، حُقُوقُ اللهِ تَعَالَى، وَحُقُوقُ الْآدَمِيِّينَ، فَأَمَّا حُقُوقُ الْآدَمِيِّينَ فَهِيَ عَلَى ثَلَاثَةِ أَضْرُبٍ، ضَرْبٌ لَا يُقْبَلُ فِيهِ إِلَّا شَاهِدَانِ ذَكَرَانِ، وَهُوَ مَا لَا يُقْصَدُ مِنْهُ الْمَالُ، وَيَطَّلِعُ عَلَيْهِ الرِّجَالُ، وَضَرْبٌ يُقْبَلُ فِيهِ شَاهِدَانِ أَوْ رَجُلٌ وَامْرَأَتَانِ أَوْ شَاهِدٌ وَيَمِينُ الْمُدَّعِي، وَهُوَ مَا كَانَ الْقَصْدُ مِنْهُ الْمَالُ، وَضَرْبٌ يُقْبَلُ فِيهِ رَجُلٌ وَامْرَأَتَانِ أَوْ أَرْبَعُ نِسْوَةٍ، وَهُوَ مَا لَا يَطَّلِعُ عَلَيْهِ الرِّجَالُ، وَأَمَّا حُقُوقُ اللهِ تَعَالَى فَلَا تُقْبَلُ فِيهَا النِّسَاءُ، وَهِيَ عَلَى ثَلَاثَةِ أَضْرُبٍ، ضَرْبٌ لَا يُقْبَلُ فِيهِ أَقَلُّ مِنْ أَرْبَعَةٍ، وَهُوَ الزِّنَا، وَضَرْبٌ يُقْبَلُ فِيهِ اثْنَانِ وَهُوَ مَا سِوَى الزِّنَا مِنَ الْحُدُودِ، وَضَرْبٌ يُقْبَلُ فِيهِ وَاحِدٌ، وَهُوَ هِلَالُ رَمَضَانَ، وَلَا تُقْبَلُ شَهَادَةُ الْأَعْمَى إِلَّا فِي خَمْسَةِ مَوَاضِعَ: الْمَوْتُ وَالنَّسَبُ وَالْمِلْكُ الْمُطْلَقُ وَالتَّرْجَمَةُ وَمَا شَهِدَ بِهِ قَبْلَ الْعَمَى وَمَا شَهِدَ بِهِ عَلَى الْمَضْبُوطِ، وَلَا تُقْبَلُ شَهَادَةُ جَارٍّ لِنَفْسِهِ نَفْعًا وَلَا دَافِعٍ عَنْهَا ضَرَرًا».

كِتابُ العِتْق

قَالَ صَاحِب (غ ت): وَيَصِحُّ العِتْقُ مِنْ كُلِّ مَالِكٍ جَائِزِ التَّصَرُّفِ فِي مِلْكِهِ، وَيَقَعُ بِصَرِيحِ العِتْقِ وَالكِتَابَةِ مَعَ النِّيَّةِ، وَإِذَا أَعْتَقَ بَعْضَ عَبْدٍ عُتِقَ جَمِيعُهُ، وَإِنْ أَعْتَقَ شِرْكًا لَهُ فِي عَبْدٍ وَهُوَ مُوسِرٌ سَرَى العِتْقُ إِلَى بَاقِيهِ، وَكَانَ عَلَيْهِ قِيمَةُ نَصِيبِ شَرِيكِهِ، وَمَنْ مَلَكَ وَاحِدًا مِنْ وَالِدِيهِ أَوْ مَوْلُودَيْهِ عُتِقَ عَلَيْهِ.

قَالَ صَاحِب (غ ت): فَصْلٌ: **وَالوَلَاءُ مِنْ حُقُوقِ العِتْقِ**، وَحُكْمُهُ حُكْمُ التَّعْصِيبِ عِنْدَ عَدَمِهِ، وَيَنْتَقِلُ الوَلَاءُ عَنِ المُعْتِقِ إِلَى الذُّكُورِ مِنْ عَصَبَتِهِ، وَتَرْتِيبُ العَصَبَاتِ فِي الوَلَاءِ كَتَرْتِيبِهِمْ فِي الإِرْثِ، وَلَا يَجُوزُ بَيْعُ الوَلَاءِ وَلَا هِبَتُهُ.

قَالَ صَاحِب (غ ت): فَصْلٌ: **وَمَنْ قَالَ لِعَبْدِهِ**: إِذَا مِتُّ فَأَنْتَ حُرٌّ فَهُوَ مُدَبَّرٌ يُعْتَقُ بَعْدَ وَفَاتِهِ مِنْ ثُلُثِهِ، وَيَجُوزُ لَهُ أَنْ يَبِيعَهُ فِي حَالِ حَيَاتِهِ، وَيَبْطُلُ تَدْبِيرُهُ، وَحُكْمُ المُدَبَّرِ فِي حَالِ حَيَاةِ السَّيِّدِ كَحُكْمِ العَبْدِ القِنِّ.

قَالَ صَاحِب (غ ت): فَصْلٌ: **وَالكِتَابَةُ مُسْتَحَبَّةٌ إِذَا سَأَلَهَا العَبْدُ** وَكَانَ **مَأْمُونًا مُكْتَسِبًا**، وَلَا تَصِحُّ إِلَّا بِمَالٍ مَعْلُومٍ، وَيَكُونُ مُؤَجَّلًا إِلَى أَجَلٍ مَعْلُومٍ أَقَلُّهُ نَجْمَانِ، وَهِيَ مِنْ جِهَةِ السَّيِّدِ لَازِمَةٌ، وَمِنْ جِهَةِ المُكَاتَبِ جَائِزَةٌ فَلَهُ فَسْخُهَا مَتَى شَاءَ، وَلِلْمُكَاتَبِ التَّصَرُّفُ فِيمَا فِي يَدِهِ مِنَ المَالِ، وَعَلَى السَّيِّدِ أَنْ يَضَعَ عَنْهُ مِنْ مَالِ الكِتَابَةِ مَا يَسْتَعِينُ بِهِ عَلَى أَدَاءِ نُجُومِ الكِتَابَةِ، وَلَا يُعْتَقُ إِلَّا بِأَدَاءِ جَمِيعِ المَالِ.

قَالَ صَاحِب (غ ت): فَصْلٌ: **وَإِذَا أَصَابَ السَّيِّدُ أَمَتَهُ فَوَضَعَتْ مَا تَبَيَّنَ فِيهِ شَيْءٌ مِنْ خَلْقِ آدَمِيٍّ حَرُمَ عَلَيْهِ بَيْعُهَا وَرَهْنُهَا وَهِبَتُهَا**، وَجَازَ لَهُ التَّصَرُّفُ فِيهَا بِالاسْتِخْدَامِ وَالوَطْءِ، وَإِذَا مَاتَ السَّيِّدُ عُتِقَتْ مِنْ رَأْسِ مَالِهِ قَبْلَ الدُّيُونِ وَالوَصَايَا، وَوَلَدُهَا مِنْ غَيْرِهِ بِمَنْزِلَتِهَا، وَمَنْ أَصَابَ أَمَةَ غَيْرِهِ بِنِكَاحٍ، فَالوَلَدُ مِنْهَا مَمْلُوكٌ لِسَيِّدِهَا، وَإِنْ أَصَابَهَا بِشُبْهَةٍ فَوَلَدُهُ مِنْهَا حُرٌّ، وَعَلَيْهِ قِيمَتُهُ لِلسَّيِّدِ، وَإِنْ مَلَكَ الأَمَةَ المُطَلَّقَةَ بَعْدَ ذَلِكَ لَمْ تَصِرْ أُمَّ وَلَدٍ لَهُ بِالوَطْءِ فِي النِّكَاحِ، وَصَارَتْ أُمَّ وَلَدٍ لَهُ بِالوَطْءِ بِالشُّبْهَةِ عَلَى أَحَدِ القَوْلَيْنِ، وَاللهُ أَعْلَمُ».

كِتابُ الجِنَايَات

قَالَ صَاحِبُ (غ ت): «القَتْلُ عَلَى ثَلَاثَةِ أَضْرُبٍ، عَمْدٌ مَحْضٌ، وَخَطَأٌ مَحْضٌ، وَعَمْدُ خَطَأٍ، فَالعَمْدُ المَحْضُ أَنْ يَعْمِدَ إِلَى ضَرْبِهِ بِمَا يَقْتُلُ غَالِبًا، وَيَقْصِدَ قَتْلَهُ بِذَلِكَ، فَيَجِبُ القَوَدُ عَلَيْهِ، فَإِنْ عَفَا عَنْهُ وَجَبَتْ دِيَةٌ مُغَلَّظَةٌ حَالَّةٌ فِي مَالِ القَاتِلِ، وَالخَطَأُ المَحْضُ أَنْ يَرْمِيَ إِلَى شَيْءٍ فَيُصِيبَ رَجُلًا فَيَقْتُلَهُ فَلَا قَوَدَ عَلَيْهِ، بَلْ تَجِبُ عَلَيْهِ دِيَةٌ مُخَفَّفَةٌ عَلَى العَاقِلَةِ، مُؤَجَّلَةٌ فِي ثَلَاثِ سِنِينَ، وَعَمْدُ الخَطَأِ أَنْ يَقْصِدَ ضَرْبَهُ بِمَا لَا يَقْتُلُ غَالِبًا فَيَمُوتُ فَلَا قَوَدَ عَلَيْهِ، بَلْ تَجِبُ دِيَةٌ مُغَلَّظَةٌ عَلَى العَاقِلَةِ مُؤَجَّلَةٌ فِي ثَلَاثِ سِنِينَ، وَشَرَائِطُ وُجُوبِ القِصَاصِ أَرْبَعَةٌ: أَنْ يَكُونَ القَاتِلُ بَالِغًا عَاقِلًا، وَأَنْ لَا يَكُونَ وَالِدًا لِلْمَقْتُولِ، وَأَنْ لَا يَكُونَ المَقْتُولُ أَنْقَصَ مِنَ القَاتِلِ بِكُفْرٍ أَوْ رِقٍّ، وَتُقْتَلُ الجَمَاعَةُ بِالوَاحِدِ، وَكُلُّ شَخْصَيْنِ جَرَى القِصَاصُ بَيْنَهُمَا فِي النَّفْسِ يَجْرِي بَيْنَهُمَا فِي الأَطْرَافِ، وَشَرَائِطُ وُجُوبِ القِصَاصِ فِي الأَطْرَافِ بَعْدَ الشَّرَائِطِ المَذْكُورَةِ اثْنَانِ: الاشْتِرَاكُ فِي الاسْمِ الخَاصِّ، اليُمْنَى بِاليُمْنَى، وَاليُسْرَى بِاليُسْرَى، وَأَنْ لَا يَكُونَ بِأَحَدِ الطَّرَفَيْنِ شَلَلٌ، وَكُلُّ عُضْوٍ أُخِذَ مِنْ مِفْصَلٍ فَفِيهِ القِصَاصُ، وَلَا قِصَاصَ فِي الجُرُوحِ إِلَّا فِي المُوَضِّحَةِ.

فَصْلٌ: وَالدِّيَةُ عَلَى ضَرْبَيْنِ: مُغَلَّظَةٌ وَمُخَفَّفَةٌ، فَالمُغَلَّظَةُ مِائَةٌ مِنَ الإِبِلِ، ثَلَاثُونَ حِقَّةً، وَثَلَاثُونَ جَذَعَةً، وَأَرْبَعُونَ خِلْفَةً فِي بُطُونِهَا أَوْلَادُهَا، وَالمُخَفَّفَةُ مِائَةٌ مِنَ الإِبِلِ، عِشْرُونَ حِقَّةً، وَعِشْرُونَ جَذَعَةً، وَعِشْرُونَ بِنْتَ لَبُونٍ، وَعِشْرُونَ ابْنَ لَبُونٍ، وَعِشْرُونَ بِنْتَ مَخَاضٍ، فَإِنْ عُدِمَتِ الإِبِلُ انْتَقَلَ إِلَى قِيمَتِهَا، وَقِيلَ: يُنْتَقَلُ إِلَى أَلْفِ دِينَارٍ أَوِ اثْنَيْ عَشَرَ أَلْفَ دِرْهَمٍ، وَإِنْ غُلِّظَتْ زِيدَ عَلَيْهَا الثُّلُثُ،

وَتُغَلَّظُ دِيَةُ الخَطَأِ فِي ثَلَاثَةِ مَوَاضِعَ: إِذَا قَتَلَ فِي الحَرَمِ، أَوْ فِي الأَشْهُرِ الحُرُمِ، أَوْ قَتَلَ ذَا رَحِمٍ مُحَرَّمٍ، وَدِيَةُ المَرْأَةِ عَلَى النِّصْفِ مِنْ دِيَةِ الرَّجُلِ، وَدِيَةُ اليَهُودِيِّ وَالنَّصْرَانِيِّ ثُلُثُ دِيَةِ المُسْلِمِ، وَأَمَّا المَجُوسِيُّ فَفِيهِ ثُلُثَا عُشْرِ دِيَةِ المُسْلِمِ، وَتَكْمُلُ دِيَةُ النَّفْسِ فِي قَطْعِ اليَدَيْنِ وَالرِّجْلَيْنِ وَالأَنْفِ وَالأُذُنَيْنِ وَالعَيْنَيْنِ وَالجُفُونِ الأَرْبَعَةِ وَاللِّسَانِ وَالشَّفَتَيْنِ وَذَهَابِ الكَلَامِ وَذَهَابِ البَصَرِ وَذَهَابِ السَّمْعِ وَذَهَابِ الشَّمِّ وَذَهَابِ العَقْلِ وَالذَّكَرِ وَالأُنْثَيَيْنِ، وَفِي المُوَضِّحَةِ وَالسِّنِّ خَمْسٌ مِنَ الإِبِلِ، وَفِي كُلِّ عُضْوٍ لَا مَنْفَعَةَ فِيهِ حُكُومَةٌ، وَدِيَةُ العَبْدِ قِيمَتُهُ، وَدِيَةُ الجَنِينِ الحُرِّ غُرَّةٌ عَبْدٌ أَوْ أَمَةٌ، وَدِيَةُ الجَنِينِ الرَّقِيقِ عُشْرُ قِيمَةِ أُمِّهِ.

فَصْلٌ: وَإِذَا اقْتَرَنَ بِدَعْوَى الدَّمِ لَوْثٌ يَقَعُ بِهِ فِي النَّفْسِ صِدْقُ المُدَّعِي حَلَفَ المُدَّعِي خَمْسِينَ يَمِينًا وَاسْتَحَقَّ الدِّيَةَ، وَإِنْ لَمْ يَكُنْ هُنَاكَ لَوْثٌ فَاليَمِينُ عَلَى المُدَّعَى عَلَيْهِ، وَعَلَى قَاتِلِ النَّفْسِ المُحَرَّمَةِ كَفَّارَةُ عِتْقِ رَقَبَةٍ مُؤْمِنَةٍ سَلِيمَةٍ مِنَ العُيُوبِ المُضِرَّةِ، فَإِنْ لَمْ يَجِدْ فَصِيَامُ شَهْرَيْنِ مُتَتَابِعَيْنِ.»

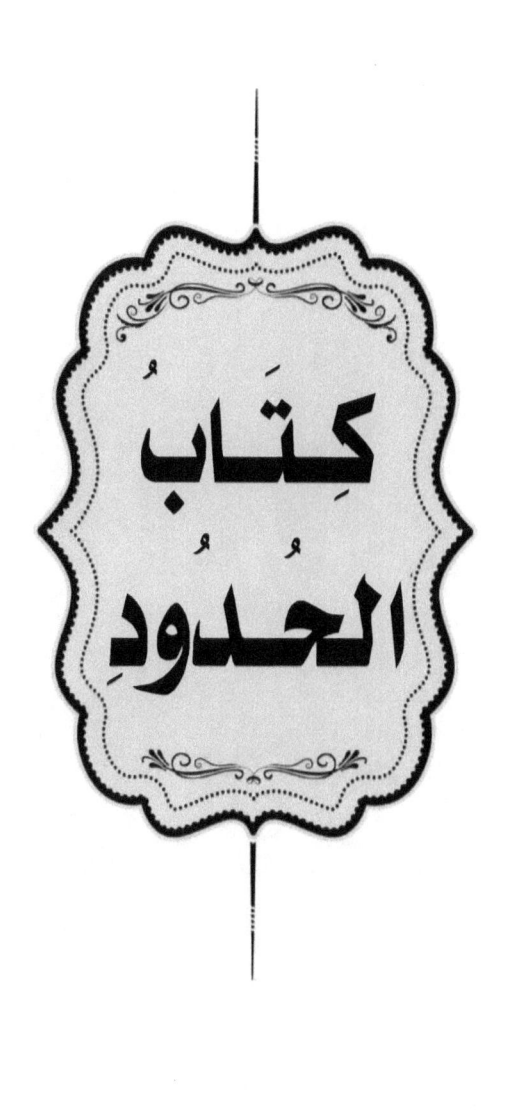

كِتَابُ الحُدُودِ

قَالَ صَاحِبُ (غ ت): «وَالزَّانِي عَلَى ضَرْبَيْنِ: مُحْصَنٌ وَغَيْرُ مُحْصَنٍ، فَالْمُحْصَنُ حَدُّهُ الرَّجْمُ، وَغَيْرُ الْمُحْصَنِ حَدُّهُ مِائَةُ جَلْدَةٍ، وَتَغْرِيبُ عَامٍ إِلَى مَسَافَةِ الْقَصْرِ، وَشَرَائِطُ الْإِحْصَانِ أَرْبَعٌ: الْبُلُوغُ، وَالْعَقْلُ، وَالْحُرِّيَّةُ، وَوُجُودُ الْوَطْءِ فِي نِكَاحٍ صَحِيحٍ، وَالْعَبْدُ وَالْأَمَةُ حَدُّهُمَا نِصْفُ حَدِّ الْحُرِّ، وَحُكْمُ اللِّوَاطِ وَإِتْيَانِ الْبَهَائِمِ كَحُكْمِ الزِّنَا، وَمَنْ وَطِئَ فِيمَا دُونَ الْفَرْجِ عُزِّرَ، وَلَا يَبْلُغُ بِالتَّعْزِيرِ أَدْنَى الْحُدُودِ.

فَصْلٌ: وَإِذَا قَذَفَ غَيْرَهُ بِالزِّنَا فَعَلَيْهِ حَدُّ الْقَذْفِ بِثَمَانِيَةِ شَرَائِطَ، ثَلَاثَةٌ مِنْهَا فِي الْقَاذِفِ، وَهُوَ أَنْ يَكُونَ بَالِغًا عَاقِلًا، وَأَنْ لَا يَكُونَ وَالِدًا لِلْمَقْذُوفِ، وَخَمْسَةٌ فِي الْمَقْذُوفِ، وَهُوَ أَنْ يَكُونَ مُسْلِمًا بَالِغًا عَاقِلًا حُرًّا عَفِيفًا، وَيُحَدُّ الْحُرُّ ثَمَانِينَ وَالْعَبْدُ أَرْبَعِينَ، وَيَسْقُطُ حَدُّ الْقَذْفِ بِثَلَاثَةِ أَشْيَاءَ: إِقَامَةُ الْبَيِّنَةِ، أَوْ عَفْوُ الْمَقْذُوفِ، أَوِ اللِّعَانُ فِي حَقِّ الزَّوْجَةِ.

فَصْلٌ: وَمَنْ شَرِبَ خَمْرًا أَوْ شَرَابًا مُسْكِرًا يُحَدُّ أَرْبَعِينَ، وَيَجُوزُ أَنْ يَبْلُغَ بِهِ ثَمَانِينَ عَلَى وَجْهِ التَّعْزِيرِ، وَيَجِبُ عَلَيْهِ بِأَحَدِ أَمْرَيْنِ بِالْبَيِّنَةِ أَوِ الْإِقْرَارِ، وَلَا يُحَدُّ بِالْقَيْءِ وَالِاسْتِنْكَاهِ.

فَصْلٌ: وَتُقْطَعُ يَدُ السَّارِقِ بِثَلَاثَةِ شَرَائِطَ: أَنْ يَكُونَ بَالِغًا، عَاقِلًا، وَأَنْ يَسْرِقَ نِصَابًا قِيمَتُهُ رُبْعُ دِينَارٍ مِنْ حِرْزِ مِثْلِهِ لَا مِلْكَ لَهُ فِيهِ وَلَا شُبْهَةَ فِي مَالِ الْمَسْرُوقِ مِنْهُ، وَتُقْطَعُ يَدُهُ الْيُمْنَى مِنْ مِفْصَلِ الْكُوعِ، فَإِنْ سَرَقَ ثَانِيًا قُطِعَتْ رِجْلُهُ الْيُسْرَى، فَإِنْ سَرَقَ ثَالِثًا قُطِعَتْ يَدُهُ الْيُسْرَى، فَإِنْ سَرَقَ رَابِعًا قُطِعَتْ رِجْلُهُ الْيُمْنَى، فَإِنْ سَرَقَ بَعْدَ ذَلِكَ عُزِّرَ، وَقِيلَ: يُقْتَلُ صَبْرًا.

فَصْلٌ: وَقُطَّاعُ الطَّرِيقِ عَلَى أَرْبَعَةِ أَقْسَامٍ: إِنْ قَتَلُوا وَلَمْ يَأْخُذُوا الْمَالَ قُتِلُوا، فَإِنْ قَتَلُوا وَأَخَذُوا الْمَالَ قُتِلُوا وَصُلِبُوا، وَإِنْ أَخَذُوا الْمَالَ وَلَمْ يَقْتُلُوا قُطِعَتْ أَيْدِيهِمْ وَأَرْجُلُهُمْ مِنْ خِلَافٍ، فَإِنْ أَخَافُوا السَّبِيلَ وَلَمْ يَأْخُذُوا مَالًا وَلَمْ يَقْتُلُوا حُبِسُوا وَعُزِّرُوا، وَمَنْ تَابَ مِنْهُمْ قَبْلَ الْقُدْرَةِ عَلَيْهِ سَقَطَتْ عَنْهُ الْحُدُودُ وَأُخِذَ بِالْحُقُوقِ.

فَصْلٌ: وَمَنْ قُصِدَ بِأَذًى فِي نَفْسِهِ أَوْ مَالِهِ أَوْ حَرِيمِهِ فَقَاتَلَ عَنْ ذَلِكَ وَقَتَلَ فَلَا ضَمَانَ عَلَيْهِ، وَعَلَى رَاكِبِ الدَّابَّةِ ضَمَانُ مَا أَتْلَفَتْهُ دَابَّتُهُ.

فَصْلٌ: وَيُقَاتَلُ أَهْلُ الْبَغْيِ بِثَلَاثَةِ شَرَائِطَ: أَنْ يَكُونُوا فِي مَنَعَةٍ، وَأَنْ يَخْرُجُوا عَنْ قَبْضَةِ الْإِمَامِ، وَأَنْ يَكُونَ لَهُمْ تَأْوِيلٌ سَائِغٌ، وَلَا يُقْتَلُ أَسِيرُهُمْ، وَلَا يُغْنَمُ مَالُهُمْ، وَلَا يُذَفَّفُ عَلَى جَرِيحِهِمْ.

فَصْلٌ: وَمَنِ ارْتَدَّ عَنِ الْإِسْلَامِ اسْتُتِيبَ ثَلَاثًا، فَإِنْ تَابَ وَإِلَّا قُتِلَ وَلَمْ يُغَسَّلْ وَلَمْ يُصَلَّ عَلَيْهِ وَلَمْ يُدْفَنْ فِي مَقَابِرِ الْمُسْلِمِينَ.

فَصْلٌ: وَتَارِكُ الصَّلَاةِ عَلَى ضَرْبَيْنِ، أَحَدُهُمَا: أَنْ يَتْرُكَهَا غَيْرَ مُعْتَقِدٍ لِوُجُوبِهَا، فَحُكْمُهُ حُكْمُ الْمُرْتَدِّ، وَالثَّانِي: أَنْ يَتْرُكَهَا كَسَلًا مُعْتَقِدًا لِوُجُوبِهَا، فَيُسْتَتَابُ، فَإِنْ تَابَ وَصَلَّى وَإِلَّا قُتِلَ حَدًّا، وَكَانَ حُكْمُهُ حُكْمَ الْمُسْلِمِينَ».

كِتابُ التَّصوُّف

قَالَ صَاحِبُ (رج): «وَحِفْظُ الْقَلْبِ مِنَ الْمَعَاصِي وَاجِبٌ عَلَى كُلِّ مُسْلِمٍ، وَكَذَا حِفْظُ الْأَعْضَاءِ السَّبْعَةِ فَرْضُ عَيْنٍ عَلَى كُلِّ مُسْلِمٍ. فَمِنْ مَعَاصِي الْقَلْبِ: الشَّكُّ فِي اللهِ تَعَالَى، وَالْأَمْنُ مِنْ مَكْرِ اللهِ، وَالْقُنُوطُ مِنْ رَحْمَةِ اللهِ، وَالتَّكَبُّرُ عَلَى عِبَادِ اللهِ تَعَالَى، وَالرِّيَاءُ، وَالْعُجْبُ بِطَاعَةِ اللهِ تَعَالَى، وَالْحَسَدُ، وَالْحِقْدُ عَلَى عَبِيدِ اللهِ. وَمَعْنَى الْحَسَدِ: كَرَاهِيَةُ النِّعْمَةِ عَلَى الْمُسْلِمِ وَاسْتِثْقَالُهَا. وَمِنْهَا: الْإِصْرَارُ عَلَى مَعْصِيَةِ اللهِ، وَالْبُخْلُ بِمَا أَوْجَبَ اللهُ تَعَالَى، وَسُوءُ الظَّنِّ بِاللهِ وَبِخَلْقِ اللهِ، وَالتَّصْغِيرُ لِمَا عَظَّمَ اللهُ مِنْ طَاعَةٍ أَوْ مَعْصِيَةٍ أَوْ قُرْآنٍ أَوْ عِلْمٍ أَوْ جَنَّةٍ أَوْ نَارٍ، وَكُلُّ ذَلِكَ مِنَ الْمَعَاصِي وَالْخَبَائِثِ الْمُهْلِكَاتِ، بَلْ بَعْضُ ذَلِكَ مِمَّا يُدْخِلُ فِي الْكُفْرِ، وَالْعِيَاذُ بِاللهِ تَعَالَى مِنْ ذَلِكَ.

وَمِنْ طَاعَةِ الْقَلْبِ: الْإِيمَانُ بِاللهِ، وَالْيَقِينُ، وَالْإِخْلَاصُ، وَالتَّوَاضُعُ، وَالنَّصِيحَةُ لِلْمُسْلِمِينَ، وَالسَّخَاءُ، وَحُسْنُ الظَّنِّ، وَتَعْظِيمُ شَعَائِرِ اللهِ، وَالشُّكْرُ عَلَى نِعَمِ اللهِ كَالْإِسْلَامِ وَالطَّاعَةِ وَسَائِرِ النِّعَمِ، وَالصَّبْرُ عَلَى الْبَلَاءِ مِثْلُ الْأَمْرَاضِ وَالْمِحَنِ وَمَوْتِ الْأَحِبَّةِ وَفَقْدِ الْمَالِ وَتَسَلُّطِ النَّاسِ، وَالصَّبْرُ عَلَى الطَّاعَةِ، وَالصَّبْرُ عَنِ الْمَعَاصِي، وَالثِّقَةُ بِالرِّزْقِ مِنَ اللهِ، وَبُغْضُ الدُّنْيَا، وَعَدَاوَةُ النَّفْسِ وَالشَّيْطَانِ، وَمَحَبَّةُ اللهِ وَرَسُولِهِ وَصَحَابَتِهِ وَأَهْلِ بَيْتِهِ وَالتَّابِعِينَ وَالصَّالِحِينَ، وَالرِّضَا عَنِ اللهِ، وَالتَّوَكُّلُ عَلَيْهِ، وَغَيْرُ ذَلِكَ مِنَ الْوَاجِبَاتِ الْقَلْبِيَّةِ الْمُنْجِيَةِ.

وَأَمَّا مَعَاصِي الْجَوَارِحِ فَمَعَاصِي الْبَطْنِ، مِثْلُ أَكْلِ الرِّبَا، وَشُرْبِ كُلِّ مُسْكِرٍ، وَأَكْلِ مَالِ الْيَتِيمِ وَكُلِّ مَا حَرَّمَ اللهُ عَلَيْهِ مِنَ الْمَأْكُولَاتِ وَالْمَشْرُوبَاتِ، وَقَدْ لَعَنَ

اللهُ وَرَسُولُهُ آكِلَ الرِّبَا وَكُلَّ مَنْ أَعَانَ عَلَى أَكْلِهِ، وَلَعَنَ شَارِبَ الْخَمْرِ وَكُلَّ مَنْ أَعَانَ عَلَى شُرْبِهَا حَتَّى الْبَائِعَ لَهَا. وَمَعَاصِي اللِّسَانِ كَثِيرَةٌ أَيْضًا مِثْلُ الْغِيبَةِ وَهِيَ ذِكْرُكَ أَخَاكَ الْمُسْلِمَ بِمَا يَكْرَهُ وَإِنْ كُنْتَ صَادِقًا، وَالنَّمِيمَةِ، وَالْكَذِبِ، وَالشَّتْمِ، وَالسَّبِّ، وَاللَّعْنِ، وَغَيْرِهَا. وَمَعَاصِي الْعَيْنِ مِثْلُ النَّظَرِ إِلَى النِّسَاءِ الْأَجْنَبِيَّاتِ، وَنَظَرِ الْعَوْرَاتِ، وَالنَّظَرِ بِالِاسْتِحْقَارِ إِلَى الْمُسْلِمِ، وَالنَّظَرِ فِي بَيْتِ الْغَيْرِ بِغَيْرِ إِذْنِهِ. وَمَعَاصِي الْأُذُنِ كَالِاسْتِمَاعِ إِلَى الْغِيبَةِ وَغَيْرِ ذَلِكَ مِنَ الْمُحَرَّمَاتِ. وَمَعَاصِي الْيَدِ كَالتَّطْفِيفِ فِي الْكَيْلِ وَالْوَزْنِ، وَالْخِيَانَةِ، وَالسَّرِقَةِ، وَسَائِرِ الْمُعَامَلَاتِ الْمُحَرَّمَةِ كَالْقَتْلِ وَالضَّرْبِ بِغَيْرِ حَقٍّ. وَمَعَاصِي الرِّجْلِ الْمَشْيِ فِي سِعَايَةٍ بِمُسْلِمٍ أَوْ قَتْلِهِ أَوْ مَا يَضُرُّهُ بِغَيْرِ حَقٍّ، وَغَيْرِ ذَلِكَ مِنْ كُلِّ مَا حَرُمَ الْمَشْيُ إِلَيْهِ. وَمَعَاصِي الْفَرْجِ كَالزِّنَا، وَاللِّوَاطِ، وَالِاسْتِمْنَاءِ بِالْيَدِ، وَغَيْرِهَا مِنْ مَعَاصِي الْفَرْجِ. مَعَاصِي الْبَدَنِ وَالْمَعْصِيَةُ بِكُلِّ الْبَدَنِ كَالْعُقُوقِ لِلْوَالِدَيْنِ، وَالْفِرَارِ مِنَ الزَّحْفِ وَهُوَ مِنَ الْكَبَائِرِ، وَغَيْرِ مَا ذُكِرَ مِثْلُ قَطِيعَةِ الرَّحِمِ، وَظُلْمِ النَّاسِ».

الخاتمة

قَالَ صَاحِبُ (رج): «وَاللهُ الْمُوَفِّقُ وَالْمُعِينُ لِمَا يُحِبُّ وَيَرْضَى. وَصَلَّى اللهُ عَلَى سَيِّدِنَا مُحَمَّدٍ، وَآلِهِ وَصَحْبِهِ وَسَلَّمَ. اللَّهُمَّ اهْدِنَا فِيمَنْ هَدَيْتَ، وَعَافِنَا فِيمَنْ عَافَيْتَ، وَتَوَلَّنَا فِيمَنْ تَوَلَّيْتَ، وَبَارِكْ لَنَا فِيمَا أَعْطَيْتَ، وَقِنَا شَرَّ مَا قَضَيْتَ؛ فَإِنَّكَ تَقْضِي، وَلَا يُقْضَى عَلَيْكَ، وَإِنَّهُ لَا يَذِلُّ مَنْ وَالَيْتَ، وَلَا يَعِزُّ مَنْ عَادَيْتَ، تَبَارَكْتَ رَبَّنَا وَتَعَالَيْتَ فَلَكَ الْحَمْدُ عَلَى مَا قَضَيْتَ، وَلَكَ الشُّكْرُ عَلَى مَا أَنْعَمْتَ بِهِ وَأَوْلَيْتَ، نَسْتَغْفِرُكَ وَنَتُوبُ إِلَيْكَ، وَصَلَّى اللهُ عَلَى خَيْرِ خَلْقِهِ مُحَمَّدٍ وَآلِهِ وَأَصْحَابِهِ وَسَلَّمَ».

قَالَ صَاحِبُ (س ن): «وَاللهُ أَعْلَمُ بِالصَّوَابِ، نَسْأَلُ اللهَ الْكَرِيمَ بِجَاهِ نَبِيِّهِ الْوَسِيمِ، أَنْ يُخْرِجَنِي مِنَ الدُّنْيَا مُسْلِمًا، وَوَالِدَيَّ وَأَحِبَّائِي وَمَنْ إِلَيْهِ أَنْتَمِي، وَأَنْ يَغْفِرَ لِي وَلَهُمْ مُقْحِمَاتٍ وَلَمَمًا، وَصَلَّى اللهُ عَلَى سَيِّدِنَا مُحَمَّدِ بْنِ عَبْدِ اللهِ بْنِ عَبْدِ الْمُطَّلِبِ بْنِ هَاشِمِ بْنِ عَبْدِ مَنَافٍ رَسُولِ اللهِ إِلَى كَافَّةِ الْخَلْقِ رَسُولِ الْمَلَاحِمِ، حَبِيبِ اللهِ الْفَاتِحِ الْخَاتِمِ، وَآلِهِ وَصَحْبِهِ أَجْمَعِينَ، وَالْحَمْدُ للهِ رَبِّ الْعَالَمِينَ».